"十三五"国家重点图书出版规划项目

Translation Series on the International
Law of the Sea

世界海洋法译丛

欧洲卷
I

张海文 张桂红 黄 影
·主编·

青岛出版社

《世界海洋法译丛》编译委员会

主　　任	张海文
副 主 任	李红云　张桂红　黄　影
委　　员	王居乔　王　娟　王莘子　宁　佳　白　雪
	祁冬梅　刘煜洲　李　杨　张凯月　杨　涛
	李晓宁　张　逸　林益涵　岳　霄　赵　沄
	赵晓静　敖　梦　梁凤奎　谢　慧　蔡璧岭
	（按照姓氏笔画排列）
本卷主编	张海文　张桂红　黄　影
本卷翻译	张桂红　白　雪　刘煜洲　李晓宁　王　娟
	杨　涛　赵　沄
本卷校对	张桂红

《世界海洋法译丛》出版委员会

主　　任	孟鸣飞
副 主 任	张化新　高继民
委　　员	李忠东　刘永贵　李明泽　张性阳　黄　锐
	宋来鹏　周静静　宋　磊　张文健　朱凤霞
	张　晓　王春霖

前 言
PREFACE

从1609年荷兰法学家格劳秀斯发表著名的《海洋自由论》到1994年11月16日《联合国海洋法公约》(以下简称《公约》)生效，海洋法经历了一个漫长而坎坷的发展过程。如今，海洋法已发展成为国际法中内容最新、最完备的一个分支。截至2017年11月，《公约》已成为一个拥有168个缔约国的国际条约。根据《公约》，沿海国家可以拥有自己的领海、毗连区、专属经济区、大陆架；群岛国还可拥有群岛水域。国家在不同的海域中行使不同的主权、主权权利和管辖权。

联合国秘书处海洋事务与海洋法司已将各国政府根据《公约》的有关规定向联合国秘书处交存的文件予以公布，这些文件主要有：(1) 沿海国家的有关海图或地理坐标表，注明直线基线、群岛基线；领海、专属经济区和大陆架外部界限的大地基准点。(2) 沿海国公布的所有有关无害通过的法律和规章；海峡沿岸国公布的在用于国际航行的海峡中有关过境通行的法律和规章；沿海国在其领海的特定区域内暂时停止外国船舶的无害通过的情况。(3) 沿海国家的立法实践。

考虑到我们在海洋法研究、实践以及立法工作上的需要，我们决定将世界各国海洋立法、海洋边界实践以及国际海洋争端解决的经典案例译成汉语，并列为国家海洋局海洋发展战略研究所关于海洋权益与法律问题的系列研究项目之一，逐步编译成册出版，丛书名定为《世界海洋法译丛》。我们的决定得到了联合国秘书处海洋事务与海洋法司的赞同和支持。

本丛书的内容包括世界沿海国家的海洋立法汇编8卷（非洲卷1卷、欧洲卷3卷、美洲卷2卷、亚洲卷1卷、大洋洲卷1卷）、海上边界协定1卷、海洋法争端解决国际案例汇编1卷和海上边界国家实践发展现状4卷，共计14卷。

《公约》生效后，《公约》中包含的原则和规则开始对各国的海洋实践产生重大影响，在各国海洋立法中尤为明显。国内立法是国际法研究的一个重要方面，不仅是一国履行国际义务的实践，还可以为国际习惯法的形成和发展提供证据。本丛书中的沿海国海洋立法系列将沿海国立法分为5个部分，分别是非洲国家、亚洲国家、大洋洲国家、欧洲国家和美洲国家。在每部分中将国家按英文字母先后顺序排列。此系列的翻译原文均为联合国网站公布的各国提交的该国立法英文文本。需说明的是，其中有些立法是从其他语种的官方文本译为英文的。我们在翻译过程中尽量做到忠实原文，对有明显错误的地方作了注释。译文尽量保持原立法的完整性，仅对个别立法中与海洋法无关的内容作了省略，并作出标明。

海洋划界是现代海洋法的重要部分。《公约》对国家主权和管辖海域的规定（增加领海宽度、设立专属经济区这一新制度，重新界定大陆架等）使得各沿海国之间出现了大量的重叠主张。各沿海国家相互之间签署了大量的边界协议，但仍有200多项海洋划界问题亟待解决。海洋划界的发展经历了3个阶段：第一个阶段自18世纪至二战爆发前，见证了沿海国普遍接受将陆地领土主权延伸至领海的历程，形成了一些划界的基本原则。第二个阶段始于第一项领海范围以外海洋划界协定（1942年《帕里亚湾条约》）的出台，进而杜鲁门1945年发布《大陆架公告》，直至1958年《大陆架公约》和1969年《北海大陆架案》，见证了海洋划界向外拓展并涵盖大陆架的过程。第三个阶段自专属经济区概念和大陆架新定义首次引入第三次《联合国海洋法公约》会议谈判案文并最终写进《公约》开始，海洋划界有了新的内涵。本丛书中的海上边界协定部分收录了1942—1991年相关国家之间签订的海洋划界协定。为方便查询，协定按地区分类汇总，如大西洋区域（北大西洋和南大西洋）、加勒比区域、地中海区域、印度洋区域和太平洋区域（东太平洋和西太平洋），每个区域依照国别和划界区域列出协议。

本丛书中的海洋法争端解决案例系列收录了自19世纪末至20世纪初的33个海洋法典型案例，内容编排为7章，涵盖了海洋法主要的案例类型：第一章为基线、海湾和领海类案例；第二章为国际航行海峡类案例；第三章为海洋划界类案例；第四章为渔业和海洋生物资源类案例；第五章为公海刑事管辖权和船旗国管辖权类案例；第六章为航行类案例；第七章为海洋环境类案例。这些案例包含了国际常设法院（Permanent Court of International Justice，2宗）、中美洲法院（Central American Court of Justice，1宗）、国际法院（12宗）和国际海洋法法庭（International Tribunal for the Law of the Sea，7宗）作出的判决及仲裁法庭（10宗）和特别委员会（1宗）作出的仲裁裁决。由于有些涉及海洋法的争议仍在审理当中，因此不排除以后会更新相关审理结果的可能性。

本丛书中的海上边界国家实践发展现状系列旨在广泛传播各国在实践中适用《公约》的现状，为《公约》的实施提供帮助，促进各国统一、一致地适用《公约》规定的复杂而全面的国际规则。此系列包括1982—1994年的双边和多边条约、国内立法及政府照会、宣告和声明，按照国家字母顺序逐一列出。内容涵盖以下事务：领海基线、领海宽度及归属、专属经济区的建立、大陆架的界定、海岸相向或相邻国家间海上边界的划定等。

本丛书的编译工作由张海文主持，北京大学法学院李红云教授及其部分研究生、北京师范大学法学院张桂红教授及其部分研究生以及原国家海洋局国际合作司梁凤奎、祁冬梅、宁佳、蔡璧岭等参与了翻译工作。天津外国语大学黄影讲师负责本丛书的审校工作。丛书的文字翻译是对联合国公开资料的客观展示，以利于国内读者作为资料参考，并不代表编者和出版者认可其观点和立场。在编译过程中由于水平所限，错误在所难免，在此欢迎读者批评指正。

本丛书集合了国内立法和政策、边界协定和国际法案例，为我国了解国际海洋边界的最新进展、熟悉"海上丝绸之路"沿线国家的基本情况，以及国际司法和仲裁机构对各类涉海问题的解读和分析提供了权威参考资料，对于推动国际法治、实现海洋强国具有重要的现实意义。我们希望通过《世界海洋法译丛》的编译出版,能对我国研究海洋法的学者和学生、涉海的政府行政主管部门、海洋立法和执法机构提供一些帮助和参考,为我国海洋事业的发展尽绵薄之力。

编译者

2017 年 11 月 28 日

目 录
CONTENTS

阿尔巴尼亚 / Albania ··· 1
 关于阿尔巴尼亚社会主义人民共和国国境的法令
  （经 7366 号法令修订）（1990 年 3 月 9 日第 4650 号法令）·········· 1

比利时 / Belgium ·· 3
 勘探开发领海与大陆架非生物资源法案（通称《大陆架法》）
  （1969 年 6 月 13 日）·· 3
 关于大陆架矿物及其他非生物资源
  勘探开发特许权授予的皇家法令（1974 年 10 月 7 日）·············· 5
 保护海上航行、捕捞、海洋环境以及领海与大陆架海床和底土矿物
  及其他非生物资源勘探开发等重要利益的皇家法令
  （经 1983 年 4 月 22 日皇家法令修订）
  （1974 年 5 月 16 日）·· 8
 对关于大陆架矿物及其他非生物资源勘探开发特许权授予的
  皇家法令（1974 年 10 月 7 日）进行修订的皇家法令
  （1983 年 4 月 22 日）··· 10
 设立比利时领海宽度的法案（1987 年 10 月 6 日）·················· 11
 关于比利时北海专属经济区的法案（1999 年 4 月 22 日）············ 11

保加利亚 / Bulgaria ·· 31
 保加利亚人民共和国海洋空间管理法
  （1987 年 7 月 8 日）·· 31
 保加利亚人民共和国海洋空间、内陆水道及港口法案
  （2000 年 1 月 28 日）··· 58

克罗地亚 / Croatia ·· 91
   克罗地亚共和国亚得里亚海管辖权扩展决议
     （2003 年 10 月 3 日）··· 91
   修订《克罗地亚共和国亚得里亚海管辖权扩展决议》的决定
     （2004 年 6 月 3 日）·· 94
   确定生态和渔业保护区外部边界的地理坐标一览················· 94

塞浦路斯 / Cyprus ·· 98
   领海法（1964 年第 45 号法律）···································· 98
   大陆架法（1974 年 4 月 5 日第 8 号法律）························ 99
   标明测算领海宽度的基线的地理坐标···························· 102
   规定塞浦路斯共和国对毗连区的宣告的法律
     （2004 年 4 月 2 日）··· 104
   规定塞浦路斯共和国对专属经济区的宣告的法律
     （2004 年 4 月 2 日）··· 106

丹麦 / Denmark ··· 110
   关于行使丹麦大陆架主权的皇家法令
     （1963 年 6 月 7 日）··· 110
   关于大陆架的法案（1971 年 6 月 9 日第 259 号法案）
     （被 1972 年 6 月 7 日第 278 号法案和 1977 年 12 月 21 日
     第 654 号法案修正）··· 111
   海关法（1972 年 12 月 13 日第 519 号法案）···················· 116
   关于丹麦王国捕鱼领域的法案
     （1976 年 12 月 17 日第 597 号法案）·························· 117
   关于法罗群岛捕鱼领域的法令
     （1976 年 12 月 21 日第 598 号法令）·························· 118
   关于法罗群岛领海划界的法令
     （1976 年 12 月 21 日第 599 号法令）·························· 119

关于修订1966年12月21日第437号《指导领海划界法令》的法令
　　（1978年4月19日第189号法令）………………………… 121
丹麦捕鱼领域（1976年12月22日第628号行政命令）……… 122
格陵兰岛捕鱼领域（1976年12月22日第629号行政命令）…… 123
关于北格陵兰岛捕鱼领域的行政命令
　　（1980年5月14日第176号行政命令）…………………… 132
丹麦专属经济区法案（1996年5月22日第411号法案）……… 139
关于丹麦专属经济区的行政命令
　　（1996年6月24日第584号行政命令）…………………… 140
关于领海划界的法案（1999年4月7日第200号法案）……… 145
关于丹麦领海划界的行政命令
　　（1999年4月21日第242号行政命令）…………………… 146
关于和平时期准许外国军舰和军用飞机进入丹麦领土的法令…… 162
关于法罗群岛领海划界法生效的法令
　　（2002年4月30日第240号法令）………………………… 164
修订《关于法罗群岛捕鱼领域的法令》的法令
　　（2002年4月30日第241号法令）………………………… 165
关于法罗群岛领海划界的行政命令
　　（2002年5月16日第306号行政命令）…………………… 166
修订1996年6月24日第584号
　　《关于丹麦专属经济区的行政命令》的行政命令
　　（2002年7月19日）………………………………………… 167
修订1999年4月21日第242号
　　《关于丹麦领海划界的行政命令》的行政命令
　　（2003年7月18日第680号行政命令）…………………… 169
关于格陵兰岛专属经济区法生效的皇家法令
　　（2004年10月15日）……………………………………… 184
修订《关于格陵兰岛领海划界的皇家法令》的皇家法令
　　（2004年10月15日）……………………………………… 184
格陵兰岛专属经济区行政命令（2004年10月20日）………… 194

3

毗连区法（2005 年 6 月 24 日）………………………………… 199
关于丹麦毗连区划界的行政命令（2005 年 6 月 29 日）………… 200
修订《关于法罗群岛捕鱼领域的法令》的法令
　　（2009 年 9 月 17 日）………………………………………… 201

爱沙尼亚 / Estonia ………………………………………………… 204
海洋边界法（1993 年 3 月 10 日）……………………………… 204
爱沙尼亚共和国政府关于爱沙尼亚共和国
　　领海及内海船舶航行的决议…………………………………… 217

芬兰 / Finland …………………………………………………… 218
大陆架法（1965 年 3 月 5 日第 149 号法令）………………… 218
适用芬兰领海划界法案的法令
　　（1995 年 7 月 31 日第 993 号法令）……………………… 220
芬兰专属经济区法案（2004 年 11 月 26 日）………………… 228
关于芬兰专属经济区的政府法令（2004 年 12 月 2 日）……… 236

法国 / France …………………………………………………… 242
关于勘探大陆架并开发其自然资源的法案
　　（1968 年 12 月 30 日第 68-1181 号法案）……………… 242
关于法国领海划界的法令
　　（1971 年 12 月 14 日第 71-1060 号法令）……………… 250
关于共和国沿海经济区的法令
　　（1976 年 7 月 16 日第 76-655 号法令）………………… 250
法国边界法令（1977 年 2 月 11 日第 77-130 号法令）……… 252
修订 1968 年 12 月 30 日第 68-1181 号
　　《关于勘探大陆架并开发其自然资源的法案》的法案
　　（1977 年 5 月 11 日第 77-485 号法案）………………… 253
设立法国南部及南极领土沿海专属经济区的法令
　　（1978 年 2 月 3 日第 78-144 号法令）…………………… 256

设立法属留尼汪岛沿海专属经济区的法令

　　（1978 年 2 月 3 日第 78-148 号法令）…………………………… 258

管理通过法国领水的外国船舶的法令

　　（1985 年 2 月 6 日第 85-185 号法令）…………………………… 260

关于海洋文化遗产和

　　修订 1941 年 9 月 27 日《考古发掘管理法案》的法案

　　（1989 年 12 月 1 日第 89-874 号法案）………………………… 262

禁止运载石油的油轮及运送危险或有毒物质的船舶

　　在博尼法乔海峡航行的地方法规

　　（1993 年 2 月 15 日第 1/93 号地方法规）……………………… 266

确定毗邻马提尼克岛和瓜德罗普岛地区的

　　法国领海宽度的基线的法令

　　（1999 年 4 月 21 日第 99-324 号法令）………………………… 267

测定法国毗邻新喀里多尼亚领海宽度直线基线及

　　海湾封闭线的法令

　　（2002 年 5 月 3 日第 2002-827 号法令）……………………… 273

关于适用 1994 年 7 月 15 日第 94-589 号法案第四条关于

　　打击海盗行为的措施和国家行使海上维持治安权利的法令

　　（2011 年 9 月 29 日第 2011-1213 号法令）…………………… 289

德国 / Germany ………………………………………………………… 291

联邦政府声明（1964 年 1 月 20 日）…………………………………… 291

有关大陆架权利的临时决定（1964 年 7 月 24 日）

　　（1974 年 9 月 2 日修订）………………………………………… 292

德意志联邦共和国政府关于德国领海宽度扩展的声明

　　（1994 年 11 月 11 日）…………………………………………… 293

德意志联邦共和国

　　关于确定其在北海与波罗的海专属经济区的声明

　　（1994 年 11 月 25 日）…………………………………………… 297

希腊 / Greece ··· 302
 为航空及管理目的确定领海范围的法令
  （1931 年 9 月第 6/18 号法令）··· 302
 第 230 号法令（1936 年 9 月 17 日）··· 303
 关于勘探开发海床和湖床矿物资源的法令
  （第 142/1969 号法令）··· 303

冰岛 / Iceland ··· 304
 关于领海、经济区和大陆架的法令
  （1979 年 6 月 1 日第 41 号法令）·· 304
 关于西部、南部及东部大陆架划界的规章
  （1985 年 5 月 9 日第 196 号规章）·· 309

爱尔兰 / Ireland ·· 312
 海事管辖权法案，（直线基线）条例（1959 年）······························ 312
 海事管辖权法案，1959 年（海图）条例
  （1959 年第 174 号条例）·· 315
 大陆架法案（1968 年 6 月 11 日第 14 号法案）······························ 315
 大陆架（设施保护）（金赛尔天然气田）法令
  （1977 年第 285 号法令）·· 320
 大陆架（设施保护）（贝利卡登油田）法
  （1991 年第 226 号法令）·· 321
 大陆架（指定区域）法（1993 年第 92 号法令）····························· 323
 大陆架（设施保护）（康尼马拉油田）法
  （1997 年第 267 号法令）·· 329
 大陆架（设施保护）（康尼马拉油田）（修订）法
  （1997 年第 317 号法令）·· 331
 大陆架（科里布北部，18/20-2）法（1998 年第 226 号法令）········ 332
 专属经济区：坐标一览（参见 WGS 84）··· 333
 海上管辖权（专属经济区边界）法令（2014 年第 86 号法令）········· 341

阿尔巴尼亚
Albania

关于阿尔巴尼亚社会主义人民共和国国境的法令[1]
（经 7366 号法令修订）
（1990 年 3 月 9 日第 4650 号法令）

与阿尔巴尼亚宪法第七十八条保持一致；

依照国会各部长的提案；

经由阿尔巴尼亚社会主义人民共和国国民议会作出如下决定：

第一条

1970 年 3 月 9 日修订的第 4650 号法令第四条的第 1 款应作如下修改——

"阿尔巴尼亚社会主义人民共和国领海自海岸线向外延伸 12 海里，沿直线基线依次穿过罗登角、巴拉角、拉吉角、塞曼角、约撒河三角洲、萨赞岛的东北海岸、求赫扎和格拉玛海湾延伸至阿尔巴尼亚沿岸和希腊群岛之间的科孚海峡。巴娜河三角洲至罗登角之间隶属阿尔巴尼亚的领海一直延伸至阿尔巴尼亚和南斯拉夫的国界线。"

第二条

该法令自官方报纸发布后的第 15 日起生效。

地拉那，1990 年 3 月 24 日

第 7366 号法令

阿尔巴尼亚社会主义人民共和国国民议会

秘书长　主席

斯赫特·托扎伊　拉米兹·艾莉亚

尾　注

1（注—注）

原文为英文。

- 《海洋法公报》第 16 期（联合国法律事务厅，海洋事务和海洋法司），第 2 页。

- 《海洋法—基线：附注解地图的国内法律》（The Law of the Sea-Baselines:National Legislation with Illustrative Maps），海洋事务和海洋法司，1989 年版（联合国出版物，销售编号 E.89.V.10），第 1 页。

比利时
Belgium

勘探开发领海与大陆架非生物资源法案（通称《大陆架法》）
（1969年6月13日）

第一条

比利时王国依照第二条的规定在该大陆架上行使国家权利，以实现对其自然资源的勘探与开发。

在本法中：

1. "大陆架"包括海床及其底土，其范围是沿海岸向外延伸至领海以外。

2. 自然资源包括海床和底土的矿物及其他非生物资源以及属于定居种的生物，即在可捕捞阶段海床上或海床下不能移动或其躯体须与海床或底土保持接触才能移动的生物。

第二条

比利时与英国的大陆架分界线是以两国领海的中间线为依据，该中间线上的各点与领海基线各点是等距对应的。该分界线是利益各方通过特殊协议达成一致而产生的。针对海岸线与比利时海岸毗邻的国家，如法国和荷兰，比利时的大陆架的划界线同样是按照与领海基线等距原则来确定的。

该划界方式可以由利益各方通过磋商达成协议最终确定。

第三条

海床和深海区域的矿产资源与非生物资源的勘探和开采需依照国王设立的程序获得正式的授权方能进行。

第四条

除国王授权的集体和个人外，对本法第一条第 2 款中定义的属于定居种的有机生物资源的勘探和开采权由比利时王国保有。

第五条

大陆架自然资源的勘探和开发在海上及第六条中涉及的安全区域内所设立的平台及其他设备不应妨碍船舶通航，渔业捕捞和海洋生物资源的保护也不应阻塞具有特殊意义的国际航线，不能妨碍基本的海洋地理研究和其他旨在公开考察结果的科学研究。

为此，国王需要出台一系列措施及其实施的模式。

为了实现该目的，国王可以下令采取一切他认为必要的措施。例如：关于信号发射的相关措施以及如何避免海水污染和水下缆线及管道的老化；启动相关程序明确有关权限的部分或全部收回，以供各方遵守。

第六条

依照国王设定的程序为在大陆架上建造的开采平台或设备设立一块安全区域。

该区域的大小大致以开采平台或设备的凸点为起点，各自向外延伸 500 米。

第七条

位于海上的或本法中涉及的永久性固定在大陆架的开采平台及其他设备，以及平台上和设备上的人和财产，全部在比利时法律所管辖的范围内。

第八条

任何人在前项法律中提到的开采平台和设备上实施犯罪，按比利时法律应该处罚的，将在比利时境内依法接受处罚。

在部分缺乏法律授予管辖权的情形下，相关案件可以移交位于布鲁塞尔的法庭进行管辖。

第九条

与第七条涉及的开采平台及其他设备相关、具有法律效力而非刑事违法性的行为，应认定为发生于比利时境内。在部分缺乏法律规定的管辖权的情形下，应认定上述行为发生于布鲁塞尔司法区的二级行政区域内。

关于大陆架矿物及其他非生物资源勘探开发特许权授予的皇家法令
（1974年10月7日）

参照1969年6月13日颁布的关于比利时大陆架的法律，特别是其中的第三条，鉴于议会的意见，基于经济事务部长以及协助经济事务部长工作的国务卿的提议，我们最终采纳了如下法令：

第一条

有关在大陆架上勘探和开发矿产资源和非生物资源特许权的申请将诉诸分管矿产部门的部长（后文简称"部长"）处理。

书面申请需递交7份副本，并在其中阐明所勘探和开采的矿产的自然特征，主要包括以下几个方面的内容：

申请者的姓名、职业、居住地和国籍。如果申请者的居住地不在比利时境内，则其需按要求在比利时境内申请住宅。

在申请者是公司的情形下，需具备附有签署国授权的书面条款和文件。

开采计划中应附带一份比例尺为1/100 000的地图，标出勘探开采区域的边界以及已予授权的相邻海域的分界线。

有关申请者技术水平和资金能力的信息。

以书面报告的形式说明勘探和开采计划的形成及其目的，详细阐明勘探的矿产、勘探和开采的深度、所使用的设备和程序、工作人员的数量、各引擎的性能和功率以及开采工作所提炼、产出及存储的矿产的大致数量。

书面说明应对污染的方案。

书面说明保护鱼类资源的方案，确保鱼类生活的自然环境及产卵区不遭到破坏。

第二条

1. 在文件归档的当天，申请将依照矿产资源部总干事的指令被输入一个临时的登记系统。输入时需说明申请中的相关信息，并参照申请工作所建立起来的文件。

申请者将收到输入完成的提示。

所输入的内容包括书面申请及其附件。

2. 未按第一条中的规范提出的申请将不予登记。

矿产资源部总干事可设置一个申请完成并送达的最后期限，超过该期限，申请将不再具有任何效力。

第三条

在登记输入的当天，应矿产资源部总干事的要求向负责国家外交、公共事务、农业、公共卫生和国防工作的部长提交书面申请及其附件的一份副本，并等候其反馈。部长的反馈意见需在接到意见请求之日后 90 天内给出，逾期视为无效。

第四条

书面申请应在 Moniteur belge 上刊载至少两次，其间间隔 30 天。刊载需要在矿产资源部总干事的指示下于第二条中规定的登记之后的 30 天内进行。

对外公布的内容包括书面申请里的各方面的信息以及申请地，并确保其附件的可查性。对外公布工作所产生的经费由申请者自己承担。

第五条

任何感兴趣方均可提交一份竞争申请或书面反对其他申请者按照第一条的要求提出的申请。

竞争申请和反对申请需在 Moniteur belge 第二次刊载后的 30 天内提交。两者均需在矿产资源部总干事的指示下以挂号信的方式送达部长，并输入按照第二条递交的授权申请中。同时，还要按照提出人的要求将竞争申请和反对申请送达部长办公室的其他工作人员。

竞争申请需包括与第一条中所列的特许权申请相同的信息。反对申请必须得到证实。

竞争申请和反对申请均需在矿产资源部总干事的指示下于登记日送达

第三条中所列的部长。

第六条

在竞争申请和反对申请提交的截止日期后 60 天内，矿产资源部总干事需向部长提交草拟报告。该报告应在听取第三条中所提到的部长们的意见之后进行起草。报告中应该涉及申请者的技术水平和资金能力的有关信息，也可适当地涉及竞争申请者在这些方面的信息。

第七条

部长应将矿产资源部总干事草拟的报告提交给经济和社会协调部长级委员会。委员会需在收到报告后 30 天内作出决定并将报告返还给部长。

第八条

对申请的特许权由部长以命令的形式授予；该命令必须得到证实，并受到经济和社会协调部长级委员会的批准。

第九条

授权须具有明确的年限，最高不得超过 30 年，并精确规定在勘探和开采过程中申请者的开采深度和活动范围。

第十条

每一个勘探和开采的特许权的条件都需以皇室命令的形式建立。这些命令应包括最低变动年限以及特殊情况下授权的收回或释放。

第十一条

对出售，全部或部分转让、租让或转租已申请到的授权，或者已取得的权利转让许可，都必须依照申请者申请授权的程序严格执行。

第十二条

依照 1953 年 7 月 4 日的关于勘探和开采沥青岩、石油、可燃气体的皇家法令（后被 1960 年 4 月 15 日的皇家法令所修订，并刊载于 Moniteur belge）的第一、第二、第二条提交的在大陆架上勘探、开采矿产资源和其他非生物资源的申请，需与现行法令的条款保持一致。

第十三条

受托协助管理国家经济事务的商务部长和国家秘书长负责实施此法令。

保护海上航行、捕捞、海洋环境以及领海与大陆架海床和底土矿物及其他非生物资源勘探开发等重要利益的皇家法令

（经 1983 年 4 月 22 日皇家法令修订）

（1974 年 5 月 16 日）

第一部分　勘探和开采区域

第一条

1. 在海床和深海勘探及开采矿产资源和其他非生物资源的特许权和执照仅允许在附件中标注的领海和大陆架的范围内使用。

2. 对勘探和开采区域划界的修改须有主管矿产开采的部门和外交部部长的提案，在科学考察的成果和实地勘探开采的基础上方可实行。

3. 对部分旨在争取国家利益的勘探开采特许权和执照，在获得上述部长的同意之下并依照其所设规定执行的，可不受本条第 1 款的限制。

4. 除第 3 款的规定外，任何与在比利时领海和大陆架的海床和深海区域勘探及开采矿产资源和非生物资源直接相关或者有一定关联性的活动都不得越过其指定区域，因为勘探开采的特许权和执照是依据本条的第 1 款和第 2 款授予的。

第二部分　勘探和开采的装置与设备

第二条

1. 在海床和深海区域勘探和开采矿产资源所必须架设的装置不得妨碍或阻挡海底光缆、输油管道以及其他管道的铺设和使用，不得妨碍比利时《大陆架法》第五条第 1 款所设想的任何海域或用途。在勘探和开采活动中出现对海底光缆和管道造成破坏的情况，应立即向有关部门报告。

2. 在海上建造或架设的接收和发射装置或设备不得妨碍或者干扰正常的通信。

3. 在勘探和开采的过程中，要尽可能采取一切措施避免污染。在发生突发状况时，应迅速采取必要措施降低可能造成的危害。

第三条

在每个固定或下锚的海上装置和设备的周围，都应设置一块由装置和设备的外边缘各点向外延伸 500 米的安全区域。

任何因勘探和开采需要而建造的固定或下锚的主要或附属装置及设备的状况应符合的条件以及安全区的划定方法和区域内的要求，均由比利时国王在授予特许权和执照时一并作出规定。

第四条

主管矿产资源开采和主管船舶及国内通航的部长应各自明确本部门在本区域的管辖权、管理注册的程序、安全证书，以及在海床和深海区域固定或漂浮的勘探和开采装置及设备上架设的装备都在其管辖范围内。

第五条

在危险即将发生或已经发生，而勘探开采特许权和执照的持有者拒绝依照法律、法规和特许权所设立的条件作出反应时，负责执行该法令的部长和受其委托的官员都必须采取必要措施确保通航和捕捞安全，维护环境和其他基本利益。

以上措施必须在部长或其代表限定的时间内，由特许权和执照的持有者采取，费用和风险由其自担。

第三部分　大陆架特许权的管理

第六条

勘探和开采过程中的安全条件须由国王根据主管矿产资源开采的部长的提案作出变更，该部长负责联络特许权的持有者并听取参与特许权授予的各部部长的意见。

第七条

对未遵照本法令第五条的时间期限采取措施的情形，主管矿产资源开采的部长、负责执行或受部长委托参与到该命令中的官员，应中止或部分乃至全部撤回勘探和开采的特许权。

第八条

在勘探和开采行为完全结束以后，特许权的持有者须在任何一位部长

（本法令第一条第 2 款中所列）的要求之下，自费撤除所有的勘探和开采装置及设备，风险自担。撤除的程序由主管矿产资源开采并负责听取参与特许权授予的各部部长意见的部长给出提案，由国王最终设立。

第四部分　监　管

第九条

受部长任命，负责执行本法令的官员有权确认开采行为是否符合规定，采取的措施是否得当，有权认定是否违规。

第十条

对违反本法令及其执行条例者，将根据 1818 年 3 月 6 日颁布的旨在处罚违反国内一般行政命令以及地方和公共部门的条例规定（后经由 1934 年 6 月 5 日法案修订）的法案的第一条进行处罚。

第十一条

商务部长及副部长、农业部长、外交部长根据各自的管辖权执行本法令。

对关于大陆架矿物及其他非生物资源勘探开发特许权授予的皇家法令（1974 年 10 月 7 日）进行修订的皇家法令
（1983 年 4 月 22 日）

应商务部长的请求，颁布下列法令：

第一条

1974 年 10 月 7 日颁布的关于授权勘探开发大陆架矿物及其他非生物资源的皇家法令将涵盖下面的第十二条的内容：

第十二条

1. 针对由国家执行，或代表国家执行，旨在为海岸和港口运行获取沙石的勘探和开采申请，授权方式将采用书面通知取代特许权。

2. 该书面通知须由公共事务部长按规定的格式起草，并包含第一条所列的信息。

3. 商务部长须将书面通知提交到第三条提及的部长并说明回复的最后期限，过期回复视为无效。

4. 不得在商务部长正式发布通知之前实施勘探和开采行为。

5. 该书面通知将以一种特殊登记的方式备案。

第二条

该法令的执行将由商务部长负责。

设立比利时领海宽度的法案
（1987年10月6日）

第一条

根据比利时官方的大比例尺海图所示，比利时领海的宽度应为12海里，协议22 224米，该数据测量的依据是海岸低潮标或距离低潮标不足12海里的低潮高地，或延伸至上述低潮标以外的永久海港工程的最外部界限。

第二条

比利时法律和法规中涉及的任何比利时领海都是指宽度与现行法律所规定的一致的领海。

关于比利时北海专属经济区的法案
（1999年4月22日）

比利时国王阿尔伯特二世向所有市民致以问候。

该项法案经比利时议会通过，并获批准：

第一条

本法具体规制宪法第七十七条所涉内容。

第一章　专属经济区

第二条

在比利时领海之外与比利时领海毗连的区域设立的专属经济区包括海床上覆水域和海床及其底土。

第三条

比利时的专属经济区涵盖一部分北海，其范围的外部界限由下列点连接组成一条线，它们是根据其坐标位置排列的：

1	51°16′09″N	02°23′25″E
2	51°33′28″N	02°14′18″E
3	51°36′47″N	02°15′12″E
4	51°48′18″N	02°28′54″E
5	51°52′34,012″N	02°32′21,599″E
6	51°33′06″N	03°04′53″E

本条中所列的点是根据欧洲测地系统的数据以经纬度的形式呈现的（1950年第一次调整）。

第二章　专属经济区的法律制度

第四条

专属经济区适用本法规定的特别法律制度。在专属经济区内，比利时王国可依法行使下列权利：

1. 勘探和开采、保有和管理专属经济区内的自然资源（无论其以生物还是非生物的形式存在）、海床和深海区域的海水的权利，在该区域内享有开展服务于经济类勘探和开采的利用水能、潮汐和风力等活动的权利。

2. 下列管辖权：

（1）建造和使用人工岛屿、装置和结构；

（2）海洋科学考察；

（3）海洋环境维护。

3. 由国际法确认的其他权利。

第五条

在专属经济区行使权利的同时，比利时应充分考虑其他国家的权利和责任，特别是航行和飞越自由、铺设海底电缆和管道的自由以及与这些自由有关的符合本公约其他规定的海洋国际合法用途。

第三章　生物资源和渔业

第一部分

第六条

1957年4月12日制定、1973年7月18日修订的法案第一条第1款规定国王可以采取措施保护海洋生物资源，该条款更改为下列内容——

国王应采取必要措施对公海、专属经济区和领海内的生物资源予以保护。

第七条

前述法案中的第二条经修订更改为如下内容：

第二条第1款：

在不影响犯罪调查权限的情形下，海事委员及其派出人员、农业部海洋渔业部门的官员和派出人员、农业部长指定的个体经营者、渔业保护船舶的船长及船员、政府巡逻船及飞机的指挥官或其他成员、受命或非受命的海军军官以及海关和税务总署派出的人员应当在1977年7月18日《关税和消费税基本法》第一百六十八条规定的范围内，确保该法第一条所列措施的执行,特别是调查违法行为并在官方公报中报道。在没有相反证据时，这被认为是有权进行的。

为此，他们可能随时登上渔船，并要求出示船舶相关文件、说明所到之处、展示捕鱼装备以及渔获物在船上的存放位置，可能扣押船舶的证明文件以备进行严密的检查。针对现行犯，在布鲁日一审法庭的皇家法官授权下，为提起诉讼，他们可能引导渔船或驾驶渔船开向比利时的港口，或在必要的情况下逮捕渔船，在此期间产生的费用和风险均由船舶的所有者或经营者承担。

当有确凿证据证明渔船涉嫌违法时，他们可能会依据布鲁日一审法庭的皇家法官的授权，引导渔船或驾驶渔船开向比利时的港口；如果渔船的违法行为是当时发现的，他们可以在必要的情况下逮捕渔船，这期间所产生的费用和风险均由船舶的所有者或经营者承担。

渔船依据本法被逮捕后，当渔船所有者或其代理人通过债券或银行担保（该银行须是比利时境内银行）按照检方要求的数额缴纳保释金后，该渔船应该即时被释放。所规定的金额应不超过本法规定的罚款金额外加10%的额外费用。检方收到债券和银行担保后，给船主或其代理人开具罚款收据，并将债券和银行担保存于信托局的合法授权机构。

法庭最终裁决的罚金以及其他各项收费都从担保金中扣除。扣除后所剩余款应即刻返还。所交存总额的利息应累计加在保证金里。

如逮捕的渔船为外国渔船，应即刻通过外交人员通知船舶所属国，告知其所应采取的措施及船舶可能面临的后续处罚。

第二条第2款：

当发现违法行为后，他们可能会立即扣押船上的渔获物、捕捞设备和其他生产工具，也可能将所收缴的渔获物抛入海中，也可能在不危害公共健康的前提下将它们依照欧盟现行的法律投入市场低价出卖，但在真正执行之前还要交由主管该案的法院进行保存直至最终判决下达为止。销售所得价款可以按照对渔获物和捕捞工具的处理程序予以没收或者退还。如收缴的渔获物虽符合公共卫生标准，但依法不能投入市场的，将被捐赠给慈善机构或留作他用。

如果所收缴的渔获物不符合公共卫生标准，它们将被降解、销毁或者加工以后留作他用而不供人们消费，任何一种处理方式产生的费用都由违法者承担。收缴的捕捞设备和其他生产工具可以返还违法者，但违法者须通过债券或银行担保（该银行须是比利时境内银行），按照检方规定的金额缴纳罚金，所交罚金的金额最高不应超过规定的罚款金额外加10%的附加费。

但是，该做法仅限于收缴的捕捞设备和生产工具符合欧盟现行法律所规定的标准。

收缴的捕捞设备和其他生产工具须由管辖该案的法院予以扣押，检方将渔船主或其代理人缴纳的保证金的债券或银行担保交由负责审理该案的法院工作人员保管，在正式判决下达之前，所收缴的设备和工具由检方和法院工作人员共同保管。保证金总额应与所收缴的捕捞设备和其他生产工具的价值相当，以便于后续的充公或退还之需要。

第二条第 3 款：

在定罪量刑时，法庭可以判处将所收缴的渔获物、捕捞设备和其他生产工具充公。

在所有案件中，由于捕捞设备和生产工具不符合欧盟现行法律的规定或渔获物的自然性质而将它们充公或销毁的，都必须明确公示。

依照法庭判决进行销毁所产生的费用由有罪方承担。

第八条

经由 1971 年 2 月 23 日法案修订的前述法案第三条更改为如下内容：

第三条：针对以下违法行为的行为人应给予 1 500~100 000 法郎的罚款：

1. 违反根据本法案制定的相关规定。

2. 妨碍登船巡检、检查或取样，不按第二条第 1 款中所提到的权威机构的要求提供信息和书面文件的行为。

3. 故意提供虚假信息或文件。

4. 无故拒绝执行第二条第 1 款中所涉权威机构根据本法或其执行条例发布的命令。

在比利时领海内实施了第 1 款所涉及的行为，将被处以 15 天至 1 年的监禁，并依本条规定处以罚金，也可根据其犯罪行为中的某一条单处罚金。

如果行为人是在日落之后日出之前实施或者 3 年之内重复实施第 1 或第 2 款涉及的犯罪行为，将对其按上述标准进行双倍处罚。

行为人应按规定承担该过程中产生的一切费用，包括收缴捕捞设备和其他生产工具的费用。

《刑法典》第一卷中的各条款，包括第七章中第八十五条都适用于本条中所列的犯罪行为。

第九条

前述法律的第四条更改为如下内容：

第四条：

安特卫普、布鲁日、布鲁塞尔、弗尔讷的矫正法庭对违反本法及其执行条例的犯罪行为的审判享有排他管辖权。

第二部分

第十条

1978年10月10日法案第一条关于设立比利时渔业区部分更改为如下内容：

第一条：

国家渔业区的边界设在比利时领海以外，并与专属经济区相连。

第十一条

前述法律的第三条第2款更改为如下内容：

该禁令的适用不侵犯欧盟条约以及现行国际法中规定的外国船舶享有的权利。

第十二条

经过1983年6月30日修订的上述法案的第四条更改为如下内容：

第四条第1款：

在不影响犯罪调查的权威性的情形下，海事部门的委员及其派出人员、农业部海洋渔业部门的官员和派出人员、农业部长指定的个体经营者、渔业保护船舶的船长及船员、政府巡逻船及飞机的指挥官或其他成员、受命或非受命的海军军官以及海关和税务总署派出的人员应当在1977年7月18日《关税和消费税基本法》第一百六十八条规定的范围内，确保该法案以及依据该法案制定的相关法规的实施，特别是调查违法行为并在官方公报中报道。在没有相反证据时，这被认为是有权进行的。

为此，他们可能随时登上渔船，并要求出示船舶相关文件、说明所到之处、展示捕鱼装备以及渔获物在船上的存放位置，可以扣押船舶的文件证明以备进行严密的检查。

针对现行犯，在布鲁日一审法庭的皇家法官授权下，为提起诉讼，他们可能引导渔船或驾驶渔船开向比利时的港口，或在必要的情况下逮捕渔船,在此期间产生的费用和风险均由船舶的所有者或经营者承担。

当有确凿证据证明渔船涉嫌违法,他们可能会依据布鲁日一审法庭的皇家法官的授权,引导渔船或驾驶渔船开向比利时的港口;如果渔船的违法行为是当时发现的,他们可以在必要的情况下逮捕渔船,这期间所产生的费用和风险均由船舶的所有者或经营者承担。

第四条第 2 款:

当发现违法行为后,他们可以立即扣押船上的渔获物、捕捞设备和其他生产工具,可以将所收缴的渔获物抛入海中,也可以在不危害公共健康的前提下将它们依照欧盟现行的法律投入市场低价销售,但在真正执行之前还要交由主管该案的法院进行保存直至最终判决下达。销售所得价款可以依照上述渔获物和捕捞工具的没收程序没收或留作后续退还。如收缴的渔获物虽符合公共卫生标准,但依欧盟内部规定不能投入市场的,它们将被捐赠给慈善机构或留作他用。

如果所收缴的渔获物不符合公共卫生标准,它们将被降解、销毁或者加工以后留作他用而不供人们消费,任何一种处理方式产生的费用都由违法者承担。收缴的捕捞设备和其他生产工具可以返还违法者,但违法者须通过债券或银行(该银行须是比利时境内银行)担保,按照检方规定金额缴纳罚金,所交罚金的金额最高不应超过规定的罚款金额外加 10% 的附加费。

但是,该做法仅限于收缴的捕捞设备和生产工具符合欧盟现行法律所规定的标准。

收缴的捕捞设备和其他生产工具须由管辖该案的法院予以扣押,用于抵押的债券和银行担保应以收据的形式交付于检方。在正式判决下达之前,所收缴的设备和工具须由检方和法院工作人员共同保管。销售所得价款可以按照对渔获物和捕捞工具的处理程序予以没收或者退还。

第四条第 3 款:

在定罪量刑时,法庭可以判处将所收缴的渔获物、捕捞设备和其他生产工具充公。

在所有案件中,由于捕捞设备和生产工具不符合欧盟现行法律的规定或渔获物的自然性质而将它们充公或销毁的,都必须明确公示。

依照法庭判决进行销毁所产生的费用由有罪方承担。

第十三条

前述法律的第五条更改为如下内容：

第五条：

当渔船依据本法被逮捕后，渔船所有者或其代理人通过债券或银行（该银行须是比利时境内银行）担保，按照检方规定缴纳保释金时，应将该渔船即时释放。所规定的金额应不超过本法规定的罚款金额外加10%的附加费。债券和银行担保应以收据的形式向检方进行交付，检方将所得罚金存储于依法设立的国家储蓄基金。

法庭最终裁决的罚金以及其他各项收费最终都从抵押中扣除，剩余部分应即刻返还。抵押款项的增值部分也加算在抵押当中。

如逮捕的渔船为外国渔船，应即刻通过外交人员通知船舶所属国，告知其所应采取的措施及船舶可能面临的后续处罚。

第十四条

经由1983年6月30日法案修订的前述法案第六条，更改为如下内容：

第六条：针对以下违法行为的行为人应处以1 500~100 000法郎的罚款：

1. 违反根据本法案制定的相关规定；

2. 妨碍登船巡检、检查或取样，不按第四条第1款中所提到的权威机构的要求提供信息和书面文件；

3. 故意提供虚假信息或文件；

4. 无故拒绝执行第二条第1款中所涉权威机构根据本法或其执行条例发布的命令。

在比利时领海内实施了第1款所涉及的行为，将被处以15天至1年的监禁，并依本条规定处以罚金，也可根据其犯罪行为中的某一条单处罚金。

如果行为人是在日落之后日出之前实施或者3年之内重复实施第1款中所涉及的犯罪行为，将对其按上述标准双倍处罚。

行为人应按规定承担该过程中产生的一切费用，包括收缴捕捞设备和其他生产工具的费用。

《刑法典》第一卷中的各条款，包括第七章中第八十五条都适用于本条中所列的犯罪行为。

第十五条

前述法律的第七条更改为如下内容：

第七条：安特卫普、布鲁日、布鲁塞尔、弗尔讷的矫正法庭对违反本法案及其执行条例的犯罪行为的审判享有排他管辖权。

第三部分

第十六条

1891 年 8 月 19 日关于领水内的海洋捕捞的法律更名为《1891 年 8 月 19 日关于领海海洋捕捞的法律》。

第十七条

前述法律的第一条更改为如下内容：

第一条：在比利时领海范围内进行的渔业捕捞由比利时管辖。

下列活动都被视为渔业捕捞活动：

1. 捕捞或试图捕捞鱼类、软体动物或贝类动物。
2. 毁坏或移除鱼卵、鱼苗或蚝仔。

外国船舶禁止在比利时领海从事渔业捕捞活动。

但是，由现行的欧盟条约和国际法赋予捕捞权利的外国船舶不受本禁令的约束。

第十八条

前述法案第三条更改为如下内容：

第三条第 1 款：

在不影响犯罪调查的权威性的情形下，海事部门的委员及其派出人员、农业部海洋渔业部门的官员和派出人员、农业部长指定的个体经营者、渔业保护船舶的船长及船员、政府巡逻船及飞机的指挥官或其他成员、受命或非受命的海军军官以及海关和税务总署派出的人员应当在 1977 年 7 月 18 日《关税和消费税基本法》第一百六十八条规定的范围内，确保该法案以及依据该法案制定的相关法规的实施，特别是调查违法行为并在官方公报中报道。在没有相反证据时，这被认为是具有权威性的。

为此，他们可能随时登上渔船，并要求出示船舶相关文件、说明所到之处、展示捕鱼装备以及渔获物在船上的存放位置，可以扣押船舶的文件证明以备进行严密的检查。

针对现行犯，在布鲁日一审法庭的皇家法官授权下，为提起诉讼，他们可能引导渔船或驾驶渔船开向比利时的港口，或在必要的情况下逮捕渔船，在此期间产生的费用和风险均由船舶的所有者或经营者承担。

当有确凿证据证明渔船涉嫌违法，他们可能会依据布鲁日一审法庭的皇家法官的授权，引导渔船或驾驶渔船开向比利时的港口；如果渔船的违法行为是当时发现的，他们可以在必要的情况下逮捕渔船，这期间所产生的费用和风险均由船舶的所有者或经营者承担。

当渔船依据本法被逮捕后，渔船所有者或其代理人通过债券或银行（该银行须是比利时境内银行）担保，按照检方规定缴纳保释金时，应将该渔船即时释放。所规定的金额应不超过本法规定的罚款金额外加10%的附加费。债券和银行担保应以收据的形式向检方进行交付，检方将所得罚金存储于信托局的合法授权机构。

法庭最终裁决的罚金以及其他各项收费都从抵押中扣除，剩余部分应即刻返还。抵押款项的增值部分也加算在抵押当中。

如逮捕的渔船为外国渔船，应即刻通过外交人员通知船舶所属国，告知其所应采取的措施及船舶可能面临的后续处罚。

第三条第2款：

当发现违法行为后，他们可能会立即采取进一步措施扣押船上的渔获物、捕捞设备和其他生产工具，也可能将所收缴的渔获物抛入海中，还可能在不危害公共健康的前提下将它们依照欧盟现行法律投入市场低价出卖，但在真正执行之前还要交由主管该案的法院进行保存直至最终判决下达为止。销售所得价款可以按照对渔获物和捕捞工具的处理程序予以没收或者退还。如收缴的渔获物虽符合公共卫生标准，但依法不能投入市场的，它们将被捐赠给慈善机构或留作他用。

如果所收缴的渔获物不符合公共卫生标准，它们将被降解、销毁或者加工以后留作他用而不供人类消费，任何一种处理方式产生的费用都由违法者承担。收缴的捕捞设备和其他生产工具可以返还违法者，但违法者须通过债券或银行（该银行须是比利时境内银行）担保，按照检方规定金额缴纳罚金，所交罚金的金额最高不应超过规定的罚款金额外加 10% 的附加费。

但是，该做法仅限于收缴的捕捞设备和生产工具符合欧盟现行法律所规定的标准。

收缴的捕捞设备和其他生产工具须由管辖该案的法院予以扣押，用于抵押的债券和银行担保应以收据的形式交付于检方。在正式判决下达之前，所收缴的设备和工具由检方与法院工作人员共同保管。销售所得价款可以依照上述渔产品和捕捞工具的没收程序予以没收或留作后续退还。

第三条第 3 款：

在定罪量刑时，法庭可以判处将所收缴的渔获物、捕捞设备和其他生产工具充公。

在所有案件中，由于捕捞设备和生产工具不符合欧盟现行法律的规定或渔获物的自然性质而将它们充公或销毁的，都必须明确公示。

依照法庭判决进行销毁所产生的费用由有罪方承担。

第十九条

前述法案第四条被废除。

第二十条

前述法案第五条被废除。

第二十一条

前述法案第六条更改为如下内容：

以下违法行为的行为人将被处以 15 天至 1 年的有期徒刑或 1 500~100 000 法郎的罚款：

1. 违反根据本法案制定的相关规定。

2. 妨碍登船巡检、检查或取样，不按第四条第 1 款中所提到的权威机构的要求提供信息和书面文件。

3. 故意提供虚假信息和书面文件。

4. 无故拒绝执行第二条第 1 款中所涉权威机构根据本法案或其执行条例提出的命令。

在比利时领海内实施了第 1 款所涉及的行为，将被处以 15 天至 1 年的监禁，并依本条规定处以罚金，也可依照其犯罪行为中的某一条单处罚金。

如果行为人是在日落之后日出之前实施或者 3 年之内重复实施第 1 款

中所涉及的犯罪行为，将对其按上述标准双倍处罚。

行为人应按规定承担该过程中产生的一切费用，包括收缴捕捞设备和其他生产工具的费用。

《刑法典》第一卷中的各条款，包括第七章第八十五条均适用于本条中所列的犯罪行为。

第二十二条

前述法案第七条被废除。

第二十三条

前述法案第九条更改为如下内容：

第九条：安特卫普、布鲁日、布鲁塞尔和弗尔讷的矫正法庭对违反该法案及其执行条例的行为享有排他管辖权。

第二十四条

前述法案第十条被废除。

第四部分

第二十五条

1975年3月28日颁布的关于农业、园艺业和海洋捕捞业贸易的规定同样适用于专属经济区内与捕捞业相关的活动，但其规定的刑事处罚不适用于在专属经济区内的违法行为。

第四章　非生物资源

第二十六条

1969年6月13日颁布的比利时《大陆架法》的标题改为《关于在比利时领海和大陆架勘探和开采非生物资源的规定》。

第二十七条

前述法案第一条更改为如下内容：

第一条：比利时王国将在其领海和大陆架上行使主权以对其非生物资源进行勘探和开采。

第二十八条

前述法案第二条更改为如下内容：

第二条：比利时大陆架包括海床、海岸毗连区域的深海部分并一直延伸至领海以外，其外边界由据其坐标所列各点的连线划出的部分组成。

1	51°16′09″N	02°23′25″E
2	51°33′28″N	02°14′18″E
3	51°36′47″N	02°15′12″E
4	51°48′18″N	02°28′54″E
5	51°52′34,012″N	02°32′21,599″E
6	51°33′06″N	03°04′53″E

本条所列各点均是根据欧洲测量系统（1950年第一次调整），按照经度和纬度列出的。

第二十九条

前述法案第三条更改为如下内容：

1. 用词方面，"海床"更改为"海底"。
2. 在原文基础上增加了如下段落：

"这也决定了特许权的部分或全部收回或转让的程序。"

第三十条

前述法案第四条更改为如下内容：

第四条：进入领海或国家领土内铺设电缆和管道，或铺设与勘探和开采大陆架上的矿产和其他非生物资源、建造人工岛屿和在比利时管辖之下搭建建构物等有关的缆线和管道的，应获得授权方可进行，该权利的授予或废止均应依照国王设立的程序执行。

管道的线路选择应获得国王的批准，并充分考虑对大陆架的勘探和对矿产及非生物资源的开采。

国王有权运用其他措施以阻止、减少或控制来自管道的污染。

第三十一条

前述法案第五条作如下更改：

1. 在第 1 款中,"设施以及其他建于海上的结构"更改为"人工岛屿、设施和其他结构"。

2. 在同一款中,"自然"一词更改为"矿产和其他非生物资源"。

3. 在第 3 款中,"海洋"更改为"海洋的及动植物栖息地的"。

第三十二条

前述法案第六条作如下更改:

1. 在第 1 款中,在"每一"和"设施或结构"之间插入"人工岛屿"一词。

2. 在同一款中,"位于"和"大陆架上"之间插入"领海内或"。

3. 在第 2 款中,"其外边缘"和"设施或结构"之间插入"人工岛屿"一词。

第三十三条

前述法案第七条更改为如下内容:

1. "位于海上的设施或其他结构"更改为"人工岛屿、设施和其他结构"。

2. 在"永久建造的"和"大陆架上"之间插入"在领海或"。

3. "在这些设施或结构上"更改为"在人工岛屿、设施和其他结构上"。

第三十四条

前述法案第八条的第 1 款中"在前文已提到的设施或其他结构上"更改为"在本法所涉及的人工岛屿、设施或结构上"。

第三十五条

前述法案第九条的第 1 款中,在"针对"和"某个建筑物"之间插入"一个人工岛屿或"。

第三十六条

在前述法案中增加内容如下的新第十条:

第十条:对违反本法案及其执行条例的行为将根据 1999 年 4 月 22 日颁布的《有关比利时北海专属经济区的法案》的规定进行处罚。

第五章 人工岛屿、建筑物和建构物

第三十七条

在专属经济区内,比利时对人工岛屿、设施和结构享有独占的管辖权,包括对海关、财政、卫生、安全和移民的法律法规的管辖。

在领海内，比利时对人工岛屿、设施和结构享有主权。

第三十八条

与在 1969 年 6 月 13 日颁布的关于在领海和大陆架勘探和开采非生物资源的法律中涉及的人工岛屿、设施和结构相关的条款同样适用于建造在专属经济区和领海内，旨在从事勘探和开采矿产资源及非生物资源以外的活动的人工岛屿、设施和结构。

第三十九条

专属经济区内被废弃或不再使用的设施或结构应及时移除，以确保航行安全。本条款在领海内同样适用。

第六章　海洋科学研究

第四十条

任何船舶、潜艇或来自海外的装备在比利时领海或专属经济区内开展任何形式的海洋科学研究，均应获得比利时外事部部长的批准，外事部部长批准前需向部门内的成员进行咨询。

第四十一条

1. 要获得第四十条所涉及的批准，应至少于研究开始之前 3 个月通过外交途径提出申请。该申请所应包含的信息由比利时国王确定。

2. 如果该海洋科学研究是由比利时为缔约方的国际组织协助开展的，比利时与该国际组织通过双边协议，或比利时以直接认可的方式批准该研究项目的，则视比利时对在其领海和专属经济区内从事海洋科学研究给予授权。两个月内对通过外交途径递交的海洋科学研究的官方申请提出反对的情况除外。

第四十二条

为符合国际法的基本要求，作为补充，外国船舶在比利时领海和专属经济区内从事海洋科学研究时应遵守比利时有关保护海洋环境的法律规定。

第四十三条

1. 比利时领海和专属经济区内的所有海洋科学研究的建筑物和设施的搭建及使用均应遵循第六章的规定。

2. 上述建筑物和设施应带有明显的标志和国王规定的信号设备，以便识别其所属的国家或国际组织。

3. 本条各款规定不适用位于人工岛屿上的科学研究设施和设备。

第四十四条

当科学研究活动的开展没有遵守前面各条款的规定时，比利时将根据上述条款和国际法规则暂停或终止该研究项目。

第四十五条

比利时国王可采取其他任何的必要措施达到本章各条款的要求，根据个案的具体情况给予豁免。

第七章 海洋环境保护

第四十六条

比利时对其专属经济区的海洋环境的保护和保全享有管辖权，包括保护和保全海洋动植物及其栖息地和生活环境。该管辖权由相关的比利时法律加以规定。

第八章 海关、税收、卫生和移民的管理

第四十七条

在专属经济区的前12海里，即紧邻比利时领海的12海里范围内，比利时对下列各方面予以必要的控制：

1. 阻止在比利时境内或领海内实施违反比利时关于海关、财政、卫生和移民的法律规定的行为；

2. 制止违反上述法律规定的行为。

第四十八条

1977年7月18日《关税和消费税基本法》第一百六十七条更改为如下内容：

第一百六十七条：

比利时海关对下列区域享有管辖权：

1. 低潮线向内陆 5 000 米的海岸区域；

2. 隶属比利时海关的海港和小型机场及这些区域边界向外延伸 250 米的区域。

第四十九条

前述法案第一百六十八条更改为如下内容：

第一百六十八条：对 1999 年 4 月 22 日比利时北海专属经济区法第四十七条所明确规定的领域，比利时官方将行使下列权利：

1. 阻止在比利时境内或领海内实施违反比利时关于海关、财政、卫生和移民的法律规定的行为。

2. 制止发生于比利时境内或领海内的违反上述法律规定的行为。

第五十条

前述法案第一百六十九条更改为如下内容：

第一百六十九条：

1. 在不损害相关条款赋予船舶的无害通过权利的前提下，比利时官方可在比利时领海内登船，并要求船舶出示载货清单等其他与货物有关的文件，以确认船上货物是否都符合《关税和消费税基本法》的各项条款，是否违反禁止性规定，限制或控制进出口或运输，并可以查处违反上述条款的行为。

2. 在本条中，"船舶"指的是任何船舶或其他任何类似的设备，包括平底船、可用作水面运输工具的海上飞机和其他固定或漂浮的水面平台。

第九章　修正司法法典

第五十一条

1992 年 4 月 6 日颁布的法律对司法法典的第五百一十三条进行修正，增加如下内容：

在安特卫普、布鲁日和弗尔讷的司法巡回中，法庭执行官有权在依据 1987 年 10 月 6 日的比利时法案第一条所划定的领海宽度范围内和 1999 年 4 月 22 日关于《比利时北海专属经济区的法案》第二条所涉及的专属经济区内行使职权。

第五十二条

前述法案第五百六十九条作了如下修改：

1. 第 1 款项下的第 24 至第 27 点，在增加 1992 年 8 月 4 日、1993 年 8 月 6 日、1994 年 5 月 20 日、1994 年 6 月 30 日和 1996 年 10 月 28 日颁布的法案之后，更改为如下内容：

"24.1992 年 8 月 4 日法案第五十九条抵押贷款中信贷额度的申请；

25.1992 年 8 月 4 日法案第四十九条关于向警察提起的诉讼；

26.1994 年 6 月 30 日法案第十三条所涉及的合法权利并入比利时法中关于电脑程序的法律保护的 1991 年 5 月 14 日欧洲指令；

27.1994 年 5 月 20 日法案第九十三条关于管理军事人员的条例；

28. 根据 1971 年 12 月 18 日在布鲁塞尔签署的《关于设立国际石油污染损害补偿基金的条约》及 1976 年 11 月 19 日在伦敦签署的该条约的议定书和关于通过和执行该条约及其议定书的法律。"

2. 前述条款经过最新的 1996 年 10 月 28 日法案补充修订为如下内容：

"30. 在缺乏其他条款授予管辖权的情况下，根据 1999 年 4 月 22 日比利时北海专属经济区法产生合法权利。"

3. 前述法案第 2 款，在经过 1996 年 10 月 28 日法案修订补充后更改如下条款：

"布鲁塞尔的一审法院对第 1 款下的第 8、第 17、第 28 和第 29 点中规定的案件享有排他管辖权，安特卫普的一审法院对第 1 款下的第 18 点享有排他管辖权。"

第五十三条

前述法案第六百二十七条在经过最新的 1998 年 2 月 10 日法案修订补充之后更改为如下内容：

"15. 安特卫普的一审法院在 1999 年 4 月 22 日《关于比利时北海专属经济区法案》规定的权利被提出的情况下。"

第五十四条

在前述法案第六百三十三条中增加如下内容：

"如果一项请求与 1987 年 10 月 6 日《设立比利时领海宽度的法案》第一条中在领海实施的扣押相关，或与 1999 年 4 月 22 日《关于比利时在北海的专属经济区法案》第二条在专属经济区实施的扣押相关，则此种扣押在安特卫普、布鲁日和弗尔讷地区的判定应当同样适当。"

第十章 刑事条款

第五十五条

关于本法案第五、第六章及其执行条例：

1. 任何未经批准或授权的个人从事须经批准和授权的活动的，将被并处或单处 15 天至 1 年的监禁和 1 000~1 000 000 法郎的罚款。

2. 任何个人未按照被授予的批准和授权文件中的规定从事活动的，将被并处或单处 15 天至 1 年的监禁和 200~500 000 法郎的罚款。

3. 任何个人违反本法案第六十条的规定无故拒绝主管官员的靠近调查的，将被并处或单处 15 天至 1 年的监禁和 2 000~100 000 法郎的罚款。

4. 任何个人未能遵守 1969 年 6 月 13 日关于在领海和大陆架上勘探和开采非生物资源的法案在适用过程中设立的安全区域和措施的，将被并处或单处 15 天至 1 年的监禁和 1 000~100 000 法郎的罚款。

如果在日出之后日落之前或 3 年之内重复从事第 1 款所涉及的违法活动的，将按照上面的规定加倍处罚。

第五十六条

法人团体对其机构或雇员因违反本法案或其执行条例而造成的损害、罚款和费用承担责任。

第五十七条

依照第五十五条的规定，被处以罚款的个人应向"环境基金"额外缴纳其罚款金额的 20%。

第五十八条

在附属于 1990 年 12 月 27 日《组织法》关于设立预算基金的列表中的"25.4 环境基金"中，在"依照 1995 年 4 月 6 日《关于防止船舶海洋污染的法案》第三十条进行的罚款"和"授权费用的性质"之间增加了"依照 1999 年 4 月 2 日《关于比利时北海专属经济区的法案》第五十五条进行的罚款"。

第五十九条

在不影响有关部门进行刑事案件调查的情况下,海事行政官员和海警署的官员、巡逻舰艇的指挥员及船员、北海数学建模管理机构的官员、由经济部长任命的经济事务部的官员、为该目的受委任的或非受委任的海军官员负责本法案及其执行条例的施行。他们将负责调查并以官方报告的形式检举违法犯罪行为,其活动在无相反证据认定的情况下应视为具有权威性。

第六十条

第五十九条所涉及的官员有权随时登临船舶、企业、停泊地、人工岛屿、设施、结构和其他地方,其行为可以合理地被视为履行公务和完成报告所必需的。他们也可请专家协助。在必要的情况下,他们可以借助警方和军方的力量以便进入上述地方。

第六十一条

依照本法案负责监督本法案施行的人员,在行使监督权时,无论以正式或非正式的形式,都应出示足以证明自身是依法行使监督权的身份证明。该证明的格式由国王制定。

第六十二条

《刑法典》第一卷的全部条款包括第七章和第八十五条都适用。

我们颁布本法案并将加盖国家印章,刊载于 Moniteur belge 上。

颁布于布鲁塞尔,1999 年 2 月 22 日

保加利亚
Bulgaria

保加利亚人民共和国海洋空间管理法
（1987年7月8日）

第一章　基本条款

目　　的

第一条

根据国内法、缔结的国际条约以及一般国际法规则，本法案确立了保加利亚人民共和国对黑海海域行使主权、管辖权和控制权的法律制度。

保加利亚人民共和国的海洋空间

第二条

1. 保加利亚人民共和国的海洋空间包括内水、领海、毗连区、大陆架和专属经济区。

2. 保加利亚人民共和国对属于其国家领土的内水、领海及其上空、海床和底土行使主权。

3. 保加利亚人民共和国根据本法对毗连区、大陆架和专属经济区行使主权、管辖权和控制权。

宗　旨

第三条

本法的宗旨在于：保护保加利亚人民共和国在海洋空间上的合法利益、主权和安全；为和平目的与沿海各国以及其他国家合作利用黑海；发展海洋通信，保障航行安全；促进海洋科学研究，开发海洋资源，保护海洋环境和生态平衡。

保加利亚人民共和国海洋空间管理的合法性监督

第四条

国家授权主管当局根据本法案和其他法案的规定对海洋空间法律制度的运行进行监管。

第二章　内　　水

空　间

第五条

保加利亚人民共和国的内水包括：

1. 用于测算领海范围的海岸线和基线之间的水域。

2. 港口水域，其临海方向的边界由泊船区、供水设施和永久性港口设施等的最外点连成的线组成。

3. 下列水域：

（1）连接圣康斯坦丁角和埃兰济科角的海岸线和直线基线之间的瓦尔

纳港；

（2）连接埃米内角和马斯伦诺斯角的海岸线和直线基线之间的水域布尔加斯港。

4.连接卡利亚克拉角和图兹拉塔角的海岸线和直线基线之间的水域、连接图兹拉塔角和埃克莱内角的海岸线和直线基线之间的水域、连接马斯伦诺斯角和罗角的海岸线和直线基线之间的水域。

外国商船或人道主义性质的船舶停靠规定

第六条

外国商船或人道主义性质的船舶可以自由出入保加利亚的内水，可自由停靠于开放港口和停泊区。

外国军舰和潜艇停靠规定

第七条

1.外国军舰或潜艇进入保加利亚人民共和国内水、停靠开放港口或停泊区，须经部长会议批准，除非另经保加利亚人民共和国和船旗国同意。

2.黑海沿岸国家须提前30天提出批准申请，其他国家须提前45天提出批准申请，除非另经保加利亚人民共和国和船旗国同意。

外国官方的非商业船舶停靠规定

第八条

用于非商业目的的外国政府船舶经部长会议批准或有权机构授权可以进入保加利亚人民共和国内水、停靠开放港口或停泊区；该批准申请应当提前30天提出，除非另经保加利亚人民共和国和船旗国同意。

外国核动力船舶停靠规定

第九条

1. 在符合第七条规定的前提下，外国的核动力船舶可进入内水、开放港口和停泊区。

2. 在船舶靠港之前，有关主管部门应当检查其安全记录、剂量测定记录以及其他与环保相关的记录。检查地点由交通运输管理部门确定。

3. 船舶靠港或停靠在停泊区时，可能对其进行其他方面的检查。

4. 如果检查发现船舶存在安全隐患的，交通运输管理部门应责令其在指定时间内离开保加利亚的内水或领海。保加利亚人民共和国对该船舶的提前离港所造成的损失不承担任何责任。

5. 前款规定同样适用于运载核物质、放射性物质、有毒物质和其他危险物质的船舶。

外国核动力军舰停靠规定

第十条

1. 外国核动力军舰在遵守第七条规定的前提下可进入保加利亚内水、开放港口和停泊区。由国防部检查其安全记录、剂量测定记录以及其他与环保相关的记录。检查地点由国防部确定。

2. 第九条第3、第4款的规定同样适用于外国的核动力军舰。由国防部对船舶进行检查，发布离港命令。

船舶无须授权驶入内水的规定

第十一条

下列情形下，船舶驶入内水无须第七至十条所要求的预先授权：

1. 载有外国元首、政府首脑或行政区域首脑的官方访问船舶及其护卫船舶。

2. 已受损坏或为避免海上风险或其他海上事故的船舶，在此情形下，其船长应该以任何可能的途径，立刻向最近的港口管理部门通报其情况，并执行其命令。

免 税 规 定

第十二条

外国军舰和第十一条第 1 款下的船舶驶入港口时无须缴税，但仍需支付相关的服务费用。

无线电设备的使用

第十三条

1. 停靠于内水、港口和停泊区的外国船舶，除用于保证航行和抛锚的安全外，禁止使用无线电导航设备、水下探听和无线电通信设备、电子和光学类监视设备。在港口官方允许下，可以使用。

2. 停靠于内水、领海的船舶如果装有卫星通信系统的地面电台，可在互惠互利的基础上加以使用。

船舶来访和滞留的管理制度

第十四条

1. 港口和停泊区的船舶来访和滞留，货物、随船人员、乘客和其他人员的装卸，船舶和海岸部门的沟通等的管理制度均由保加利亚人民共和国的法律加以规定。

2. 开放港和海上基地的船舶来访和滞留，内水和领海内本国及外国游艇、游船的通航由本法的适用条例加以规定。

港口和停泊区的封闭

第十五条

港口和停泊区向外国来访船舶关闭须由内阁决定,并在"航海通告"上加以公示。

第三章 领 海

范 围

第十六条

1. 保加利亚人民共和国的领海为邻接保加利亚人民共和国陆地领土和内水的一带海域,领海宽度从领海基线量起为12海里。

2. 基线是指海岸低潮线或由峡湾和第五条所涉及的区域的最外点连接而成的直线基线。

与接壤国家的领海界限划分

第十七条

保加利亚人民共和国和接壤国家的领海分界线是穿越陆地前沿于海岸交接点的平行线。

国家海域边界

第十八条

保加利亚人民共和国领海的外部界限构成其国家边界。

无害通过

第十九条

1. 任何国家的船舶均享有依照本法和国际法的规定在保加利亚领海无害通过的权利。

2. 所有国家享有的无害通过权仅限于目的是穿过领海但不进入或驶入内水的航行。船舶须在通用航道、通航分道、适航通道或荐用航道内,以不低于为争议船舶设定的正常速度穿过保加利亚领海,并不得对通航区域造成干扰,不得威胁保加利亚人民共和国的和平、安全和正常秩序。

3. 为确保通航利益,防止意外死伤和损失,规避不可抗力或便于为个人、船舶或飞机提供援助,禁止无害通过的船舶在其航道内停泊或抛锚。

有关违反无害通过条款的规定

第二十条

外国船舶在通过保加利亚领海时从事下列活动的,将被视为威胁保加利亚人民共和国的和平、安全和正常秩序:

1. 对保加利亚人民共和国的主权、领土完整或政治独立进行任何武力威胁或使用武力,或以任何其他违反《联合国宪章》所体现的国际法原则的方式进行武力威胁或使用武力。

2. 以任何种类的武器进行任何操练或演习。

3. 任何目的在于搜集情报使保加利亚人民共和国的防务或安全受损害的行为。

4. 任何目的在于影响保加利亚人民共和国防务或安全的宣传行为。

5. 在船上起落或接载任何飞机。

6. 在船上发射、降落或接载任何军事装置。

7. 违反沿海国海关、财政、卫生或移民的规定,上下任何商品、货币或人员。

8. 任何故意和严重的破坏海洋环境的污染行为。

9. 任何捕鱼活动。

10. 任何勘探或测量活动。

11. 任何干扰保加利亚人民共和国通信系统或无线电设施或任何其他设备的行为。

12. 与通过没有直接关系的任何其他活动。

免费通行

第二十一条

外国船舶在保加利亚领海通过时无须缴纳任何通行费用，船舶自身所耗服务的费用除外。

关于无害通过中止的规定

第二十二条

基于保加利亚人民共和国的国家安全和军事演习的利益，国防部协同交通运输部和内务部可以在领海的特定区域内暂时中止无害通过，在内水暂时禁止通航。相关措施应当在"航海通告"中作正式公布。

外国船舶的义务

第二十三条

1. 在保加利亚领海内无害通过的外国船舶，或停泊于内水、港口和停泊区的外国船舶，应遵守通航规则，遵守移民、海关、财政、卫生、动植物检验检疫、港口等方面的规定，遵守环境保护的规定。

2. 在保加利亚领海内无害通过的外国船舶，或停泊于内水、港口和停泊区的外国船舶，应悬挂其所属国国旗；军舰以外的其他船舶还须悬挂保加利亚人民共和国国旗。

3. 在领海和内水的外国船舶不得从事下列活动：

（1）除重大死伤事故外，不得使用自用船舶从事海洋研究或人员搜救；

（2）进行水下作业；

（3）维持捕鱼设备正常运转；
（4）发射国际法规规定的为避免海洋冲撞以外的声光信号；
（5）在沿海区域或港口拍照、取样或测量；
（6）搁浅或故意沉船；
（7）开展足以破坏已铺设的海底光缆和管道或与通航、海洋资源开发有关的其他设备和装置的活动。

外国核动力船舶的义务

第二十四条

载有核物质、放射性物质、有毒物质以及其他危险物质的外国核动力船舶在通过保加利亚领海时应携带必要的相关文件，并根据国际条约的规定针对突发状况采取必要的预警措施。

外国潜艇的义务

第二十五条

1. 在保加利亚的领海和内水航行的外国潜艇应按规定在海面上航行。

2. 外国潜艇应按要求在海面上航行，因自身损坏无法在海面上航行的，应通过一切可能的途径向外界报告其状况。

无线电设备的使用

第二十六条

外国船舶在通过保加利亚领海时，允许且仅允许其使用无线电设备与保加利亚海岸电台保持联络，仅允许其为保障通航而使用无线电导航及水下声光、电子等其他设备。

水下活动

第二十七条

保加利亚内水和领海内的所有水下活动都由保加利亚国防部、内务部和交通运输部管辖。

船舶遭遇险情或不可抗力情形下的通告

第二十八条

外国船舶在遇险或遭遇不可抗力时应原地停靠或抛锚,并通过一切可能的途径向最近的港口管理部门报告该事故。

国家海上边境保护

第二十九条

1. 保加利亚的海域边界的保护和领海与内水管理制度的监管工作由内务部门负责。

2. 保加利亚内水和领海的管理制度应与保加利亚人民共和国有关国家安全的规定保持一致。

有关外国非军事船舶的措施

第三十条

1. 在其条件允许的情况下,对位于保加利亚内水和领海内的外国船舶,保加利亚内政部、国防部、交通运输部应:

（1）要求其出示所属国国旗;

（2）如有确切理由怀疑其为违反无害通过有关规定的可疑船舶,可要求其提供相关信息;

（3）当船舶驶向航道封闭区域时,可为其另行安排航道;

（4）在船舶违背上述规定,违反第十九条第 2 款及第二十、二十二、二十三和二十四条或其他由保加利亚人民共和国作为缔约国的国际条约的规定时，可责令其停船进行检查或扣留船舶；

（5）在出现第三十一条第3、第4款所规定的情形时，停船并扣留船舶；

（6）将第三十二条所涉及的犯罪行为人带离船舶，将其逮捕并移交有关调查部门，并于24小时之内通知公诉方。

2. 如果外国军事船舶拒绝停船、抗拒抓捕或诉诸武力，保加利亚内务部门和国防部可采取强制措施，包括使用武力。

国家管辖权

第三十一条

1. 在内水或领海由于准违法行为造成严重损害，或因侵犯保加利亚人民共和国在毗连区、大陆架、专属经济区的管辖权和其他权利而造成损害的，保加利亚对案件享有管辖权，保加利亚国家法院受理案件。

2. 保加利亚人民共和国不应为对通过领海的外国非军用船舶上某人行使民事管辖权的目的而停止其航行或改变其航向。

3. 外国非军用船舶在内水停泊，或者离开内水后停泊，或穿过领海，保加利亚人民共和国可以对船舶加以处罚或进行逮捕。

4. 外国非军用船舶穿过领海时，保加利亚人民共和国可以对该船舶加以处罚；只有当外国非军用船舶在通过保加利亚领海的航行中应承担义务造成第1款规定的损害时，保加利亚才能对该船舶进行逮捕。

刑事管辖权

第三十二条

1. 保加利亚人民共和国不应在通过领海的外国非军用船舶上行使刑事管辖权，但下列情形除外：

（1）保加利亚籍公民实施的犯罪行为；

（2）破坏保加利亚当地安宁或领海正常秩序的犯罪行为；

（3）违反普通法律，但其行为危及保加利亚人民共和国或其国民的利益；

（4）非法走私麻醉药物、精神调理物质或放射性物质；

（5）非法滞留；

（6）破坏和平或违背人道主义的犯罪行为。

2. 保加利亚人民共和国的刑事管辖权延伸至停靠于保加利亚港口或内水的外国非军事船舶上的犯罪行为。该管辖权延伸直至船舶离开内水进入保加利亚领海。

关于其他刑事犯罪的程序规定

第三十三条

保加利亚有关部门可应船长或船旗国外交代表或领事官员的请求，针对发生在通过保加利亚领海的外国非军事船舶上的本法第三十二条所涉及的犯罪行为进行全面的调查，并在必要时采取强制措施。

外交人员的通告

第三十四条

如船长要求，保加利亚人民共和国有关部门应将本法第三十二条第1款所设定的刑事案件程序的启动、案件调查的开始一并告知船旗国外交代表或领事官员。

关于军舰和其他用于非商业目的的政府船舶的规定

第三十五条

停靠于保加利亚内水或领海的外国军舰或其他用于非商业目的的政府船舶，违反本法规定或其他规范性法律文件，无视其他法律规定的，将被立即驱逐出保加利亚的内水和领海。

损 失 赔 偿

第三十六条

船旗国应对其通过保加利亚领海或停靠于内水的军舰或其他用于非商业目的的政府船舶造成的损害承担赔偿责任。

第四章 毗 连 区

范 围

第三十七条

保加利亚人民共和国的毗连区为领海以外邻接领海的一带海域，并由领海基线向外延伸 24 海里，毗连区的宽度为 12 海里。

保加利亚人民共和国在毗连区内的权利

第三十八条

保加利亚人民共和国在毗连区内有权实施必要的控制以防止在其境内包括领海发生违反法律和习惯、经济、卫生及移民方面的相关规定的行为，同时对刑事案件拥有管辖权以严惩违反这些规定的犯罪行为人。

关于在毗连区犯罪行为的处理办法

第三十九条

在接到有关停靠在毗连区的外国非军事船舶违反或意图违反前列各条规定的报告时，内务部和国防部有权责令其停船进行必要的检查，采取必要措施阻止违法行为或扣押该船以便对违法者提起诉讼。

第五章 大 陆 架

范 围

保加利亚人民共和国的大陆架为保加利亚人民共和国领海以外依本国陆地领土的全部自然延伸,包括海床和底土,扩展到与其他海岸相邻或相向国家设立的大陆架界限。

相邻国家的大陆架划界

第四十一条

保加利亚大陆架外边界的划定应根据国际法,与在黑海周边海岸相邻或相向国家通过协商的方式确定,以寻求公平的解决方案。

保加利亚人民共和国在大陆架上的权利

第四十二条

1. 保加利亚人民共和国对其大陆架行使主权权利,勘探、开发、利用、保护和管理大陆架上的自然资源,包括海床和底土的能源、矿物和其他非生物资源以及属于定居的生物。

2. 保加利亚人民共和国在其大陆架上行使下列专属权利:
(1)授权和管理为一切目的在大陆架上进行钻探的专属权利;
(2)建造并授权和管理建造人工岛屿、设施和结构的专属权利。

勘探、开发和开采

第四十三条

保加利亚内阁地质委员会、国防部和环境保护委员会为勘探、开发和开采自然资源而从事的科学考察和其他与大陆架有关的考察活动协同授权。

海底电缆和管道的铺设

第四十四条

1. 其他各国在不危害保加利亚人民共和国在大陆架上的资源勘探、开发和开采以及海洋环境的保护方面的利益的前提之下，均有权铺设海底电缆和管道。

2. 所铺电缆和管道的线路应通过协议方式与保加利亚人民共和国和其他相关国家加以确定。

有关大陆架上的犯罪的处理办法

第四十五条

1. 在接到有关外国非军事船舶在大陆架范围内侵犯或意图侵犯保加利亚人民共和国的国家主权和管辖权的报告时，保加利亚内务部门、国防部和交通管理部应采取必要措施阻止其侵犯行为。根据起诉犯罪方的需要，可以登船检查或扣留船舶。

2. 在依照前款采取措施的事件中，应及时通知船旗国外交代表或领事官员。

第六章 专属经济区

范　围

第四十六条

保加利亚人民共和国的专属经济区为保加利亚人民共和国领海以外并邻接领海的区域，从测算领海宽度的基线量起不超过 200 海里。

专属经济区的外边界

第四十七条

保加利亚人民共和国专属经济区的外边界应根据国际法，与海岸相邻或相向的毗邻国家通过磋商并达成协议而确定，以寻求公平的解决方案。

保加利亚人民共和国在专属经济区内的权利

第四十八条

在专属经济区内，保加利亚人民共和国拥有下列权利：

1. 对勘探、开发、利用、保护和管理海床、底土和海床上覆水域的生物、矿物和资源以及区域内的其他勘探和开发活动行使主权权利。

2. 对下列事项的专属管辖权：

（1）人工岛屿、设施和结构的建造和使用；

（2）海洋科学研究；

（3）海洋环境保护。

3. 其他根据国际条约和一般国际法规则规定的保加利亚人民共和国所享有的权利。

其他国家的权利

第四十九条

在专属经济区内，所有国家均享有航行自由、飞行自由、铺设海底电缆和管道的自由以及其他国际法律程序所规定的与该类自由权利有关的海洋利用。

渔业管理制度

第五十条

1. 外国船舶不得在保加利亚人民共和国的专属经济区内从事渔业捕捞

活动。保加利亚与船舶所属国已签订有关协议的除外。

2.通过保加利亚专属经济区的外国船舶不得保有其正常工作状态下的捕鱼设施。

有关违反专属经济区管理制度的规定

第五十一条

在接到有关外国非军事船舶在专属经济区内侵犯或意图侵犯保加利亚人民共和国的国家主权和管辖权的报告时，将对侵犯行为适用第四十五条的规定。

专属经济区管理制度执行的监管

第五十二条

专属经济区管理制度执行的监管主要根据内阁设定的条件和规则加以施行。

第七章 海洋科学研究

保加利亚国内组织开展的科学研究

第五十三条

保加利亚海洋空间的科学研究和探索应该由保加利亚国内组织在获得有关部门对合作项目审批通过的前提下方可进行。

外国政府或机构在保加利亚内水或领海开展科学研究

第五十四条

外国政府或机构在获得保加利亚内阁授权并符合内阁规定的条件下方能在保加利亚内水或领海开展科学研究。

外国政府或机构在保加利亚大陆架和专属经济区开展科学研究

第五十五条

1. 外国政府或机构在获得保加利亚内阁授权后可在保加利亚大陆架和专属经济区内开展科学研究和探索,但仅限于为和平目的或拓展海洋环境认知的研究活动。该类研究活动应以无害的方式和手段开展,不得妨碍保加利亚人民共和国行使主权和管辖权。

2. 申请该类授权的外国政府或机构需通过官方渠道提交所申请的研究活动的自然环境、研究范围、研究目的、研究的方式和手段以及其他相关数据。

3. 保加利亚内阁在下列情形下可拒绝授权:

(1) 在大陆架上或专属经济区内开展与自然资源勘探和开发直接相关的科学研究;

(2) 在海床上实施钻探行为,或使用炸药及其他有害物品危害海洋环境的科学研究;

(3) 涉及建造和使用人工岛屿、设施和结构的科学研究;

(4) 申请授权所提交的信息不实,或此前项目中产生的责任义务未被合理承担。

外国政府和机构在保加利亚大陆架和专属经济区内开展科学研究期间的责任义务

第五十六条

外国政府和机构在开展科学研究活动时负有下列义务:

1. 确保保加利亚国内组织有权参加其所开展的科学研究项目。

2. 确保保加利亚国内组织有权获取其研究活动的全部数据、研究结果和研究结论,有权获取研究的样本,发现其他信息。

3. 如研究计划有变,应立即告知保加利亚内阁。

4. 除经特别同意外,应于科学研究结束以后的一定期限内拆卸并移除为研究活动所建造的设备。

科学研究活动的中止

第五十七条

如果不符合前列授权条件，保加利亚内阁或其他授权机关有权叫停外国政府或机构开展的科学研究活动。

第八章　海洋环境保护

关于禁止污染海洋环境的规定

第五十八条

1. 在保加利亚内水和领海内，禁止船舶、游艇、大型船舶以及其他人工结构或地面基础设施向海洋排放、注入或倾倒任何形式的固体或液体垃圾和对人类或海洋生物有害的物质，禁止其他污染海洋环境的行为。

2. 禁止在保加利亚专属经济区内实施足以危害保加利亚人民共和国国家利益的污染海洋环境的行为，禁止大量（超过保加利亚人民共和国所认可的国际标准）沉降或排放前款所列的垃圾或物质。

有关外国非军用船舶破坏海洋空间环境的规定

第五十九条

1. 如有确切证据表明航行于保加利亚内水、领海和专属经济区内的外国非军用船舶违反本法或其他国际条约关于禁止污染海洋环境的规定，保加利亚海洋环境保护委员会的相关部门、交通运输部、原子能和平利用委员会应采取适当措施，主要包括：

（1）要求船长提供必要的相关信息以配合调查；

（2）在船舶所提供的信息不完整的情况下，启动对船舶的检查；

（3）扣留船舶以便提起公诉。

2. 在必要的时候，可将内务部和国防部纳入"相关部门"的范畴之内，协同进行管理。

法律援助他国海洋污染事件

第六十条

1. 当他国内水、领海或专属经济区内发生严重的海洋环境污染事件时，保加利亚人民共和国将通过询问、调查停靠于该国港口或内水的肇事船舶的文件和技术条件的方式提供法律援助。在接到船旗国的援助请求时，也应提供援助。

2. 前款所涉及的法律援助应在互惠互利的基础上加以提供。

有关海洋事故的规定

第六十一条

发生于保加利亚海洋空间内的船舶故障、损坏或其他海洋事故对海洋或海岸环境产生现实危害并危及相关利益时，保加利亚交通运输部应联合其他相关部门采取必要措施阻止、减小或消除危险。

禁止对海洋环境有污染隐患的船舶通行的规定

第六十二条

停靠于港口或内水的船舶如果技术条件无法保证与保加利亚所采用的防止和减少海洋污染的标准相符时，保加利亚交通运输部下的相关部门应禁止该类船舶通行。

防止（环境破坏）污染物排放的监管

第六十三条

在钻探、勘察和其他与保加利亚人民共和国海洋空间自然资源的开采有关的活动中，保加利亚环境保护委员会和交通运输部应监测其行为是否符合保加利亚所规定的防止海洋环境破坏和防止油类或其他污染物排放的要求，以便及时消除其消极影响。

污染事故的通告

第六十四条

当保加利亚人民共和国的海洋空间污染可能产生蔓延至其他沿海国家的现实危险时,保加利亚将通过外交渠道加以通告。

第九章 海上安全

海上通道和分道通航制

第六十五条

为保障通航安全,遵守国家安全条例和一般国际法规则,保加利亚内阁设立相关的管理制度以指定、变更或取消分道通航制,推荐新航道、可适航通道或在领海中已设定的航道,以便船舶过境通行和在开放港口停靠,并将其公布于"航海通告"中,作为船舶必须遵守的强制性规定。

航行安全

第六十六条

1. 保加利亚人民共和国国防部确保内水和领海内的航行安全,交通运输部确保港口和运河内的航行安全。
2. 保加利亚国防部和交通运输部可授权其他部门建设供水或航行设施。

泥沙和沉淀物的处理

第六十七条

海洋空间上大量的泥沙和沉淀物只能由国防部、交通运输部和环境保护委员会联合授权并在其指定的地方加以处理。

人工岛屿和其他设施建造期间的航行安全保障

第六十八条

1. 人工岛屿、设施和结构可建造在大陆架、专属经济区内的重要国际航道以外的位置上，并通过灯光或其他标志显示其位置。

2. 人工岛屿、设施和结构外边缘向外延伸500米的范围划定为"安全区域"。"安全区域"包括海面向下直到海床之间的水柱区域。该区域在其范围符合国际标准的前提下仍可向外延伸。

3. 运营方应在合理期限内将废弃的设施拆卸并移除，以确保通航安全。

通航条件变化的通告

第六十九条

前条所述保加利亚内水、领海和专属经济区内通航条件的任何变化都将在"航海通告"中加以公告。

搜救工作的组织

第七十条

在保加利亚人民共和国负有责任的搜救区域，由保加利亚交通运输部组织搜救遇险个人、船舶或飞机。

第十章 紧 追 权

条 件

第七十一条

保加利亚人民共和国有关部门在下列情况下认为有充分理由采取合理措施以追踪或扣留外国非军用船舶：

1. 停靠于保加利亚内水或领海的船舶实施违反保加利亚国内法的行为。

2. 毗连区内的船舶违反或意图违反保加利亚有关经济、海关、卫生或移民的规定；

3. 船舶违反有关海洋环境保护或大陆架和专属经济区（包括人工岛屿和其他建筑物的安全区域）的法律地位的规定。

紧 追 令

第七十二条

1. 在外国船舶或其搭载艇实行下列行为时，保加利亚将发布紧追令：在保加利亚领海内实施违反第七十一条第 1 款规定所禁止的行为；在毗连区内实施违反第七十一条第 2 款规定所禁止的行为；在大陆架上或专属经济区内实施违反第七十一条第 3 款规定所禁止的行为。

2. 在外国船舶接到停船命令而拒不执行时，保加利亚将发布紧追令。

3. 紧追权由内务部和国防部的船舶、飞机或其他有清楚标志可以识别的为政府服务并经授权紧追的船舶或飞机行使。紧追持续直至被追船舶进入其本国或第三国领海。

保加利亚港口押解

第七十三条

根据本章条款的规定，被查扣的船舶将被押解至最近的保加利亚港口接受讯问。

损 害 赔 偿

第七十四条

外国非军用船舶在保加利亚领海以外被查扣但未经过司法审判的，仍需对其所造成的损害作出赔偿。

第十一章　行政和刑事条款

关于对沉船和弃船行为的罚款处罚

第七十五条

1. 外国非军用船舶的船长在保加利亚内水和领海内实施沉船或弃船行为的，将被处以 20 000~1 000 000 列弗的罚款。

2. 在保加利亚海岸沿线命令或授意沉船或弃船的船舶所有者，将被处以前款相同的处罚。

关于对海洋污染和商业捕捞行为的罚款

第七十六条

1. 有下列情形的，将处以 500~1 000 列弗的罚款：

（1）实施或授意实施违反第五十八条第 2 款规定所禁止的行为；

（2）下令或授意在保加利亚专属经济区内实施商业捕捞行为的外国非军用船舶的船长。

2. 外国非军用船舶非法运输核物品、放射性物品以及其他危险品或有毒物品并在无任何授权之下自主进入保加利亚内水的，拒绝提交相关文件以接受剂量测定检查和其他与环境保护相关的登船调查的，按照前款的规定对船舶的船长加以处罚。

内水无害通过时或海洋科考期间犯罪行为的罚款

第七十七条

1. 外国非军用船舶的船长在下列情形下将被处以 200~50 000 列弗的罚款：

（1）驶入已关闭的港口或停泊区；

（2）在保加利亚内水或领海内保持潜艇的潜行状态；

（3）命令或授意实施第十三条和第二十条第 5、第 6 和第 11 款规定所禁止的行为；

（4）实施违反第十九条第 2 款，第二十三条第 3 款下第（1）项、第（5）项和第（7）项，第二十四条和第二十六条的规定所禁止的行为。

2. 在保加利亚人民共和国的海洋空间上从事科学研究或勘探活动的个人如未经保加利亚人民共和国正式授权或实施了授权范围以外的行为的，按照前款的规定加以处罚。

其他犯罪行为的罚款

第七十八条

任何违反本法其他条款规定或依本法产生效力的条例的犯罪行为将被判处 50~5 000 列弗的罚款，可与更高刑罚并处。

有关刑事和行政程序的特别规定

第七十九条

1. 违反本章各条款的行为将由各政府部门以及其他对国家海洋空间负有调查义务的部门加以备案。

2. 依照前款所作的报告应向违法者发布，在签署该报告后，违法者可以于报告发布后 48 小时之内向有关的行政和刑事主管部门提出异议。届时，该报告将与书面异议和所搜集的证据一并提交给行政和刑事主管部门，行政和刑事主管部门应于异议有效时间即 24 小时内对所受理的案件作出裁判。如果该案件的事实或法律适用比较复杂或案件仍需补充证据，行政和刑事主管部门可延期作出裁判。

3. 对破坏海洋环境的违法行为进行刑事处罚的裁决应由环境保护委员会主席和交通运输部部长或其授权的其他部门官员下达。对其他违法行为的刑事处罚命令均由交通运输部或其授权的其他部门官员下达。

4. 可裁决对任何损害所造成的全部损失进行经济赔偿。

5. 船舶所有者可对裁决中有关赔偿的部分进行申诉。裁决送达船舶掌控者的日期视为送达船舶所有者的日期。

6. 裁决处以 2 000 列弗以上罚款或赔偿的行政处罚的,应先请示相应的部门法庭。在此情况下,部门法庭应在案件下达后的一年内请示最高法庭并作出裁决。最高法庭对案件的复核请求享有管辖权。

基本法律的施行

第八十条

负责对违法行为备案、下达裁决、分配经济赔偿、裁决及其执行的请示官员,除本法有特别规定外,均由《行政违法处罚法》加以规范。

临时预警措施

第八十一条

1. 外国的非军用船舶(无论其所有权是否合法)在官方确认并通告其违法行为时,均将被逮捕,以确保本章所涉及的罚款和赔偿能够实现。

2. 保加利亚国家航行监管部可以在 72 小时内对实施了第三十一条第 1 款涉及的准违法行为的外国非军用船舶进行逮捕,以确保能够要求其赔偿损失。在逮捕期限届满后,在船舶羁押地有管辖权的法院应采取临时预警措施。

3. 在前款所涉及的案件中,被扣船舶在按裁决所规定和临时预警措施所耗的数额向保加利亚境内银行缴纳货币或提供银行担保后,应予及时释放。

附 加 条 款

1. 第九条第 2 至第 5 款、第二十三条第 3 款下的第(4)项至第(7)项、第二十四条、第二十六条、第二十八条、第三十条、第三十九条、第五十八条、第五十九条、第六十二条和第六十五条同样适用于保加利亚籍的船舶。

2. 在本法中:

(1)"军舰"是指隶属某国武装力量,有明显国籍标志,由所属国(须是相关服务名单或类似文本中出现的国家)政府任命的官员领导,有纪律严明的乘务组的船舶;

（2）"用于非商业目的的政府船舶"是指隶属旗帜所示国家，以勘探或其他非经济类活动为目的的船舶；

（3）"非军用船舶"是指第（1）项、第（2）项所列船舶以外的船舶；

（4）"潜艇"是指航行于水面以下的船舶；

（5）"核动力船舶"是指第（2）项、第（3）项所列船舶以外的、装有核动力设备的船舶；

（6）"核动力战船"是指第（1）项所指船舶加载核动力设备或核武器后的情形。

3. 在本法中：

（1）"港口"是指邻近海水，装备有可供船舶停泊、便于装卸的设施和其他架构的海岸区域；港口的管理方为港口官方。

（2）"停泊区"是指在港口外的海洋空间内，可供船舶抛锚停泊的区域。

（3）"海洋基地"是指驻有军队的海岸邻水区域，装备有保护船舶、可供船舶抛锚停泊的基础设施和架构的区域。

（4）"水下潜行"是指个人使用供氧呼吸设备进入水下，并在水下滞留超过一次呼吸时间长的潜水行为。

（5）"固有生物"是指在丰产期，在海床上或其下静止的或非在频繁人工移动之下不会移动的有机物。

4. 在本法中，"海洋环境污染"是指人为直接或间接将污染物或能量排入包括三角洲在内的海洋环境，对海洋资源和人类健康造成或可能造成毁灭性影响或现实危险，妨碍海洋的合理利用，以及破坏海水质量、污染海洋旅游休闲活动条件的行为。

5. 在本法中，1海里等于1 852米。

终 结 条 款

6. 本法将于1987年9月1日取代关于保加利亚领海和内水的法令正式生效，并刊载于 Izvestiya（No.85,1951）上，修订案将刊载于 Official Gazette（No.7,1978）上。

7. 保加利亚国会有权通过相关法律以影响本法的效力。

8. 保加利亚国会负责本法的施行。本法在 1987 年 7 月 8 日举行的第二次全国国民大会第五次会议上被通过并采纳，加盖国家公章。

保加利亚人民共和国海洋空间、内陆水道及港口法案
（2000 年 1 月 28 日）

第一章

一 般 条 款

第一条

1. 本法规定了保加利亚人民共和国海洋空间、内陆水道及港口的法律制度。

2. 在海洋空间、内陆水道和港口内，保加利亚人民共和国依据国际法以及作为缔约国的国际条约的共同原则和标准行使独立的主权、管辖权和控制权。

第二条

本法旨在保护黑海和多瑙河沿岸国家以及其他国家在合作开发利用中的利益，拓建海河通道，保证通航安全，保护通行期间的海洋和河流环境，保持生态平衡。

第三条

保加利亚人民共和国根据本法案的规定对海洋空间、内陆水道及港口进行监管。

第四条

1. 港口和停泊区向外国来访船舶关闭须由内阁决定，并在"航海通告"上加以公示。

2. 第 1 款中未涉及的港口照常开放。

第二章 保加利亚的海洋空间

第一部分 概要条款

第五条

1. 保加利亚人民共和国的海洋空间包括内水、领海、毗连区、大陆架和专属经济区。

2. 保加利亚人民共和国对属于其国家领土的内水、领海及其上空、海床和底土行使主权。

3. 保加利亚人民共和国根据本法对毗连区、大陆架和专属经济区行使主权、管辖权和控制权。

4. 外国舰艇、游船和其他用于体育、观光、娱乐的游艇在保加利亚内水和领海内的航行以及保加利亚边境制度由保加利亚内阁作出规定。

5. 对在保加利亚海洋空间上遇险的船舶或个人，应根据保加利亚交通运输部规定的条件和程序提供援助。

6. 针对可能对人构成生命危险或对通航构成阻碍的现实危险，港口管理者可请求附近所有船舶提供救援。

第二部分 内 水

第六条

保加利亚人民共和国的内水包括：

1. 用于测算领海范围的海岸线和基线之间的水域。

2. 港口水域，其临海方向的边界由泊船区、供水设施和永久性港口设施等的最外点连成的线组成。

3. 下列水域：

（1）连接圣康斯坦丁角和埃兰济科角的海岸线和直线基线之间的瓦尔纳港；

（2）连接埃米内角和马斯伦诺斯角的海岸线和直线基线之间的水域布尔加斯港。

（4）连接卡利亚克拉角和图兹拉塔角的海岸线和直线基线之间的水域、连接图兹拉塔角和埃克莱内角的海岸线和直线基线之间的水域、连接马斯伦诺斯角和罗角的海岸线和直线基线之间的水域。

第七条

外国商船或人道主义性质的船舶可以自由出入保加利亚的内水，可自由停靠于开放港口和停泊区。

第八条

1. 外国军舰或潜艇进入保加利亚人民共和国内水、停靠开放港口或停泊区，须经部长会议批准，除非另经保加利亚人民共和国和船旗国同意。

2. 黑海沿岸国家须提前 30 天提出批准申请，其他国家须提前 45 天提出批准申请，除非另经保加利亚人民共和国和船旗国同意。

第九条

用于非商业目的的外国政府船舶经部长会议批准或有权机构授权可以进入保加利亚人民共和国内水、停靠开放港口或停泊区；该批准申请应当提前 30 天提出，除非另经保加利亚人民共和国和船旗国同意。

第十条

1. 在符合第八条规定的前提下，外国核动力船舶可进入内水、开放港口和停泊区。

2. 在船舶靠港之前，有关主管部门应当检查其安全记录、剂量测定记录以及其他与环保相关的记录。检查地点由交通运输管理部门确定。

3. 船舶靠港或停靠在停泊区时，可能对其进行其他方面的检查。

4. 如果检查发现船舶存在安全隐患的，交通运输管理部门应责令其在指定时间内离开保加利亚内水或领海。保加利亚人民共和国对该船舶的提前离港所造成的损失不承担任何责任。

5. 第 2 款至第 4 款的规定同样适用于运载核物质或放射性危险物品的船舶。

6. 第 2 款至第 4 款的规定同样适用于运载有毒或其他危险物品的船舶。

第十一条

1. 外国核动力军舰在遵守第八条的规定下可进入保加利亚内水、开放港口和停泊区。由国防部检查其安全记录、剂量测定记录以及其他与环保相关的记录。检查地点由国防部确定。

2. 第十条第 3、4 款的规定同样适用于外国核动力军舰。由国防部对船舶进行检查，发布离港命令。

第十二条

外国军舰和潜艇、用于非商业目的的外国政府船舶、携带核武器的外国核动力船舶以及装有核动力设备的军舰来访和滞留保加利亚港口，由保加利亚内阁决定。

第十三条

下列情形下，船舶驶入内水或港口无须获得预先授权：

1. 载有外国元首、政府首脑或行政区域首脑的官方访问船舶及其护卫船舶。

2. 已损坏或为避免海上风险或其他海上事故的船舶。在此情形下，其船长应该以任何可能的途径立刻向最近的港口管理部门通报情况，并执行其命令。

第十四条

第十三条所涉及的外国军舰或普通船舶驶入港口时无须缴税，但仍需支付相关的服务费用。

第十五条

1. 停靠于内水、港口和停泊区的外国船舶，除用于保证航行和抛锚的安全外，禁止使用无线电导航设备、水下探听和无线电通信设备、电子和光学类监视设备。

2. 停靠于内水、领海的船舶如果装有卫星通信系统的地面电台，可在互惠互利的基础上加以使用。

第二部分 领 海

第十六条

1. 保加利亚人民共和国的领海为邻接保加利亚人民共和国陆地领土和内水的一带海域，领海宽度从领海基线量起为 12 海里。

2. 基线是指海岸低潮线或由峡湾和第六条所涉及的区域的两个最外部

的点连接而成的直线基线。

第十七条

保加利亚人民共和国和邻国的领海分界线在地理上平行于陆地边界与海岸线的各交点组成的线。

第十八条

保加利亚人民共和国领海的外部界限构成其国家边界。

第十九条

1. 任何国家的船舶均享有依照本法和国际法的规定在保加利亚领海无害通过的权利。

2. 所有国家享有的无害通过权仅限于其通过的目的是穿过领海但不进入内水、驶入或驶出内水的航行。船舶须在通用航道、通航分道、适航通道或荐用航道内，以不低于为争议船舶设定的正常速度穿过保加利亚领海，并不得对通航区域造成干扰，不得威胁保加利亚人民共和国的和平、安全和正常秩序。

3. 为确保通航利益，防止意外死伤和损失，规避不可抗力或便于为个人、船舶或飞机提供援助，禁止船舶无害通过时在航道内停泊或抛锚。

4. 船舶在进入、离开或航行于保加利亚领海时，应严格遵守通告和交管制度的规定。

第二十条

1. 外国船舶在通过保加利亚领海时从事下列活动的，将被视为威胁保加利亚人民共和国的和平、安全和正常秩序：

（1）对保加利亚人民共和国的主权、领土完整或政治独立进行任何武力威胁或使用武力，或以任何其他违反《联合国宪章》所体现的国际法原则的方式进行武力威胁或使用武力；

（2）以任何种类的武器进行任何操练或演习；

（3）任何目的在于搜集情报使保加利亚人民共和国的防务或安全受损害的行为；

（4）任何目的在于影响保加利亚人民共和国防务或安全的宣传行为；

（5）在船上起落或接载任何飞机；

（6）在船上发射、降落或接载任何军事装置；

（7）违反沿海国海关、财政、卫生或移民的规定，上下任何商品、货币或人员；

（8）任何故意和严重的破坏海洋环境的污染行为；

（9）任何捕鱼活动；

（10）任何勘探或测量活动；

（11）任何干扰保加利亚人民共和国通信系统或无线电设施或任何其他设备的行为；

（12）与通过没有直接关系的任何其他活动。

2. 第1款中的第（2）、第（5）、第（6）、第（9）、第（10）和第（12）项如果获得允许，不被认为是破坏保加利亚和平、安全和正常秩序。

第二十一条

外国船舶在保加利亚领海通过时无须缴纳任何通行费用，船舶自身所耗服务的费用除外。

第二十二条

基于保加利亚人民共和国的国家安全和军事演习的利益，国防部协同交通运输部和内务部可以在领海的特定区域内暂时中止无害通过，在内水暂时禁止通航。相关措施应当在"航海通告"中正式公布。

第二十三条

1. 在保加利亚领海内无害通过的外国船舶，或停泊于内水、港口和停泊区的外国船舶，应遵守通航规则，遵守移民、海关、财政、卫生、动植物检验检疫、港口等方面的规定，遵守环境保护的规定。

2. 在保加利亚领海内无害通过的外国船舶，或停泊于内水、港口和停泊区的外国船舶，应悬挂其所属国国旗；军舰以外的其他船舶还须悬挂保加利亚人民共和国国旗。

3. 在领海和内水的外国船舶不得从事下列活动：

（1）除重大死伤事故外，不得使用自用船舶从事海洋研究或人员搜救；

（2）进行水下作业；

（3）维持捕鱼设备正常运转；

（4）发射国际法规定的为避免海洋冲撞以外的声光信号；

（5）在沿海区域或港口拍照、取样或测量；

（6）搁浅或故意沉船；

（7）开展足以破坏已铺设的海底光缆和管道或与通航、海洋资源开发有关的其他设备和装置的活动。

第二十四条

载有核物质、放射性物质、有毒物质以及其他危险物品的外国核动力船舶，在通过保加利亚领海时应携带必要的相关文件，并根据国际条约的规定针对突发状况采取必要的预警措施。

第二十五条

1. 在保加利亚的领海和内水航行的外国潜艇应按规定在海面上航行；

2. 外国潜艇应按要求在海面上航行，因自身损坏无法在海面上航行的，应通过一切可能的途径告知其状况。

第二十六条

外国船舶在通过保加利亚领海时，仅允许其使用无线电设备与保加利亚海岸电台保持联络，仅允许其为保障通航而使用无线电导航及水下声光、电子等其他设备。

第二十七条

潜水以及其他在保加利亚领海和内水的所有形式的水下活动均应遵照国防部、内务部和交通运输部共同规定的程序方可进行。

第二十八条

外国船舶在遇险或遭遇不可抗力时应原地停靠或抛锚，并通过一切可能的途径向最近的港口管理部门报告该事故。

第二十九条

1. 保加利亚的海上边界的保护和领海与内水管理制度的监管工作由内务部门负责。

2. 保加利亚内水和领海的管理制度应与保加利亚人民共和国有关国家安全的规定保持一致。

第三十条

1. 在其条件允许的情况下，对位于保加利亚内水和领海内的外国船舶，保加利亚内务部、国防部、交通运输部应：

（1）要求其出示所属国国旗；

（2）如有确切理由怀疑其为违反无害通过有关规定的可疑船舶，可要求其提供相关信息；

（3）当船舶驶向航道封闭区域时，可为其安排其他航道；

（4）在船舶违背上述规定，违反第十九条第 2 款及第二十、二十二、二十三和二十四条或其他由保加利亚人民共和国作为缔约国的国际条约的规定时，可责令其停船进行检查或扣留船舶；

（5）在出现第三十一条第 3、第 4 款所规定的情形时，停船并扣留船舶；

（6）将第三十二条涉及的犯罪行为人带离船舶，将其逮捕并移交有关调查部门，并于 24 小时之内通知公诉方。

2. 如果外国军事船舶拒绝停船、抗拒抓捕或诉诸武力，保加利亚内务部门和国防部可采取强制措施，包括使用武力。

第三十一条

1. 保加利亚人民共和国立法机关和国家法院有权管辖在保加利亚内水和领海导致损害的非法行为，有权管辖破坏保加利亚在毗连区、大陆架和专属经济区内管辖权并导致损害的行为。

2. 保加利亚人民共和国不应为对通过领海的外国非军用船舶上某人行使民事管辖权的目的而停止其航行或改变其航向。

3. 对位于保加利亚内水、抛锚于保加利亚领海或已驶出内水正穿越领海的外国非军用船舶，保加利亚有权采取措施指控或加以处罚。

4. 对穿越保加利亚领海的外国非军用船舶，前款所述指控和处罚仅限于其在穿越过程中不按照有关规定履行其义务的情形。

第三十二条

1. 保加利亚人民共和国不应在通过领海的外国非军用船舶上行使刑事管辖权，但下列情形除外：

（1）保加利亚籍公民实施的犯罪行为；

（2）破坏保加利亚当地安宁或领海正常秩序的犯罪行为；

（3）违反普通法律,但其行为危及保加利亚人民共和国或其国民的利益；

（4）非法走私麻醉药物、精神调理物质或放射性物质；

（5）非法滞留；

（6）破坏和平或违背人道主义的犯罪行为。

2. 保加利亚人民共和国的刑事管辖权延伸至停靠于保加利亚港口或内水的外国非军事船舶上的犯罪行为。该管辖权延伸直至船舶离开内水进入保加利亚领海。

第三十三条

保加利亚有关部门可应船长或船旗国外交代表或领事官员的请求，针对发生在通过保加利亚领海的外国非军事船舶上的本法第三十二条所涉及的犯罪行为进行全面的调查，并在必要时采取强制措施。

第三十四条

如船长要求，保加利亚人民共和国有关部门应将本法第三十二条第1款所设定的刑事案件程序的启动、案件调查的开始一并告知船旗国外交代表或领事官员。

第三十五条

停靠于保加利亚内水或领海的外国军舰或其他用于非商业目的的政府船舶，违反本法规定或其他规范性法律文件、无视其他法律规定的，将被立即驱逐出保加利亚的内水和领海。

第三十六条

船旗国应对其通过保加利亚领海或停靠于内水的军舰或其他用于非商业目的的政府船舶造成的损害承担赔偿责任。

第四部分　毗　连　区

第三十七条

保加利亚人民共和国的毗连区为领海以外邻接领海的一带海域，由领海基线向外延伸24海里，毗连区的宽度为12海里。

第三十八条

保加利亚人民共和国在毗连区内有权实施必要的控制以防止在其境内包括领海发生违反法律和习惯、经济、卫生及移民方面的相关规定的行为，同时对刑事案件拥有管辖权以严惩违反这些规定的人。

第三十九条

在接到有关停靠在毗连区的外国非军用船舶违反或意图违反第三十八

条规定的报告时，内务部和国防部有权责令其停船进行必要的检查，采取必要措施阻止违反行为或扣押该船以便对违法者提起诉讼。

第五部分　大　陆　架

第四十条

保加利亚人民共和国的大陆架为保加利亚人民共和国领海以外依本国陆地领土的全部自然延伸，包括海床和底土，扩展到与其他海岸相邻或相向国家设立的大陆架界限。

第四十一条

保加利亚大陆架边界的划定应根据国际法，与在黑海周边海岸相邻或相向国家通过协商的方式确定，以寻求公平的解决方案。

第四十二条

1. 保加利亚人民共和国对其大陆架行使主权权利，勘探、开发、利用、保护和管理大陆架上的自然资源，包括海床和底土的能源、矿物和其他非生物资源以及属于定居的生物。

2. 保加利亚人民共和国在其大陆架上行使下列专属权利：

（1）授权和管理为一切目的在大陆架上进行钻探的专属权利；

（2）建造并授权和管理建造人工岛屿、设施和结构的专属权利。

第四十三条

1. 其他各国在不危害保加利亚人民共和国在大陆架上的资源勘探、开发和养护以及海洋环境的保护方面的利益的前提之下，均有权铺设海底电缆和管道。

2. 所铺电缆和管道的线路应通过协议方式与保加利亚人民共和国和其他相关国家确定。

第四十四条

1. 在接到有关外国非军用船舶在大陆架范围内侵犯或意图侵犯保加利亚人民共和国的国家主权和管辖权的报告时，保加利亚内务部门、国防部和交通管理部应采取必要措施阻止其侵犯行为。根据起诉犯罪方的需要，可以登船检查或扣留船舶。

2. 在依照前款采取措施的事件中，应及时通知船旗国外交代表或领事人员。

第六部分　专属经济区

第四十五条

保加利亚人民共和国的专属经济区，为保加利亚人民共和国领海以外并邻接领海的区域，从测算领海宽度的基线量起不超过 200 海里。

第四十六条

保加利亚人民共和国专属经济区边界应根据国际法，与海岸相邻或相向的国家通过协商确定，以寻求公平的解决方案。

第四十七条

在专属经济区内，保加利亚人民共和国拥有下列权利：

1. 对勘探、开发、利用、保护和管理海床、底土和海床上覆水域的生物、矿物和资源以及区域内的其他勘探和开发活动行使主权权利。

2. 对下列事项的专属管辖权：

（1）人工岛屿、设施和结构的建造及使用；

（2）海洋科学研究；

（3）海洋环境的保护和保全。

3. 其他根据国际条约和一般国际法规则规定的保加利亚人民共和国所享有的权利。

第四十八条

在专属经济区内，所有国家均享有航行自由、飞行自由、铺设海底光缆和管道的自由以及其他国际法律程序所规定的与该类自由权利有关的海洋利用。

第四十九条

1. 外国船舶不得在保加利亚人民共和国的专属经济区内从事渔业捕捞活动。保加利亚与船舶所属国已签订有关协议的除外。

2. 通过保加利亚专属经济区的外国船舶不得保有其正常工作状态下的捕鱼设施。

第五十条

在接到有关外国非军用船舶在专属经济区内侵犯或意图侵犯保加利亚人民共和国的国家主权和管辖权的报告时，将对侵犯行为适用第四十四条的规定。

第五十一条

专属经济区管理制度根据内阁设定的条件和规则加以施行。

第七部分 海洋空间利用和海洋环境保护

第五十二条

1. 保加利亚大陆架利用和在其专属经济区内从事勘探、开发、利用、保护或管理海洋生物矿产资源和能源资源的特权应根据《特许经营法》和《矿产资源法》的规定依法授予。

2. 在大陆架和专属经济区内开展科学研究应由内阁在《联合国海洋法公约》的规定下授权，但授权对象仅限于为和平目的或拓展海洋环境认知的考察活动。该类考察活动应以无害的方式和手段开展，不得妨碍保加利亚人民共和国行使主权和管辖权。

3. 保加利亚内阁在下列情形下可拒绝授权：

（1）在大陆架上或专属经济区内开展与自然资源勘探和开发直接相关的科学研究；

（2）在海床上实施钻探行为，或使用炸药及其他有害物品危害海洋环境的科学研究；

（3）涉及建造和使用人工岛屿、设施和结构的科学研究；

（4）申请授权所提交的信息不实或此前项目中产生的责任义务未被合理承担。

第五十三条

1. 在保加利亚内水和领海内，禁止船舶、游艇、大型船舶以及其他人工结构或地面设施向海洋排放、注入或倾倒任何形式的固体或液体垃圾和对人类或海洋生物有害的物质，禁止其他污染海洋环境的行为，但遵照保加利亚认可的国际惯例和国内法律的相关条款实施的排污行为除外。

2. 禁止在保加利亚专属经济区内实施足以危害保加利亚人民共和国国家利益的污染海洋环境的行为，禁止大量（超过保加利亚人民共和国所认可的国际标准）沉降或排放第 1 款所列的垃圾或物质。

3. 有关地面设施的污水排放规则由《水域法》加以规定。

第五十四条

1. 如有确切证据表明航行于保加利亚内水、领海和专属经济区内的外国非军用船舶违反本法或其他国际条约关于禁止污染海洋环境的规定，保加利亚海洋环境保护委员会的相关部门、交通运输部、原子能和平利用委员会应采取适当措施，主要包括：

（1）要求船长提供必要的相关信息以便调查船舶是否实施了犯罪行为；

（2）在船舶所提供的信息不完整的情况下，启动对船舶的检查；

（3）扣留船舶以便提起公诉，从船舶和货轮上取样；

（4）扣留船舶以进行责任界定。

2. 在必要的时候，可将内务部和国防部纳入"相关部门"的范畴之内，协同进行管理。

第五十五条

1. 当他国内水、领海或专属经济区内发生严重的海洋环境污染事件时，保加利亚人民共和国将通过询问、调查停靠于该国港口或内水的肇事船舶的文件和技术条件的方式提供法律援助。在接到船旗国的援助请求时，也应提供援助。

2. 应在互惠的基础上提供第 1 款所规定的法律援助。

第五十六条

发生于保加利亚海洋空间内的船舶故障、损坏或其他海洋事故对海洋或海岸环境产生现实危害并危及相关利益时，保加利亚交通运输部应联合其他相关部门采取必要措施阻止、减小或消除危险。

第五十七条

停靠于港口或内水的船舶如果技术条件无法保证与保加利亚所采用的防止和减少海洋污染的标准相符或其文件与要求不符时，保加利亚交通运输部门应禁止该类船舶通行。

第五十八条

1. 在钻探、勘察和其他与保加利亚人民共和国海洋空间自然资源的开采有关的活动中，保加利亚环境保护委员会和交通运输部应监测其行为是否符合保加利亚所规定的防止海洋环境破坏和防止油类或其他污染物排放的要求，以便及时消除其消极影响。

2. 保加利亚环境和水利部应使用其特权对陆地基础设施的排污加以管理控制。

第五十九条

当保加利亚人民共和国的海洋空间污染可能产生蔓延至其他沿海国家的现实危险时，保加利亚将通过外交渠道加以通告。

第八部分　通　航　安　全

第六十条

为保障通航安全，遵守国家安全条例和一般国际法规则，保加利亚内阁设立相关的管理制度以指定、变更或取消分道通航制，推荐新航道、可适航通道或在领海中已设定的航道，以便船舶过境通行和在开放港口停靠，并将其公布于"航海通告"中，作为船舶必须遵守的强制性规定。

第六十一条

1. 保加利亚人民共和国国防部确保内水和领海内的航行安全，交通运输部确保港口和运河内的航行安全。

2. 在领海和内水范围内进行绘制类深度测量由且仅由海军下属的水道部执行。

3. 其他行政部门建设供水或航行设施须获得国防部和交通运输部的许可。

第六十二条

海洋空间上大量的泥沙和沉淀物只能由国防部、环境和水利部以及交通运输部联合授权并在其指定的地方加以处理。

第六十三条

1. 人工岛屿、设施和结构可建造在大陆架、专属经济区内的重要国际航道以外的位置上，并通过灯光或其他标志显示其位置。

2. 人工岛屿、设施和结构外边缘向外延伸 500 米的范围划定为"安全区域"。"安全区域"包括海面向下直到海床之间的水柱区域。该区域在其范围符合国际标准的前提下仍可向外延伸。

3. 负责设施运营的自然人或法人应在合理期限内将废弃的设施拆卸并移除，以确保通航安全。

4. 如果前款所述设施未在规定的期限内移除，港口的管理方将拆卸该设施，且港口行政方有权根据基本法的规定对责任人提出拆卸费用的补偿请求。

第六十四条

前条所述保加利亚内水、领海和专属经济区内通航条件的任何变化都将在"航海通告"中加以公告。

第六十五条

1. 在保加利亚人民共和国负有责任的搜救区域，保加利亚交通运输部应维持一个组织为处于危难之中的个人、船舶或飞机提供帮助。

2. 第 1 款中所涉及的责任区域范围的估测应是保加利亚与海岸相向或相邻的国家通过协议的方式确定的。

3. 海事行政部应协同国防部并联合邻国的搜救措施和力量开展搜救活动。

第九部分　紧　追　权

第六十六条

保加利亚人民共和国有关部门在下列情况下认为有充分理由采取合理措施以追踪或扣留外国非军用船舶：

1. 于保加利亚内水或领海停靠期间实施违反保加利亚国内法律的行为。

2. 在毗连区内违反或意图违反保加利亚有关经济、海关、卫生或移民的规定。

3. 违反有关海洋环境保护或大陆架和专属经济区（包括人工岛屿和其他建筑物的安全区域）的法律地位的规定。

第六十七条

1. 在外国船舶或其搭载艇实施下列行为时，保加利亚将发布紧追令：在保加利亚领海内实施违反第六十六条第 1 款规定所禁止的行为；在毗连区内实施违反第六十六条第 2 款规定所禁止的行为；在大陆架上或专属经济区内实施违反第六十六条第 3 款规定所禁止的行为。

2. 在外国船舶接到停船命令而拒不执行时，保加利亚将发布紧追令。

3. 紧追权由内务部和国防部的船舶和飞机或其他有清楚标志可以识别的为政府服务并经授权紧追的船舶或飞机行使。紧追持续直至被追船舶进入其本国或第三国领海。

第六十八条

根据本章条款的规定，被查扣的船舶将被押解至最近的保加利亚港口接受讯问和责任界定。

第六十九条

外国非军用船舶在保加利亚领海以外被查扣但未经过司法审判的，仍需对其所造成的损害作出赔偿。

第三章 保加利亚内陆水道

第一部分 基 本 条 款

第七十条

保加利亚内陆水道是指多瑙河右岸至保加利亚共和国和罗马尼亚共和国国界之间的水域，其最窄处为 374 100 米，最宽处为 845 650 米。

第七十一条

保加利亚内务部有权执行对内陆水道的河流国界的保护以及边界管理制度的实施。

第七十二条

1. 外国商业或人道主义船舶可自由通过保加利亚内陆水道或访问开放港口和停泊区。

2. 非多瑙河流域的外国军用船舶禁止在保加利亚内陆水道内通行。

3. 多瑙河流域内的外国军用船舶在获得保加利亚内阁授权之下或其所属国与保加利亚共和国有协议的,可自由通过内陆水道或以和平（非军事的）目的访问开放港口和停泊区。

4. 第 3 款下的授权申请须在访问前 30 天内提出,船舶所属国与保加利亚人民共和国另有协议的除外。

5. 获得保加利亚内阁授权的外国非商业目的的政府船舶可自由通过内陆水道,访问多瑙河畔的开放港口和停泊区；除船舶所属国和保加利亚人民共和国双方同意外,前述授权的申请须提前 30 天提出。

6. 实施第二十条下的任一行为都将被视为违反内陆水道和平通行的规定。

第七十三条

1. 通过保加利亚人民共和国内陆水道或停靠于港口和停泊区的外国船舶除出于保障通航安全的需要外,禁止使用无线电导航设备、水下声学和通信设备以及电子和光学侦测系统。

2. VHF 无线电基站的使用仅限于为保障通航安全、联络船舶主管当局和与港口当局的通信。

3. 装有卫星海上通信系统移动地面基站的船舶可在互惠原则的前提下使用其系统。

4. 通过保加利亚人民共和国内陆水道的船舶均无须缴税。

第七十四条

1. 不直接与黑海和多瑙河贯通的河流、湖泊、水库和运河不在内陆水道的范畴之内。

2. 在不直接与黑海和多瑙河贯通的河流、湖泊、水库和运河上以工业、商业、旅游业、体育、科学、捕捞、娱乐等为目的运送乘客和货物的船舶应遵照交通运输部规定的程序和条件开展运输行为。

第二部分　保加利亚在内陆水道的权利

第七十五条

保加利亚人民共和国在其内陆水道内行使下列权利：

1. 勘探、开发、利用、保护和管理河床、底土及其上覆水域的生物资源、矿产资源和能源以及与对该地区的勘探和开发相关的其他活动。

2. 下列专属权利和管辖权：

（1）建造并使用人工岛屿、设施和建筑物以及水上技术设施；

（2）开展海洋科学研究；

（3）铺设缆线和管道；

（4）河流环境保护；

（5）其他保加利亚为缔约国的国际协定赋予的，或一般国际法准则所授予的权利。

第七十六条

1. 在保加利亚港口间运输乘客和货物的船舶必须是悬挂保加利亚国旗的境内船舶。

2. 在保加利亚港口间运输乘客和货物的外国船舶必须遵照保加利亚内阁规定的程序和条件运输。

第三部分　安全通航的条件

第七十七条

1. 保加利亚交通运输部应根据多瑙河委员会所采用的标准和《关于欧洲重要国际内陆水道的协定》的内容组织对保加利亚内陆水道的通航条件进行调查和记录。

2. 保加利亚交通运输部有义务公布和传达内陆水道里的航道状态和水文条件。

3. 水上技术设施的建设、挖掘，惰性原料的提纯，地面垃圾和沉淀物的倾倒都应与交通运输部、区域发展和城市规划部以及环境与水利部下属的相关部门协调执行。

第七十八条

1. 载有危险物品的船舶在通过保加利亚内陆水道时应遵守多瑙河委员会和欧洲经济委员会依据《内陆水道危险货物运输条例》所设定的标准。

2. 在进入保加利亚内陆水道时，载有危险物品的船舶有义务向邻近港口的管理者通告危险物品的数量、种类、存储位置和出发港。

3. 在垃圾内的有毒物质处在《保加利亚境内的多瑙河流域航行条例》对地面来源和船舶设定的标准之内时，第五十三条下的规定不适用于前述垃圾的排放和处理。

第七十九条

内陆水道内的带氧潜水以及其他水下活动都应遵照保加利亚国防部、内务部和交通运输部联合规定的程序进行。

第八十条

1. 保加利亚共和国和罗马尼亚共和国之间的空中和海底缆线的架设应在两国的协议之下进行。

2. 连接河流两岸的水上技术设施应在保加利亚政府和罗马尼亚政府间的协议的基础上进行建造。

第八十一条

1. 向在保加利亚内陆水道内遇险的个人和船舶提供援助须依照保加利亚交通运输部规定的程序和条件方可进行。

2. 如果在内陆水道内存在危害人身或阻碍通航的险情，港口管理者可调动周边的一切船舶参与到搜寻和救援行动中。

第四部分　船舶的安全性能

第八十二条

1. 所有船舶均需具备其在船旗国登记注册的行船证书。

2. 由交通运输部部长发布有关保加利亚船舶登记注册的条件和程序的规定。

第八十三条

行驶于保加利亚内陆水道的船舶须符合船舶的内陆航行技术要求，并有相关文件加以证明。

第八十四条

1. 所有船舶，无论其悬挂哪个国家的国旗，均需具备多瑙河委员会和欧洲经济委员会所采用的《多瑙河航行条例》所要求的相关文件，以及其他保加利亚为缔约国的国际协议所要求具备的文件。

2. 船舶应将文件随船携带，并于有关部门提出出示请求时将文件出示以配合调查。

3. 由交通运输部部长颁布关于向保加利亚船舶发放文件的条件和程序的条例。

第八十五条

1. 每艘船均需配备足够的、合格的随船人员以随时确保乘客、货物以及航行的安全。

2. 保加利亚关于非军用船舶上的随船人员配备及其数量和资历的规定由交通运输部部长作出。

第五部分　通 航 监 管

第八十六条

1. 开展通航的监管工作以确保保加利亚境内内陆水道船舶的航行符合多瑙河内的航行规则，符合保护水上、机上基础设施的规定，符合防止船舶污染多瑙河流域的规定。

2. 针对不同国家的船舶监管工作应平等地开展。

第八十七条

1. 通航监管工作应由海事行政部和交通运输部联合开展。

2. 在行使监管权的过程中，海事行政部的职员应遵守《多瑙河流域河流监管条例》。

第八十八条

在保加利亚内陆水道内发生事故或损害，可能污染海洋环境或海岸或危及相关利益的，交通运输部应协同相关部门和组织采取一切可能的措施阻止、限制乃至消除危险的发生。

第八十九条

受技术条件限制而无法保证遵守保加利亚规定的防止和限制环境污染的规定及标准时，或其技术条件和文件不符合《航行守则》及《船舶内陆航行技术要求》的规定的，海事行政部将禁止该船舶驶离多瑙河上的港口和停泊区进入多瑙河。

第九十条

保加利亚交通运输部应协同环境与水利部对在保加利亚海洋空间内执行勘探与钻探作业或其他与自然资源开发和利用相关的活动进行监管,检查其是否采取必要措施预防事故发生、预防石油和其他污染物的外漏,是否及时有效地消除这些影响。

第九十一条

1. 当保加利亚海洋空间出现现实危险或污染,并可能蔓延至黑海沿岸的其他国家时,应通过外交途径将险情通知该国。

2. 保加利亚内陆水道内的各船船长应即刻通知最近港口的管理人员,详细说明其船舶造成的污染及其排污情况,以便救援船上的人员处理其发现的污染。

第四章 港　　口

第一部分　基 本 条 款

第九十二条

1. 港口是指黑海和多瑙河沿岸及其内部的岛屿,并有航道和湖泊以自然或人工的方式与之连接在一起的水域和陆地、水域和地面基础设施,包括与海洋、河流和海岸环保有关的设施,主要包括用于船舶的安全停泊、停靠、装卸的自然或人工设施,以及本法所涉及的在港口行政方管理下的其他设施。港口连接着保加利亚的海洋空间和陆地上的公路及铁路运输。

2. 一个港口可能包括邻近的水域和某个行政区的一个或多个区域。

第九十三条

港口主要有如下用途:

1. 国际和国内的公共运输。

2. 渔业捕捞。

3. 海上帆船运动。

4. 技术用途。

5. 海上军用用途,包括边界和警察巡逻(边界巡逻)。

第九十四条

1. 占有和运营港口及其设施的自然人和法人应向交通运输部提交关于港口在由交通运输部部长和国家数据研究所主席共同规定的程序和条件下所开展的一切活动的数据信息。

2. 第 1 款所涉及的信息仅作为官方用途使用。

第九十五条

1. 公共运输港口的区域限制由地区发展和城市规划部部长以成文规定的形式发布。

2. 海港的区域限制由国防部规定。

3. 水域区域的坐标和航行图由官方公布。

第九十六条

开放港及其基础设施应该全部开放并根据不同船舶的目的为其提供同等的服务。

第九十七条

1. 任何船舶不得在未悬挂国旗或军旗、未报告名称和数量的情况下驶入港口和停泊区。

2. 船舶在港口或停泊区开展演习应遵守《关于避免海上冲撞的国际准则》的规定。

第九十八条

有关移民、海关和卫生等方面的制度以及港口的保护须通过有效的立法加以规定。

第九十九条

船舶到访或滞留港口和停泊区以装卸货物，安排随船人员、乘客以及其他人登船或上岸或与海岸通信，均应依照交通运输部部长规定的程序执行。

第一百条

在黑海沿岸、多瑙河畔、内水和领水范围内以及航行救援的操作区域内实施建筑施工的，其用地的分配应根据规划图或由国防部、交通运输部、区域发展和城市规划部、农业部、森林耕地改革部的部长联合发布建筑许可才能执行。

第一百零一条

港口和通航设施的建造、重建和扩建应先由设施所在地的市政议会与保加利亚区域发展和城市规划部部长、国防部部长、内务部部长协调一致，并最终获得交通运输部部长的通过。

第一百零二条

港口管理部门的管辖权覆盖所有港口而无论其类型和所有权形式，海军军用港口不在其管辖范围内。

第二部分　公共运输港

第一百零三条

1. 公共运输港是指任何能用于并能够连接陆路运输、从事货物装船等有关活动的港口。

2. 保加利亚的公共运输港主要有：巴尔奇克港、瓦尔纳港、莱斯博特－瓦尔纳港、福瑞波特－瓦尔纳港、石油瓦尔纳港、布尔加斯港、布尔加斯渔港、索佐波尔港、帕莫瑞港、赛瑞瓦港、内塞伯尔港、阿塔波港、维丁港、洛美港、奥耶和瓦港、瑞斯港、索莫维特港、维系特港、缇塔堪港和锡利斯特拉港。

3. 公共运输港应为船舶和陆路运输提供免费准入，主要包括货物、乘客和邮件，以便开展商业活动和保证海岸与内陆的交流。

4. 在公共运输港中，码头对船舶征收的航道、吨位和载货吃水线等方面的费用应由交通运输部部长提议，内阁决定。

5. 在公共运输港中，灯塔税的征收应依照内阁在交通运输部部长和国防部部长的联合提议基础之上设立的范围和秩序。

第一百零四条

1. 有关港口正常运营的规范由交通运输部部长规定。

2. 港口管理部门对港口运营中出现的不符合前款规范的情形有权暂停或限制其运营。

3. 港口管理部门应在遵守第1款涉及规范的条件下颁布关于设立公共运输港的强制性规定。

第一百零五条

游轮的货物装卸、运输及乘客搭载应在公共运输港的指定区域内借助指定设施执行。船舶在领海内遇险或遭遇其他紧急情况和不可抗力的除外。

第一百零六条

在符合海事行政部门规定的前提下,允许作为公共运输港一部分的货运基础设施在离海岸一定距离的水域建设。

第一百零七条

1. 港口基础设施、港口所在位置的土地、开放或已关闭的仓库所在的土地以及邻近公共运输港的水域均为国家财产。

2. 不在第一百零三条第2款规定范围内的现存港口,可在第一百零三条第2款变更时,依照内阁通过的关于申报附带财产权利实体的法律申请成为公共运输港。

3. 第一百零三条规定以外的公共运输港只允许建在作为公共财产的国有土地上。

第一百零八条

在属于国家公共财产的陆地、建筑和港口设施上的特权将根据《特许经营法》的有关规定授予。

第一百零九条

1. 在获得内阁批准的情况下,可向公共运输港全港或港内部分为开展货物操作技术全过程的基础设施授予特权。

2. 特许权协议应包含有关规范特许权人使用终端的权利和可能为他方提供服务的条款。

第三部分 其他港口

第一百一十条

1. 渔业港口是指沿岸不承担货物、远洋乘客和邮件运输的渔业船舶的母港和停靠港。

2. 游艇港是指旨在从事体育或游乐活动,不搭载乘客的沿岸游艇或途经沿岸的外国游艇的母港和停靠港。

3.特殊功能港是指不承担货物、乘客和邮件的运输，与船舶建造、维修基地或沿海水利技术建设和环境保护有技术关联性的港口。

4.水面基地应按照拟定命令建造在指定位置，以便于渔船和运动或游艇的停靠。

第一百一十一条

军用港口、边界港、警用港或码头应视为保加利亚战船、政府船舶或其他内务部门船舶的母港、停靠港或码头。

第一百一十二条

1.港口的类型和职能其变更均应报请港口管理部门备案。

2.港口不得从事其备案内容以外的其他服务或活动。

3.有关军用船舶的管理制度同样适用于政府船舶和隶属内务部门的其他船舶。

第四部分　港口行政

第一百一十三条

1.保加利亚境内港口的管理和操控由交通运输部部长执行。

2.交通运输部长应通过作为一个法律实体的港口管理部门行使《国家行政法》赋予的职权，该法律实体由根据索菲亚和地区办公室的二级预算再分配方案制定的国家预算予以支持。

第一百一十四条

1.港口管理部门承担如下义务：

（1）保障港口安全，确保港口依照其登记的种类和标准执行国家规定的职能，并遵守国际条约和国际共同关注问题的解决办法；

（2）管理并维护好公共运输海港；

（3）对保加利亚境内所有港口保有备案；

（4）对港口的基础设施和底部构造进行维护并保留备案，主要包含地面数据、建筑、港口设施、道路和铁道接入以及水下、地下和地面通信等；

（5）组织维护现有进入港口的渠道，建设新的进港渠道，维护港口水域、海洋和河流的废土倾倒区以及港口的保护性设施；

（6）协助交通运输部部长监管港口特许权协议的执行；

（7）对港口管理者进行备案；

（8）发放入港通行许可；

（9）监管港口基础设施是否符合安全要求，劳工的安全，货物装卸人员的资历等是否符合标准；

（10）为有关港口在战争时期的后备工作、国防以及边界巡逻的一些规范的执行提供条件；

（11）监管港口是否遵守自由准入的要求和港口活动的管理者的平等竞争条件；

（12）搜集、处理并提供有关港口的各方面数据；

（13）收取河运税、船舶吨位税、载货吃水码头税和灯塔税；

（14）在一百零四条第3款之下建立新的强制性规定；

（15）发布关于港口货物装卸基础设施的强制性规定，并监管停泊区内及其附近的装卸船舶和货轮是否符合技术规定；

（16）对船舶是否遵守关于开展港口活动和其他服务的条例和命令进行监管；

（17）开展内阁通过的其他法律或法规规定的活动。

2.港口管理部门应将按照第1款第（13）项的规定所收缴的灯塔税转交至国防部。

第一百一十五条

1.保障通航安全和维护公共运输港运营的活动费用由交通运输部依照其预算提供。

2.第1款中所涉及的费用享有的财政保障主要来自：

（1）第一百一十四条第1款（13）项所涉及的税款，包括灯塔税；

（2）个人基金账户的利息和滞纳金的利息；

（3）根据《特许经营法》第二十五条第21款的规定授予的财政特许权。

3.依照第2款所获得的税款应用于支付下列开支：

（1）航道和公共港区内的航行安全；

（2）公共运输港及其水面调节基础设施的设计、建造、发展和维护费用；

（3）根据第六十三条第4款的规定执行拆卸和移除的费用；

（4）港口管理部门运行的财政费用；

（5）港口管理部门应制订年度计划，报请交通运输部部长审批以确定港口基础设施运行及偿还有关借贷的费用；

（6）交通运输部依照有关保障航行安全和收取应缴费用的规定在预算中划拨的资金无须缴税；

（7）财政收入提供的资金到年底多于支出的部分应留作下一年度使用，仍根据资金的原始用途加以使用。

第五部分　港口活动和服务

第一百一十六条

与货物运营、乘客运输、邮寄以及其他与船舶和运输装置相关的港口活动应由港口企业或特许经营者进行。

第一百一十七条

1. 与液体、大容量和综合性货物、集装箱、滚装船、帆船等货物的管理有关的港口活动应由专业化的港口运营者或由雇用的具有该领域专业资质的人员执行。

2. 港口雇员的培训、资质及其变更和有关合格劳工的法律规定由专门的组织根据当前法律程序执行。

3. 港口管理部门应根据情况对不具备必要资质的个人所从事的港口活动予以取缔。

第五章　行政和刑事条款

第一百一十八条

1. 外国非军用船舶的船长在保加利亚内水和领海或内陆水道内实施沉船或弃船行为的，在不足以被处以更重处罚的情况下，将被处以20 000~1 000 000列弗的罚款。

2. 在保加利亚海岸沿线命令或授意沉船或弃船的船舶所有者，将被处以与前款相同的处罚。

第一百一十九条

1. 针对下列情形，不足以被处以更重处罚的，将处以 500~1 000 列弗的罚款：

（1）实施或授意实施第五十三条第 2 款规定所禁止的行为；

（2）外国非军用船舶的船长下令或授意在保加利亚专属经济区内实施商业捕捞行为。

2. 外国非军用船舶非法运输核物质、放射性物品以及其他危险品或有毒物品，并在无任何授权之下自主进入保加利亚内水，拒绝提交相关文件以接受剂量测定检查和其他与环境保护相关的登船调查的，按照前款的规定对船舶的船长加以处罚。

第一百二十条

1. 外国非军用船舶的船长在下列情形下，如不被处以更高刑罚，将被处以 200~50 000 列弗的罚款：

（1）驶入已关闭的港口或停泊区；

（2）在保加利亚内水或领海内保持潜艇的潜行状态；

（3）命令或授意实施第十五条和第二十条第 1 款中第（5）、第（6）和第（11）项规定所禁止的行为；

（4）实施第十九条第 2 款、第二十三条第 3 款下第（1）至第（4）以及第六项、第二十四条、第二十六条、第五十三条第 1 款的规定所禁止的行为。

2. 在保加利亚人民共和国的海洋空间上从事科学研究或勘探活动的个人如未经保加利亚人民共和国正式授权或实施了授权范围以外的行为的，按照前款的规定加以处罚。

第一百二十一条

任何违反本法其他条款规定的犯罪行为如不被处以更高刑罚，将被判处 50~5 000 列弗的罚款，可与更高刑罚并处。

第一百二十二条

1. 违反本章各条款的行为将由各政府部门以及其他对国家海洋空间负有调查义务的部门加以备案。

2. 依照前款所作的报告应向违法者发布，在签署该报告前或后，违法者可以于报告发布后 48 小时之内向有关的行政和刑事主管部门提出异议。届时，该报告将与书面异议和所搜集的证据一并提交给行政和刑事主管部门，行政和刑事主管部门应于异议有效时间即 24 小时内对所受理的案件作出裁判。如果该案件的事实或法律适用比较复杂或案件仍需补充证据，行政和刑事主管部门可延期作出裁判。

3. 在船舶造成污染的情况下，对破坏海洋和内陆水道环境的违法行为进行刑事处罚的裁决应由环境保护委员会主席和交通运输部部长或其授权的其他部门官员下达。

4. 可裁决对任何损害所造成的全部损失进行经济赔偿。

5. 船舶所有者可对裁决中有关赔偿的部分进行申诉。裁决送达船舶掌控者的日期视为送达船舶所有者的日期。

第一百二十三条

负责对违法行为备案、下达裁决、分配经济赔偿、裁决及其执行的请示官员，除本法有特别规定外，均由《行政违法处罚法》加以规范。

第一百二十四条

1. 外国的非军用船舶（无论其所有权是否合法）在官方确认并通告其违法行为时，均将被逮捕，以确保本章所涉及的罚款和赔偿能够实现。

2. 可以对实施了第三十一条第 1 款所规定的准犯罪行为的外国非军用船舶进行逮捕以确保其履行恢复原状的义务。保加利亚海洋主管部门有权实施逮捕，但如果当地法院没有在 72 小时内对船舶提出赔偿请求，其逮捕行为应当终止。

3. 在第 1 款、第 2 款所涉及的案件中，被扣船舶在按裁决所规定和临时预警措施所耗的数额向保加利亚境内银行缴纳货币或提供银行担保后，应予及时释放。

补 充 条 款

1. 第十条第 2 至第 5 款、第二十三条第 3 款下的第（4）至第（7）项、第二十四条、第二十六条、第二十八条、第三十条、第三十九条、第五十八条、第五十九条、第六十二条和第六十五条同样适用于保加利亚籍的船舶。

2. 在本法中：

（1）"军舰"是指隶属某国武装力量，有明显国籍标志，由所属国（须是相关服务名单或类似文本中出现的国家）政府任命的官员领导，有纪律严明的乘务组的船舶；

（2）"边界"巡逻船是指挂有保加利亚海军旗帜，旨在保护保加利亚国家边界的任何船舶；

（3）"用于非商业目的的政府船舶"是指隶属旗帜所示国家，以勘探或其他非经济类活动为目的的船舶；

（4）"非军用船舶"是指第（1）、第（2）款所列船舶以外的船舶；

（5）"潜艇"是指航行于水面以下的船舶；

（6）"船旗国"是指船舶悬挂的国旗所属的国家；

（7）"水下活动"是指任何人借助水下呼吸设备潜入水下并滞留超过一次呼吸时间的行为；

（8）"固有生物"是指在丰产期，在海床上或其下静止的或非在频繁人工移动之下不会移动的有机物；

（9）根据现行可用的有关污染的规则和标准，"海洋环境污染"是指人为直接或间接将污染物或能量排入包括三角洲在内的海洋环境，对海洋资源和人类健康造成或可能造成毁灭性影响或现实危险，妨碍海洋的合理利用，以及破坏海水质量、污染海洋旅游休闲活动条件的行为；

（10）1海里等于1 852米；

（11）"毗邻水域"是指为船舶安全通过和停靠而预留出的必要且适宜的水面区域；

（12）"停泊区"是指港口外的海洋空间上用于船舶抛锚等候、入港、躲避恶劣天气或货物装卸的特定区域；

（13）"水上基地"是指所有具备保护和停靠船舶设施的水域附近的海岸戒备区；

（14）"终端"是指公共运输港内向特定货物提供接纳、装卸和运输的技术服务的特定区域；

（15）"港口底部构造"是指建造于港口区域地基之上的一切工程设施；

（16）"港口基础设施"是指根据规划位于各港口内包括港口地基之上的一切工程设施；

（17）"港口设施"是指基础设施的各部分或永久依附于港口的底部构造或开展港口活动和服务的各个部分，也就是码头周围的铁路和公路接入、楼宇下的轨道等等；

（18）"港口管理者"是指被授权发布具有强制性的指示、承担保护海洋环境免受船舶污染责任和保障人身安全的海事行政部的官员；

（19）"航海通告"是指包含航行安全的各种信息的公告板；

（20）"运输安全"是指为实现安全运输设立各项措施的整体；

（21）《多瑙河监管条例》是指多瑙河委员会采用的，由1954年内阁通过的条例（刊载于1954年第9期《国家公报》，并由1978年第42号内阁决议更改修订，刊载于1978年第31期《国家公报》）；

（22）"内陆运输技术办法推荐"是指1992年4月14日多瑙河委员会第50次会议采纳的办法；

（23）"港口企业"是指在港口内从事活动和服务工作的国有独资企业；

（24）"运营者"是指根据现行法律和现有条件开展港口活动、提供港口服务的商人；

（25）"危险货物"是指列入联合国危险货物清单的货物；

（26）"游艇"是指用于旅游、体育、竞技垂钓或娱乐垂钓的船舶（帆船或者依靠引擎驱动的船舶）。

过渡和总结条款

3. 当项目与商业运输有关，或直接由保加利亚人民共和国担保的国际金融机构给予财政或贷款支持的，如其进口用于从事与商业运输有关的项目的设备的税费额、增值税和关税被保加利亚人民共和国和联合出资的国际金融机构认可，将不对其征税费、增值税和关税。

4.（1）在本法生效之前，第一百零七条所涉及的作为国家公共财产的标的物将在9个月内从国家贸易公司的财产清单中移除。

（2）交通运输部部长在第（1）款所涉及的公司中行使国家所有权的，应按照第（1）款将其财产削减到指定数额。

（3）使用第（1）款下的标的物的贸易公司应遵守《特许经营法》。

（4）有权对已按照第一百零七条第 2 款的规定获得国家公共运输港地位的港口行使权利的个人，可在内阁依照第一百零七条第 2 款作出裁决后的 3 个月内请求内阁通过交通运输部授予特许权。权利过期无人行使的视为权利终止。

（5）内阁应在收到申请后的 6 个月内依照《特许经营法》确定前款所指权利的归属。

5. 本法的生效将废止《保加利亚海洋空间法》（刊载于 State Gazette，1987 年第 55 期，修订部分刊载于 1998 年第 11 期和第 59 期、1999 年的第 23 期和第 67 期）。

6.《国家财产法》（刊载于 State Gazette，1996 年第 44 期，修改和修订部分刊载于 1996 年第 104 期、1997 年第 55 期和第 117 期、1998 年第 93 期和第 124 期、1999 年第 67 期）的第十六条加入了新的第 4 款，其内容如下：

"4. 公共财产的所有公司，自然人和法人依照《特许经营法》第四条第 1 款第（6）项规定的相关程序被授予特权的，可依照第 2 款的规定将财产的全部或部分出租给第三方或作为己用，且不得妨碍租赁活动。"

7.《特许经营法》（刊载于 State Gazette，1995 年第 92 期；宪法法院 1996 年第 42 号决议，1996 年第 16 期；修改和修订部分刊载于 1996 年第 44 期，1997 年第 61 期和第 123 期，1999 年第 23、第 64 和第 67 期）将进行如下修改：

（1）第四条第 1 款下的第（6）项将更改为如下内容：

"（6）国有道路，现有的或即将利用许可基金建造的公共运输港和公共民用机场的全部或部分的拆卸部分，国有公共财产。"

（2）第二十五条将更改为如下内容：

（a）之前第二十五条的文字将变为第 1 款。

（b）加入新的第 2 款，其内容如下：

"2. 依照第四条第 1 款第（6）项的特许权的授予和实现，依照第五条第 4 款的授权所附带的财政回馈应按下列方式分配：

（1）85% 用于发展和建筑国有道路及交通运输基础设施；

（2）15% 用于补充特许权基金和开销。"

8.《民用航空法》（刊载于 State Gazette，1972 年第 94 期，修订部分刊载于 1990 年第 30 期、1997 年第 16 期和 1998 年第 15 期）将作如下修订和更改：

（1）在第一百二十二条 c 中：

（a）在第 3 款的第（2）项中，在"航班安全"之后插入"之外，飞行员的飞行培训追求更高的国家教育目的"。

（b）加入了新的第 4 款，其内容如下：

"4. 年底基金预算中尚未使用的部分将预留至下一年度的该部分活动的经费中。"

（2）加入新的第一百二十二条 e，其内容如下：

"e, 依据本条款，按照交通运输部的预算授予的用于保障和维护飞行安全的资金和依照第一百二十条第 4 款征收的税，不在纳税范围之内。"

（3）附加条款的 4 中，在"当保加利亚共和国担保贷款时"后加上"也"。

9. 在《保加利亚国有铁路法》（刊载于 State Gazette，1995 年第 53 期，修订部分刊载于 1998 年第 85 期和第 124 期）的 §4a 中，在"当保加利亚共和国担保贷款时"后加上"也"。

10. 在《商业运输法》（刊载于 State Gazette，1970 年第 55 期和第 56 期，修订部分刊载于 1970 年第 58 期、1975 年第 55 期、1990 年第 10 期和 1998 年第 85 期）中，在"当贷款由保加利亚共和国担保时"后增加"也"。

本法由第 38 届全国代表大会于 2000 年 1 月 28 日颁布，并加封全国代表大会的官方印章。

尾　　注

1. 于 2000 年 1 月 28 日全国代表大会通过并采纳。刊载于 State Gazette，2000 年 2 月 11 日第 12 期。非官方译本刊载于 2001 年版《保加利亚航行指南》。联合国对其进行了若干修改。

克罗地亚
Croatia

克罗地亚共和国亚得里亚海管辖权扩展决议
（2003年10月3日）

1982年《联合国海洋法公约》确立了沿海国家对专属经济区的权利，公约第五部分确立了沿海国家对专属经济区的专属权利和管辖权以及该区域内其他国家享有的权利。

1994年的《海洋法》第四章（第三十三条至四十二条）确立了克罗地亚共和国的专属经济区及克罗地亚在该区所享有的专属权利和管辖权；第一千零四十二条规定克罗地亚议会享有对克罗地亚共和国专属经济区的决定权，同时宣称第三十三条至四十二条所规定的内容一经议会通过并确立为专属经济区将发生效力。

鉴于亚得里亚海的生物资源正面临严重危机，

鉴于在过去的几年里，亚得里亚海与地中海地区内，包括所谓的现代化工具的使用所带来的渔业压力越来越大，

意识到由于适用计划、节约以及控制渔业的方法几乎不可能，因此在亚得里亚海的公海部分，对亚得里亚海的生物形成了滥捕的现状，

确信上述行为的持续进行将威胁到鱼类和对它们的持续开发，同时也将滋生非法、违规及无照捕鱼行为，这将直接影响克罗地亚共和国及所有其他亚得里亚沿岸国家的利益，

根据《联合国海洋法公约》中的定义（第一百二十二条），亚得里亚海是封闭或半封闭海域，因为它面积较小，也就比其他海域更容易受到污染，

一场灾难，就像"威望"号油轮事件一样，将会对亚得里亚海的海洋生物造成毁灭性影响，将对整个亚得里亚沿岸国家引发严重的社会、经济后果，包括克罗地亚的整体经济，尤其是克罗地亚旅游业。

为了配合各种旨在加强地中海渔业可持续发展所作出的努力，及2003年9月在威尼斯召开的地中海渔业可持续发展的部长级会议所作出的安排原则，特别是以下几项：

1. 在国际法的规制下，每一个国家在海上扩展专属权利和管辖权。
2. 需要及时采取措施保护鱼类及海洋环境。
3. 所有沿岸国家在研究、管理及渔业控制方面应采取综合措施。
4. 为实现这些目标应采取多边措施。

相信在地中海上国家司法权的扩展将为可持续发展的渔业提供条件，将有效防止非法、违规、无照捕鱼，也将为地中海国家间双边及多边合作奠定基础。

在亚得里亚海的大陆架部分，已经在国际法的框架下重新确立了克罗地亚共和国的主权和司法权。

在亚得里亚地区保护传统渔业符合克罗地亚共和国的利益，是发展旅游业的先决条件之一，是当地群众在岛上生活的动力之一。

作为长期可持续发展与海洋生物资源理性管理及对亚得里亚海洋环境合理保护的前提，与1982年《联合国海洋法公约》第五部分及《海洋法》第一千零四十二条相协调：

1. 克罗地亚议会在此主张专属经济区内专属权利的相关内容，以实现开发、开采、保护与管理领海界限以外的生物资源以及在海洋科研、保护和环境保护方面的司法权，此后将在此建立克罗地亚共和国的生态和渔业保护区。

2. 克罗地亚议会在适当的时候保留《海洋法》第四章中的其他权利，与《联

合国海洋法公约》保持一致。

3. 克罗地亚共和国生态和渔业保护区的法律将在其建立 12 个月后生效。在同一天，海洋法经济区的第五章第三十三条、第三十四条第 1 段 a 部分、第三十五条、第四十一条和第四十二条也将同时生效。上述阶段将被用以准备与利益相关国和欧洲国家签订协议。

4. 以该种方式保护的克罗地亚生态和渔业保护区，对主权与克罗地亚共和国的司法权没有任何偏袒，依然是所有国家享有航海、飞行、铺设海底管道和其他合法使用海洋的权利，受国际法的保护。

5. 克罗地亚共和国生态和渔业保护区包括从领海外线的海域到国际法规定的外线。克罗地亚生态和渔业保护区的外线将由克罗地亚和与其海岸相对或毗连的国家协商确定。

6. 作为协商结果的补充，克罗地亚共和国生态与渔业保护区的外线将暂时遵从 1968 年与意大利共和国签署的大陆架协议进行，在毗连区领海界限的方向确定将按 2002 年克罗地亚共和国与塞尔维亚及黑山共和国南部界限议定书的规定进行。

7. 克罗地亚共和国将与亚得里亚和其他地中海利益相关国密切配合，以实际行动努力保护亚得里亚海和地中海。

8. 本决议立即生效。

文件号：302-01/03-01/02
2003 年 10 月 3 日，萨格勒布
克罗地亚议会
克罗地亚议会主席
（签名）

修订《克罗地亚共和国亚得里亚海管辖权扩展决议》的决定
（2004 年 6 月 3 日）

根据海洋法第一千零四十二条，在《联合国海洋法公约》第五十五条的基础上，克罗地亚议会于 2003 年 10 月 3 日例会上通过。

关于修订《克罗地亚共和国亚得里亚海管辖权扩展决议》的决定

1. 在《克罗地亚共和国亚得里亚海管辖权扩展决议》的第 3 点内，加入如下第（2）款内容：

"对于欧盟成员国，克罗地亚生态与渔业保护区的法律实施将在欧盟与克罗地亚共和国协商一致后开始。"

2. 该决定自此生效。

文件号：302-01/04-01/01，萨格勒布，2004 年 6 月 3 日
克罗地亚议会
克罗地亚议会主席
（签字）

确定生态和渔业保护区外部边界的地理坐标一览[*]

克罗地亚共和国常驻联合国代表团对安理会尽可能贯彻实施 1982 年《联合国海洋法公约》表示支持，根据《公约》2003 年 10 月 29 日注释 331 公布克罗地亚共和国在亚得里亚海司法管辖权的扩张及存储，与公约第七十三条第 2 款相一致。以下为克罗地亚共和国生态与渔业保护区的外界地理坐标：

---

[*] 案文于 2005 年 9 月 2 日由克罗地亚共和国常驻联合国代表团通过普通照会（No.841/05）提交至联合国秘书长。

克罗地亚共和国生态和渔业保护区外部边界地理坐标
（WGS-84 椭球坐标）

点	φ	λ	h
1	45°27′11″	13°12′38	69.1m
2	45°25′29″	13°10′50″	69.3m
3	45°20′05″	13°05′44″	69.7m
4	45°16′47″	13°03′32″	69.9m
5	45°12′17″	13°00′50″	70.2m
6	45°10′59″	12°59′50″	70.2m
7	44°58′23″	13°04′02″	70.0m
8	44°46′17″	13°05′50″	70.0m
9	44°44′05″	13°06′20″	70.0m
10	44°30′17″	13°07′26″	70.0m
11	44°28′29″	13°10′26″	69.8m
12	44°28′05″	13°11′26″	69.8m
13	44°17′41″	13°27′32″	69.6m
14	44°12′41″	13°37′50″	67.9m
15	44°10′41″	13°40′02″	67.7m
16	44°00′42″	14°00′56″	66.2m
17	43°57′42″	14°04′38″	65.9m,
18	43°54′18″	14°09′56″	65.6m
19	43°43′00″	14°21′08″	64.7m
20	43°40′12″	14°23′32″	64.4m
21	43°38′36″	14°24′38″	64.5m
22	43°35′54″	14°26′08″	64.4m
23	43°32′12″	14°29′50″	64.1m
24	43°30′06″	14°31′38″	63.9m
25	43°25′24″	14°35′20″	63.7m

续表

点	φ	λ	h
26	43°12′42″	14°46′02″	62.8m
27	43°10′18″	14°47′50″	62.7m
28	43°03′42″	14°54′50″	62.1m
29	43°00′54″	14°57′44″	61.9m
30	42°59′18″	15°00′32″	61.7m
31	42°47′42″	15°09′26″	61.0m
32	42°36′42″	15°21′43″	59.9m
33	42°29′36″	15°44′43″	58.0m
34	位于帕拉格鲁扎岛灯塔103°方向12英里处（海上正确方位）。		
36	位于帕拉格鲁扎岛至点37之间的直线上距离Galijula岛12英里处。		
37	42°15′55″	16°37′01″	53.7m
38	42°07′01″	16°56′25″	52.0m
39	41°59′25″	17°12′49″	50.5m
40	41°54′37″	17°18′43″	50.0m
41	41°49′55″	17°37′07″	48.3m
42	41°38′07″	17°59′43″	46.2m
42a	41°36′52″	18°01′42″	46.1m
42b	42°12′39″	18°25′13″	44.3m

点1到点42与1968年《南斯拉夫社会主义联邦共和国政府和意大利共和国大陆架划定》中关于大陆架划界点相一致。点35未被提及是因为它位于克罗地亚领海外边界上，所以它并不是克罗地亚共和国生态与渔业保护区外部边界上的一点。

与克罗地亚议会2003年10月3日通过的《克罗地亚共和国在亚得里亚海司法管辖权扩张决议》第六条相一致，当与克罗地亚海岸相对或相邻的国家按照国际法的规定扩张司法管辖权时，补充签订划界协议。

克罗地亚常驻联合国代表团对联合国安理会尽力将该规定作为公约实践呈现在公约缔约国面前并公布于海洋法公告中表示感谢。

克罗地亚常驻联合国代表团也借此机会向联合国安理会表示崇高的敬意。

2005 年 9 月 2 日于纽约

塞浦路斯
Cyprus

领 海 法
（1964年第45号法律）

众议院颁布如下法律：

第一条 简称

本法可被称为《1964年领海法》。

第二条 解释

本法中，除上下文另有规定——

"领海"是指邻接塞浦路斯共和国海岸的部分海洋，其被认为是塞浦路斯共和国领土的一部分并受其主权的控制。

第三条 领海宽度

不论任何其他法律的规定如何，塞浦路斯共和国的领海为从低潮标起算距离塞浦路斯共和国海岸12海里。

…………

关于大陆架外部界限的信息

关于塞浦路斯共和国大陆架，司法部长办公室于 1972 年提出建议：鉴于联合国国际法院在"北海大陆架案"中的判决，如果 200 米深度以下的海底区域构成塞浦路斯陆地领土在海下的自然延伸，这些区域仍可被塞浦路斯认为是大陆架的一部分。

大 陆 架 法
（1974 年 4 月 5 日第 8 号法律）

本法规定塞浦路斯共和国大陆架的勘探和开发以及与之相关的事项。

第一条 简称

本法可被称为《1974 年大陆架法》。

第二条 解释

本法中，除非上下文另有规定——

"大陆架"是指与塞浦路斯共和国海岸相邻水下区域的海床和底土，但其位于领水之外且其上覆水域的深度允许对该区域的自然资源进行开发。

如果任何国家的海岸与塞浦路斯共和国海岸相向，除塞浦路斯共和国与该国另有协议之外，大陆架的外部边界在任何情况下不应超过中间线。

"自然资源"是指——

1. 海床和底土的矿物和其他非生物资源。

2. 属于定居种的生物，即在可捕捞阶段在海床上或海床下不能移动或者其躯体须与海床或底土保持接触才能移动的生物。

"领海"是指《1964 年领海法》第二条所划定的区域。

第三条 大陆架的勘探和开发

由塞浦路斯共和国行使的有关大陆架及其自然资源的一切权利应视为属于且永远归属于塞浦路斯共和国。

第四条 对大陆架的法律适用

1.受本法规定的限制——

（1）在大陆架之内、之上或其上建造、安置或利用的设施或装置（不论其为永久性或临时性），其500米之内的水域之中、之上或其上发生的作为或不作为应视为发生在塞浦路斯共和国之内；

（2）为民事和刑事管辖权的目的，任何上述设施或装置应被认为位于尼科西亚地区（district of Nicosia）；

（3）从公海以外、不包括塞浦路斯的地方带入大陆架上覆水域的设施或装置或任何建造这些设施或装置所利用的材料，应从该设施或装置被建造或安置在大陆架之内、之上或其上时起被视为进口，同样，该设施或装置或材料或任何名称的任何物品若从大陆架上覆水域被移走，且没有被带入塞浦路斯，则应视为从塞浦路斯出口。

2.塞浦路斯共和国任何有效法律的规定应适用于大陆架或其任何部分，并受部长委员会通过的塞浦路斯共和国政府公报公布命令所规定的修改和例外的限制。

3.本条中，"装置"包括有关任何设施的任何船舶、平台或飞机。

第五条 对大陆架开发的干扰

1.未经部长委员会书面授权，或违反旨在防止干扰大陆架合理勘探以及对其自然资源开发的授权规定，任何人不得在大陆架上铺设或维持任何海底电缆或管道。

2.任何人违反本条第1款规定即属犯罪，并应在依公诉程序定罪后按照罪行发生或持续的时间处以每天不超过500镑的罚款，或处以不超过12个月的监禁，或两者并罚，且审判法院可以下令在命令规定的时间内拆除与罪行有关的电缆或管道。

第六条 规章

部长委员会可以为贯彻本法的目的而制定规章，特别是在不妨碍以上规定的一般意义的情况下，为以下全部或任何目的制定规章，即：

1.为管理在大陆架之内、之上或其上的任何设施或装置的建造、装配或利用。

2.为禁止在大陆架之内、之上或其上的可能在干扰沿岸或公认的国际必要航道使用的地方建造、安装或安置任何设施或装置。

3. 为在大陆架上方的设施或装置周围设立从设施或装置外缘的每一点起算不超过 500 米的安全区。

4. 为规定部长委员会认为必要的措施以保护设立安全区的设施或装置。

5. 为管理或禁止船舶进入任何上述安全区。

6. 为规定在安全区内部长委员会认为必要的保护海洋生物资源和大陆架自然资源免受有害药剂危害的措施。

7. 为规定——

（1）向大陆架之内、之上或其上的设施或装置的建造、安装或安置所发布的通知；

（2）警告船舶和飞机关于设施或装置存在的永久方式或方法。

8. 为规定拆除被放弃或不再使用的、在大陆架之内、之上或其上建造、安装、放置的任何设施或装置。

（1）为禁止或限制部长委员会认为会对航行、捕鱼或海洋生物资源的养护造成不当的干扰，或对国防或安全或海洋学研究或其他科学研究造成干扰的任何对大陆架或其部分的勘探或开发。

（2）为规定对违反依据本条的规章的惩罚，即按照罪行发生或持续的时间处以每天不超过 100 镑的罚款或不超过 6 个月的监禁，或两者并罚。

2. 依据本条规定制定的规章应提交众议院。如果在提交的 30 日内众议院没有通过修改决议，或废除提交的全部或部分规章，则在 30 日届满后，该规章将在塞浦路斯共和国政府公报中公布，并于公布之时起生效。如果众议院修改该规章的全部或一部分，该被众议院修改的规章应公布于政府公报中并于公布之时起生效。

第七条 尼科西亚地区法院的管辖权

不论《1960—1972 年法院法》第二十二条的规定如何，尼科西亚地区法院对审判违反本法的一切罪行有专属管辖权，并有权施加本法规定的或依据本法的规章规定的惩罚。

标明测算领海宽度的基线的地理坐标

塞浦路斯共和国常驻联合国代表团将保存标明测算塞浦路斯领海宽度的基线的地理坐标的所附副本,副本中标有上述坐标。

序号	纬度	经度
1	35°06′49″	32°16′52″
2	35°05′40″	32°16′31″
3	35°04′15″	32°16′12″
4	35°02′21″	32°16′15″
5	35°01′30″	32°16′29″
6	34°57′05″	32°18′15″
7	34°53′59″	32°18′32″
8	34°51′30″	32°21′03″
9	34°45′19″	32°24′15″
10	34°42′13″	32°29′42″
11	34°39′17″	32°39′29″
12	34°38′30″	32°42′19″
13	34°38′42″	32°54′07″
14	34°34′01″	32°56′06″
15	34°33′47″	33°01′45″
16	34°34′06″	33°02′12″
17	34°40′14″	33°02′30″
18	34°42′19″	33°15′42″
19	34°43′12″	33°19′37″
20	34°43′52″	33°22′06″
21	34°46′45″	33°29′47″

续表

序号	纬度	经度
22	34°49′08″	33°36′18″
23	34°51′48″	33°38′18″
24	34°55′41″	33°38′57″
25	34°58′44″	33°43′52″
26	34°56′32″	33°51′46″
27	34°58′52″	33°57′23″
28	34°57′20″	34°05′05″
29	34°57′38″	34°05′13″
30	34°59′21″	34°04′38″
31	35°00′40″	34°03′55″
32	35°13′10″	33°54′15″
33	35°16′50″	33°55′36″
34	35°19′45″	34°04′00″
35	35°22′25″	34°05′22″
36	35°29′40″	34°18′40″
37	35°33′21″	34°24′30″
38	35°38′31″	34°33′40″
39	35°39′04″	34°34′15″
40	35°42′36″	34°36′22″
41	35°39′10″	34°25′52″
42	35°33′41″	34°10′38″
43	35°28′57″	34°03′11″
44	35°24′33″	33°45′11″
45	35°21′37″	33°36′25″
46	35°21′00″	33°17′27″

续表

序号	纬度	经度
47	35°22′08″	33°06′52″
48	35°24′08″	32°55′10″
49	35°13′42″	32°55′15″
50	35°08′38″	32°50′15″
51	35°10′58″	32°44′25″
52	35°11′45″	32°40′11″
53	35°11′45″	32°38′37″
54	35°10′35″	32°33′15″
55	35°08′37″	32°31′27″
56	35°3′20″	32°27′05″
57	35°02′30″	32°23′52″

规定塞浦路斯共和国对毗连区的宣告的法律
（2004年4月2日）

众议院颁布法律如下：

第一条 简称

本法可以被称为《2004年毗连区法》。

第二条 解释

在本法中，除非上下文另有规定——

"共和国"指塞浦路斯共和国；

"1海里"指1852米；

《公约》指《联合国海洋法公约》；

"毗连区"指毗连共和国领海的区域，其界限依据第三条确定。

第三条 毗连区的宣告和划定

1. 通过本法宣告毗连区，其内部界限与领海的外部界限一致，而其外部界限从测量领海宽度的基线起向外延伸 24 海里。

2. 如果部分毗连区和与共和国海岸相对的任何其他国家按照《公约》的相关规定宣告的毗连区重叠，共和国和该国之间毗连区的划界应依据协定实行；在缺乏一项协定的情况下，该区域的划界不应超出从测量领海宽度的各自基线量起的中间线或等距离线。

3. 依据本条第 2 款划定的毗连区准确界限应由外交部发布的公告公开，该公告在共和国官方公告上公布。

第四条 在毗连区的权利

在毗连区，共和国可以为以下事项之必要进行控制：

1. 防止在其领土或领海内违反其海关、财政、移民或卫生的法律和规章。

2. 惩治在其领土或领海内违反上述法律和规章的行为。

3. 控制在该区域发现的具有考古和历史性质的物体流通；假如未经共和国许可从该区域的海床移动这些物体，这将导致在其领土或领海内对与《公约》第三百零三条一致的法律和规章的违反。

第五条 规章

1. 内阁可以为更好地实施本法的规定制定规章。

2. 在不妨碍本条第 1 款的一般意义的情况下，这些规章可以服务于以下所有或一些目的，即：

（1）目的在于避免或预防对共和国海关、财政、移民或卫生的法律和规章的违反的预防性措施；

（2）目的在于控制、避免或预防在该区域发现的具有考古和历史性质的物体流通，以及为这些物体的移动的许可程序的预防性措施。

第六条 本法的生效

本法于 2003 年 3 月 21 日生效。

规定塞浦路斯共和国对专属经济区的宣告的法律
（2004年4月2日）

众议院颁布法律如下：

第一条 简称

本法可以被称为《2004年专属经济区法》。

第二条 解释

1. 在本法中，除非上下文另有规定——

"专属经济区"指在共和国领海之外并与之邻近的区域，其界限依据第三条划定；

"共和国"指塞浦路斯共和国；

"主任"指农业、自然资源和环境部的渔业和海洋研究司主任；

"法院"指第十条规定的法院；

"生物资源"指鱼类和任何其他生物有机体，《公约》第七十七条定义的定居种生物除外；

"非生物资源"指矿物和通常蕴含在海床及其底土中的其他非生物资源；

"1海里"指1852米；

《公约》指《联合国海洋法公约》；

"部长"指农业、自然资源和环境部部长，以及在这一方面受一般或特别授权的任何其他人。

2. 除非本条中另有解释，各定义应具有《公约》赋予其的含义，在与本法和《公约》抵触的情况下，《公约》的解释优先。

第二条 专属经济区的宣告和划定

1. 通过本法宣告专属经济区，其外部界限从测量领海宽度的基线量起不超过200海里。

2. 若共和国的部分专属经济区和与共和国海岸相向的任何其他国家的部分专属经济区重叠，共和国和该国之间专属经济区的划界应依据协定实行；在缺乏协定的情况下，该区域的划界不应超出从测量领海宽度的各自基线量起的中间线或等距离线。

3. 在任何时候，当专属经济区的准确界限根据特定区域和按照本条第1

款和第 2 款可能达成的划界协定确定时，这些界限应由外交部发布公告宣布，该公告在共和国政府公告上公布。

第四条 在专属经济区的权利和管辖权

1. 在专属经济区内，共和国享有：

（1）以勘探和开发、养护和管理海床上覆水域和海床及其底土的自然资源（不论为生物或非生物资源）为目的的主权权利，以及关于在该区内从事经济性开发和勘探，如利用海水、海流和风力生产能等其他活动的主权权利。

（2）对下列事项的管辖权：

（a）人工岛屿、设施和结构的建造和使用；

（b）海洋科学研究；

（c）海洋环境的保护和保全。

2. 本条所载的关于海床和底土的权利，应按照《公约》第六部分关于大陆架的规定行使。

第五条 其他国家在专属经济区的权利和义务

1. 共和国在专属经济区内根据本法行使其权利和履行其义务时，应适当顾及其他国家的权利和义务，并应以符合本法规定的方式行事。

2. 在共和国的专属经济区内，其他国家依据《公约》的规定享有权利并履行义务。在其行使其权利和履行其义务时，国家应适当顾及共和国的权利和义务，并应遵守共和国按照本法的规定和其他国际法规则所制定的与本部分不相抵触的法律和规章。

第六条 生物资源的养护

部长可以通过在共和国政府公报上发布的命令，确定专属经济区内生物资源的可捕量和可捕捞的生物资源种群。

第七条 生物资源的勘探和开发

1. 任何人不得在专属经济区内进行任何生物资源的勘探和开发，但在部长按照本法和任何其他法律或规章，或者主任依据《渔业法》授予一项许可的情况下除外。

2.（1）任何人违反本条第 1 款的规定即构成犯罪，并且在定罪的情况下，处以不超过 100 万塞浦路斯镑的罚金，或不超过 3 年的监禁处罚，或两者并罚。在累犯或惯犯的情况下，此人应受不超过 200 万塞浦路斯镑的罚金，或不超过 3 年的监禁处罚，或两者并罚。

（2）除依据本款第（1）项的任何刑罚外，法院可以命令没收任何在犯罪期间使用或获取的船舶、物体、设备或物品，包括渔获。

第八条　非生物资源的勘探和开发

1. 任何人不得在专属经济区内进行任何非生物资源的勘探和开发，但在内阁按照本法和任何其他法律或规章，或者任何主管部门依据任何其他法律或规章授予一项许可的情况下除外。

2.（1）任何人违反本条第 1 款的规定即构成犯罪，并且在定罪的情况下，处以不超过 250 万塞浦路斯镑的罚金，或不超过 5 年的监禁，或两者并罚。在累犯或惯犯的情况下，应处以不超过 500 万塞浦路斯镑的罚金，或不超过 10 年的监禁，或两者并罚。

（2）除依据本款第（1）项的任何刑罚外，法院可以命令没收任何在犯罪期间使用或获取的船舶、设施、设备或物品，包括渔获。

第九条　法人责任

若违反本法规定的犯罪是由法人实施，并且经证明该犯罪是经该法律实体的任何管理顾问、主管、秘书或其他管理人员赞成或同意，或可归因于这些人的任何疏忽，此人与该法律实体一并构成该项犯罪。

第十条　法院的专属管辖权

尼科西亚（Nicosia）特区法院或刑事法院依据犯罪的严重程度，在尼科西亚开庭，应对审判本法规定的任何犯罪具有专属管辖权，并且应有权判处本法或任何依据本法制定的规章规定的任何刑罚。

第十一条　规章

1. 内阁可以为更好地实施本法的规定制定规章。

2. 在不妨碍本条第 1 款的一般意义的情况下，这些规章可以服务于以下所有或一些目的，即：

（1）保全专属经济区的生物资源；

（2）保护该区域的环境；

（3）对于外国船舶，管理渔区，渔具的类型、规格和数量，以及可以使用的渔船的类型、规格和数量；

（4）管理属于海洋科学研究的事项；

（5）授权登临外国船舶，并且在确保遵守为保卫共和国相关主权权利通过的法律和规章所必要的情况下，检查、逮捕和没收；

（6）为在专属经济区享有权利的许可程序。

第十条 本法的生效

本法于 2003 年 3 月 21 日生效。

丹　麦
Denmark

关于行使丹麦大陆架主权的皇家法令
（1963年6月7日）

第一条

就自然资源的勘探与开发而言，根据1958年4月29日在日内瓦公开签署的《大陆架公约》（下称《公约》），丹麦将对隶属于丹麦王国部分的大陆架（参看第二条）行使主权。

第二条

1. 根据《公约》第一条，"大陆架"一词在此实指：

（1）邻近沿岸但位于领海之外的，深度达200米或超过了允许可开发自然资源的邻近水域深度的底部区域的海床及其底土；

（2）邻近海岛的相似底部区域的海床及底土。

2. 其海岸与丹麦王国海岸相向的国家的大陆架边界将根据《公约》第六条确定，也就是说，在没有签署特别协议的情况下，该分界线应为中间线，即该分界线上的每一点与各国用于测量各自领海基线的最近点的距离都是相等的。

3. 如有必要，公共工程部可以要求绘制标有该分界线的官方正式图表。

第三条

第一条提到的大陆架自然资源的勘探与开发，只有根据 1950 年 5 月 8 日颁布的关于勘探与开发丹麦王国底土上的自然资源的第 181 号法案或 1935 年 4 月 27 日颁布的关于格陵兰土地上的自然资源开发的第 153 号皇家令授予的特许才可生效。

关于大陆架的法案
（1971 年 6 月 9 日第 259 号法案）
（被 1972 年 6 月 7 日第 278 号法案和 1977 年 12 月 21 日第 654 号法案修正）

第一节

第 1 款

丹麦大陆架上的自然资源为丹麦王国的财产，只有在根据第 2 款规定授予的特许或许可下才能进行勘探与开发。

第 2 款

在本法案中，"自然资源"是指：

（1）海床及其底土上的矿物和其他非生物资源；

（2）在可捕获阶段，或者永久地依附于或生存于海床中，或者在没有与海床或底土进行持续物理接触的情况下不能移动的生物机体。

第二节

第 1 款

（1）当出于开发之目的的勘探未执行时，商务部长可以准许对第一节第 2 款第（1）项提到的自然资源进行勘探。

（2）环境部长可以准许《原料法》覆盖的原料回收许可。否则，第一节第 2 款第（1）项提到的自然资源的勘探与开发只有在商务部长根据丹麦王国《底土原料勘探与回收法》中的规则授予特许的情况下才能进行。

第 2 款

渔业部长可以准许对第一节第 2 款第（2）项提到的生物资源进行捕获和勘探。如果第一节第 2 款第（1）项提到的自然资源的调查包括在渔业或海洋研究之内，这些调查的准许也将由渔业部长授予。准许的期限可长达 5 年，但须以被许可者向公共当局纳税为条件。

第 3 款

根据第 1 款第（2）项，许可的授予可以作为从大陆架或大陆架上的一个具体部位开采原材料的唯一权利。

第 4 款

唯一的特许权只能授予股份制公司运营的企业、私人公司或类似的公司，并且这种授予可能会取决于下列或其他的条件：

（1）环境部长会制定固定的所开采原料的销售价格，而且该公司为此要向环境部长提供公司有关用于管理、修缮、更新、折旧、资金储备及红利等的年度支出的详细信息；

（2）该公司在没有征得部长同意之前不能增加股份资本或筹集贷款；

（3）该公司只有在部长同意的前提下才能转让股份；

（4）根据第六节（a）第 2 款，公司可通过政府补偿负担（因开采）所发生的支出并负担用于确定政府补偿所产生的费用。

第 5 款

环境部长可以废除根据第 1 款第（2）项发放的开发许可，但至少提前 10 年发出废除开发许可的通知。

第 6 款

环境部长可以对依据第 1 款第（2）项发放的许可拟开发的有关原材料的特质及数量提出具体的限制。他还可以限制或停止在具体部位的开采，或制定有关开采的一般性或区域性的限制措施。

第 7 款

环境部长可以制定对依据第 1 款第（2）项发放的许可开发原材料的纳税制度，用于负担特别是与本法案管理有关的支出。

第 8 款

环境部长可以依据第 1 款第（2）项制定原材料开发的监督制度。

第 9 款

任何当事者在大陆架上打钻开发第 1 款第（2）项提到的原材料，须在开钻后 3 个月之内告知丹麦地质调查部打钻的位置及发现的地层并提交所穿透地层的样品。在同一期限内，当事者应向丹麦地质调查部提交一份有关地质调查及关于原材料其他方面分析的报告。

第 10 款

环境部长可以制定规则要求任何依据第 1 款第（2）项开发原材料的当事者提供有关开发活动的信息，包括所开发原料数量及使用方面的信息。

第三节

第 1 款

丹麦法律适用于在大陆架上构筑的用于大陆架勘探与开发的设施以及围绕所筑设施的安全区，下面第 2 款规定的除外。除非另有相关部长规定，构筑设施及安全区将由丹麦法院或管理当局最近辖区管辖。

第 2 款

下列法案不适用于构筑设施及安全区：

（1）《盐水渔业法》；

（2）《狩猎法》；

（3）《格陵兰岛商业活动法》；

（4）《格陵兰岛捕捞和淡水渔业法》；

（5）《格陵兰岛商业捕捞、渔业和狩猎法》。

第四节

第 1 款

（1）商务部长可以就第三节第 1 款提到的设施构筑及运营、海底管道及电缆的布放有关的安全措施及防止和修复污染措施颁布详细的规则。

（2）对这些规则的遵守将由其他立法指派的相似职责的部门进行监督，对监督部门的决定的上诉将受制于这些规则或其他适用于对相关决定提出上诉的规则。然而，商务部长可以偏离这些规则作出规定。

第 2 款

商务部长也可以制定围绕用于勘探或开发的设施建立安全区的规则。安全区的范围为设施四周向外延伸不超过 500 米，并且基于设施最外端的任意一点测算都不超过这一数字。商务部长还可以制定安全区导航及制止非授权船只进入安全区的规则。

第 3 款

商务部长将与类似职责的部长协商制定第 1 款第（2）项提到的规则。

第五节

第 1 款

任何侵害第一节中规定的国家的唯一权利的人将受到罚款的处罚或被处以刑期长至 6 个月的轻度监禁，除非其他立法中有更严厉的处罚规定。

第 2 款

未能遵守根据本法或根据第二节第 1 款中提到的那些法律及第六节授予的特许或许可规定的条件，将受到罚款的处罚，除非其他立法中有更严厉的处罚规定。

第 3 款

根据本法颁布的规则可以作出违反规则处以罚款的规定。

第 4 款

对股份制公司、私人公司或类似的公司所犯下的违反规则的行为，可以对这些公司处以罚款。

第六节

参照第三节第 1 款在大陆架格陵兰岛段内构筑或建立的设施与安全区将接受本法管理，除非另有适用于格陵兰岛区域的立法。负责格陵兰岛事务的部长将行使第二节和第四节以及依照《格陵兰岛矿物资源法》规则规定的权利。

第六节（a）

第 1 款

如果根据第二节第 3 款授予了唯一权利许可，则环境部长可以废除在提交该法案日期之前根据第二节第 1 款第（2）项授予的许可，只要该唯一权利涉及先前许可所涵盖的原料和地区。

第 2 款

根据第 1 款被废除开发原料许可的任何当事方将享有政府补偿因许可被废除所遭受损失的权利。

第 3 款

如果没有一般协议，补偿额将由价值评估委员会决定。该委员会将由两名具有必要的专门技能的成员组成，成员将由海事与商务法院任命。该法院还同时任命一名主席，主席的候选人须是律师。此外，还要为上述成员各任命一名替补成员。

第 4 款

环境部长可以为委员会的程序及其处理业务的法律职能，包括替补成员的职责、其从事和提供必要协助以及召集特殊专家的权限等制定规则，并同时制定必要的收费规则。

第六节（b）

第 1 款

环境部长可以授权环境部下面建立的一个机构或相似的部门行使本法，或根据本法制定的规则授予部长权利。

第 2 款

环境部长可以制定关于上诉根据第 1 款授予的权利所作出的决定的规则，并可以要求这种决定不要上诉至部长。

第七节

第 1 款

本法将于 1971 年 7 月 1 日生效。

第 2 款

1963 年 6 月 7 日第 259 号皇家法令关于对大陆架行使丹麦主权的第三条予以废除。

第八节

本法不适用于法罗群岛。

海 关 法
（1972 年 12 月 13 日第 519 号法案）

第一章 关税领域

第一条

1. 海关领域将由丹麦的陆域、内陆领水及外部领海构成，外部领海的范围是从岸线或已存在的或即将建立的直线基线向海延伸至 4 海里处，领海上覆水域的领空也是这样建立的。

2. 海关领域不包括法罗群岛和格陵兰岛。

…………

第八章 验关与清关

第七十一条

1. 在海关领域内的船舶、飞行器和在海关领域至外海某点之间运行的其他运输工具以及携带未清关物品的运输工具须接受海关的检查。海关将有权在任何地点对上面描述的运输方式进行必要的检查。

2. 行进中的船只在海关的要求下须停船。

3. 抵达或飞离海关领域的飞行器只能在海关许可的机场着陆或飞离。财政部长根据请求并依据所制定的详细条件对特定类型的飞行器免除相关费用。

4. 船长或运输工具的运营者有义务以口头或书面方式提供检查所必要的诸如运输工具、全体船员、乘客及货物等方面的信息并出示或打开所有接触到货物的开口、把手及储藏室。

5. 船长或运输工具的运营者将向海关提交抵达报告并在离开海关领域之前提交离关报告。财政部长可以根据所制定的详细要求免除特定类型运输工具的船长或运营者提交这样的报告。

6. 物品的装卸和船上乘客的下或上只能在海关许可的港口上进行。然而，有特殊情况时，海关可以允许货物的装卸在海关许可港口之外的其他地方进行。

7. 海关将具体说明进入海关领域的船可在哪里下船。

关于丹麦王国捕鱼领域的法案
（1976年12月17日第597号法案）

1.（1）首相将被授权颁布丹麦王国的捕鱼领域扩展到200海里（1海里=1 852米）的法案。捕鱼领域除内水外，将包括沿丹麦王国海岸的水域，由一条线划分（捕鱼界线），该线上的每一点到任何时候都适用的领海基线的距离为200海里。该捕鱼区的扩展与延伸每次可以有一个区域生效。

（2）如果没有任何相反的协议，当其他国家的海岸位于丹麦王国相向海岸或与丹麦相邻的距离不足400海里时，捕鱼区的分界线将为一条线段，其线上的每一个点到两国各自领海基线的最近点为等距离（中间线）。

（3）指导法罗群岛捕鱼区划分的详细规定将由皇家法令颁布制定。

2.（1）本法案将于1977年1月1日生效。

（2）为了与本法案第1条第（1）款扩展捕鱼区和第（3）款相一致，《盐水渔业法》1965年5月26日第195号法案）第一部分中的第2款将予以废除；同时，在《格陵兰岛商业捕猎、捕鱼及狩猎活动法》（1973年6月13日第413号法案）里，第一部分第1款中"12海里"一词将修订为"200海里"。

（3）丹麦《捕鱼领域法》（1964年6月12日第207号法案）将予以废除。

关于法罗群岛捕鱼领域的法令

（1976年12月21日第598号法令）

根据丹麦王国1976年12月17日《关于丹麦王国捕鱼领域的法案》（第597号法案）的第1条第（3）款，制定如下条款：

1.（1）法罗群岛水域的捕鱼领域包括除内水外，一条从本法令第2条提到的基线向外延伸至200海里（1海里＝1 852米）的线段（捕鱼界线）划归的水域。

（2）在冰岛、挪威及英国海岸与法罗群岛海岸相向400海里以内处，除非另有特别协议确定，捕鱼领域的分界线上的每一点到相应海岸的基线最近点的距离都相等。

2. 根据本法令第1条确定的直线基线测算的捕鱼领域分界线应在下列各点（平均春潮低水位）之间绘制，按序号给出：

（注：考虑到地名译成汉语之后，很难再翻译成对应的英文，为方便读者，保留了英文原文。）

点序	地名	纬度	经度
1	Dry rock SW of the Munken group of islands	61°20′19″306 N	6°40′06″790W
2	W-most point of Knopur at Famara	61°28′34″772N	6°52′18″834W
3	W-most point of island W of Myggenaes lighthouse	62°05′46″439N	7°41′25″623W
4	NW-most point of island NW of Myggenaes lighthouse	62°05′52″783N	7°41′12″936W
5	NW-most point of island NW of Myling	62°18′19″856N	7°12′59″409W
6	NW-most point of Kalsfles N of Kadlur	62°22′26″968N	6°48′18″806W

续表

点序	地名	纬度	经度
7	Dry rock N of Enniberg	62°23′49″299N	6°33′38″438W
8	Skopari point at Nordbjerg on Fuglo	62°21′16″163N	6°17′59″058W
9	NE-most point of Fuglo	62°20′40″637N	6°15′16″003W
10	E-most point of Bispen E of Fuglo	62°20′27″398N	6°15′00″521W
11	E-most point of the Munken group of islands	61°20′30″124N	6°39′30″108W
12	S-most point of Storefles in the Munken group of islands	61°20′26″953N	6°39′33″711W

上述各点的坐标由欧洲大地测量系统（1950年第1次调整）确定。

3.（1）本法令将于1977年1月1日生效。

（2）1976年3月18日颁布的第129号法令修订的1903年2月27日颁布的第29号法令将停止执行。

关于法罗群岛领海划界的法令

（1976年12月21日第599号法令）

1.（1）法罗群岛的领海将由外部和内部领水构成。

（2）外部领海的宽度将从由第2条确定的基线内部限定海域部分向外延伸，延伸至外部分界线上的每一点到各个基线段的距离为3海里。

（3）内领海将由诸如港口、海湾、峡湾、港口入口、锚地等水域构成，位于第2条确定的基线以内。

2. 根据第1条规定，内领海的宽度由直线基线确定，直线基线的绘制将在以下按序给出的各点之间完成：

（注：考虑到地名译成汉语之后，很难再翻译成对应的英文，为方便读者，保留了英文原文。）

点序	地名	纬度	经度
1	Dry reef SW of island group Munken	61°20′19″306N	6°40′06″790W
2	W-most point of the island of Knopur near Famara	61°28′34″772N	6°52′18″834W
3	W-most point of island W of Myggenaes Lighthouse	62°05′46″439N	7°41′25″623W
4	NW-most point of island NW of Myggenaes lighthouse	62°05′52″783N	7°41′12″936W
5	NW-most point of island NW of Myling	62°18′19″856N	7°12′59″409W
6	NW-most point of Kalsfles N of Kadlur	62°22′26″968N	7°12′59″409W
7	Dry reef N of Enniberg	62°23′49″299N	6°33′38″438W
8	Skopari point at Nordbjerg, Fuglo	62°21′16″163N	6°17′59″058W
9	NE-most point of Fuglo	62°20′40″637N	6°15′16″003W
10	E-most point of Bispen E of Fuglo	62°20′27″398N	6°15′00″521W
11	E-most point of island group Munken	61°20′30″124N	6°39′30″108W
12	S-most point of Storefles in island group Munken	61°20′26″953N	6°39′3″711W

上述各点的坐标由欧洲大地测量系统（1950 年第 1 次调整）确定。

3. 该法令将于 1977 年 1 月 1 日起生效。

1976 年 12 月 21 日颁布于阿美琳堡

关于修订 1966 年 12 月 21 日第 437 号《指导领海划界法令》的法令

（1978 年 4 月 19 日第 189 号法令）

1966 年 12 月 21 日第 437 号《指导领海划界法令》中的第四部分从 1978 年 5 月 1 日起以下列方式生效：

（注：考虑到地名译成汉语之后，很难再翻译成对应的英文，为方便读者，保留了英文原文。）

1. 第 8 号点将被删除并由 Grenen 点代替。

Grenen 点：57°44′43″N　10°39′26″E

从此点出发沿直线至

2. 第 9 号点被删除。

3. 第 10 号点被删除。

4. 第 12 号点将被删除并由 Islet off Lyngsa 点代替。

Islet off Lyngsa 点：57°13′45″N　10°33′12″E

从此点出发沿直线至

5. 第 13 号点被删除。

6. 第 37 号点将被删除并由 Hesselo NW reef 点代替。

Hesselo NW reef 点：56°12′22″N　11°40′34″E

从此点出发沿直线至

7. 第 38 号点将被删除并由 Gilleleje harbour pier 点代替。

Gilleleje harbour pier 点：56°07′49″N　12°18′43″E

从上此点出发沿岸线至

8. 第 39 号点被删除。

1978 年 4 月 19 日颁布于阿美琳堡

丹麦捕鱼领域

（1976年12月22日第628号行政命令）

根据1976年12月17日《关于丹麦王国捕鱼领域的法案》（第597号法案）第1条制定如下条款：

1. 位于北海的捕鱼领域包括除内水外的丹麦沿岸水域，其相对德国、英国及挪威捕鱼区的划分是通过连接下列各点大圆的弧线完成的：

（1）相对于联邦德国的分界线：

点序	纬度	经度
点1	55°03′51″0N	07°18′22″0E
点2	55°10′03″4N	07°33′09″6E
点3	55°30′40″3N	05°45′00″0E
点4	55°15′00″0N	05°24′12″0E
点5	55°15′00″0N	05°09′00″0E
点6	55°24′15″0N	04°45′00″0E
点7	55°46′21″8N	04°15′00″0E
点8	55°55′09″4N	03°21′00″0E

（2）相对于英国的分界线：

点序	纬度	经度
点8	55°55′09″4N	03°21′00″0E
点9	56°05′12″0N	03°15′00″0E

（3）相对于挪威的分界线：

点序	纬度	经度
点10	56°35′30″0N	05°02′00″0E
点11	57°10′30″0N	06°56′12″0E
点12	57°29′24″4N	07°57′22″2E

2.北海的捕鱼领域将相对于斯卡根角周边水域通过下列各点之间的大圆的弧线来划分：

点序	纬度	经度
点 12	57°29′24″4N	07°57′22″2E
点 13	57°16′23″6N	08°20′27″7E

格陵兰岛捕鱼领域
（1976年12月22日第629号行政命令）

根据1976年12月17日《关于丹麦王国捕鱼领域的法案》(第597号法案)第1部分制定如下条款：

1.（1）环绕格陵兰岛水域中的捕鱼领域将由范围从该岛的西海岸向外延伸至75°N以及从东海岸向外延伸至67°N的水域以及内水构成。划分的界线（捕鱼界线）至本行政命令第2条提到的基线距离为200海里（1海里=1 852米）。

（2）向外延伸至75°N，捕鱼领域相对于与格陵兰岛海岸相向的加拿大海岸不足400海里，捕鱼领域的分界线将由下列各点之间的大地测线来完成：

点序	北纬	西经
1	61°24′7	57°16′3
2	62°00′5	57°21′1
3	62°02′3	57°21′8
4	62°03′5	57°22′2

续表

点序	北纬	西经
5	62°11′5	57°25′4
6	62°47′2	57°41′0
7	63°22′8	57°57′4
8	63°28′6	57°59′7
9	63°35′0	58°02′0
10	63°37′2	58°01′2
11	63°44′1	57°58′8
12	63°50′1	57°57′2
13	63°52′6	57°56′6
14	63°57′4	57°53′5
15	64°04′3	57°49′1
26	65°51′7	57°40′6
27	65°57′6	57°40′1
28	66°03′5	57°39′6
29	66°12′9	57°38′2
30	66°18′8	57°37′8
31	66°24′6	57°37′8
32	66°30′3	57°38′3
33	66°36′1	57°39′2
34	66°37′9	57°39′6
35	66°41′8	57°40′6
36	66°49′5	57°43′0
37	67°21′6	57°52′7
38	67°27′3	57°54′9

续表

点序	北纬	西经
39	67°28′3	57°55′3
40	67°29′1	57°56′1
41	67°30′7	57°57′8
42	67°35′3	58°02′2
43	67°39′7	58°06′2
44	67°44′2	58°09′9
45	67°56′9	58°19′8
46	68°01′8	58°23′3
47	68°04′3	58°25′0
48	68°06′8	58°26′7
49	68°07′5	58°27′2
50	68°16′1	58°34′1
51	68°21′7	58°39′0
52	68°25′3	58°42′4
53	68°32′9	59°01′8
54	68°34′0	59°04′6
55	68°37′9	59°14′3
56	68°38′0	59°14′6
57	68°56′8	60°02′4
58	69°00′8	60°09′0
59	69°06′8	60°18′5
60	69°10′3	60°23′8
61	69°12′8	60°27′5
62	69°29′4	60°51′6

续表

点序	北纬	西经
63	69°49′8	60°58′2
64	69°55′3	60°59′6
65	69°55′8	61°00′0
66	70°01′6	61°04′2
67	70°07′5	61°08′1
68	70°08′8	61°08′8
69	70°13′4	61°10′6
70	70°33′1	61°17′4
71	70°35′6	61°20′6
72	70°48′2	61°37′9
73	70°51′8	61°42′7
85	72°11′0	63°41′0
86	72°24′8	64°13′2
87	72°30′5	64°26′1
88	72°36′3	64°38′8
89	72°43′7	64°54′3
90	72°45′7	64°58′4
91	72°47′7	65°00′9
92	72°50′8	65°07′6
93	73°18′5	66°08′3
94	73°25′9	66°25′3
95	73°31′1	67°15′1
96	73°36′5	68°05′5
97	73°37′9	68°12′3

续表

点序	北纬	西经
98	73°41′7	68°29′4
99	73°46′1	68°48′5
100	73°46′7	68°51′1
101	73°52′3	69°11′3
102	73°57′6	69°31′5
103	74°02′2	69°50′3
104	74°02′6	69°52′0
105	74°06′1	70°06′6
106	74°07′5	70°12′5
107	74°10′0	70°23′1
108	74°12′5	70°33′7
109	74°24′0	71°25′7
110	74°28′6	71°45′8
111	74°44′2	72°53′0
112	74°50′6	73°02′8
113	75°00′0	73°16′3

（3）从点113起，捕鱼界线应为通过下列各点与该纬度相平行的一条线：

点序	北纬	西经
113	75°00′0N	73°16′3W
113a	75°00′0N	59°48′0W

（4）冰岛的捕鱼领域的海岸与格陵兰岛海岸相向且之间的距离不足 400 海里，在此情况下，除非另有协议，上述捕鱼领域的分界线应为一条线段，该线段上的每一个点到两国岸边基线的距离都相等（中间线）一直延伸至 67°N，并成为一条与该纬度至坐标点为 67°00′0N，32°50′6W 平行的线段。

2. 直线基线（罗盘线）或岸线是根据上面第 1 条来测算捕鱼区的外部分界线，该基线的绘制应在下列各点之间完成：

（注：考虑到地名译成汉语之后，很难再翻译成对应的英文，为方便读者，保留了英文原文。）

西格陵兰岛

点序	地名	纬度	经度
1	S-most island of group of islands SSW of Cape Farewell	59°43′2N	44°00′7W
2	Island S of Kulusud	59°50′7N	44°59′5W
3	Naujat	59°58′6N	45°21′9W
4	Qeqertat	60°34′7N	47°34′9W
5	Island 2.5 nautical miles S of Thorstein Icelander	60°43′3N	48°24′9W
6	Island 2.0 nautical miles S of Thorstein Icelander	60°43′8N	48°26′6W
7	Island 1.5 nautical miles WSW of Thorstein Icelander	60°45′1N	48°29′1W
8	Island 1.5 nautical miles W of Thorstein Icelander	60°45′9N	48°29′6W
9	Semersût ûmánarssua	61°14′6N	48°57′4W
10	Qîoqe	61°31′4N	49°23′0W
11	Frederikshab Umanak（Qajaerserfik）	61°45′0N	49°37′4W
12	Frederikshab Qîoqe（Varde Island）	61°56′0N	49°48′9W
13	Ikermiut	62°23′2N	50°16′1W

续表

点序	地名	纬度	经度
14	Island 1 nautical mile SW of Tulugartalik	62°28′3N	50°21′5W
15	Southern Kitdlit	62°42′5N	50°33′8W
16	SW-most island of Hellefiske Islands	63°02′2N	51°00′0W
17	Kitdlit	63°08′3N	51°10′4W
18	Dry rock approx.2.3 nautical miles SSW of Qilangaussua	63°22′8N	51°23′9W
19	Cook Islands	63°59′6N	52°11′3W
20	Cook Islands	64°00′1N	52°11′8W
21	Southern island approx.1.5 nautical miles W of Qagssup igdlua	64°24′8N	52°20′0W
22	Avatdlerparssuaq	65°30′4N	53°15′9W
23	S-most island W of Qerralik	66°03′6N	53°40′7W
24	N-most island W of Qerralik	66°04′6N	53°41′2W
25	Ikerasagtût	66°13′5N	53°48′1W
26	Ikardlugssuaq	66°25′8N	53°55′5W
27	Qagssit	66°59′6N	54°08′1W
28	Kitsigsut	67°47′1N	53°58′6W
29	Kingigtut	68°00′8N	53°52′5W
30	Kidliat	68°16′9N	53°45′9W
31	Blaafjeld（Uivfag）	69°22′3N	54°14′4W
32	Ingigssuaq	69°36′3N	54°49′1W
33	Northern Salmon Bay（Lakesebugt）, N-most point	69°39′0N	54°50′0W
34	W-point at Kingigtup gága	69°42′9N	54°59′2W

续表

点序	地名	纬度	经度
35	Iron Point（Jernpynten）（Navssap nua）	69°50′1N	54°56′1W
36	Hare Island（Navdluarssuraussaq）	70°26′7N	55°02′8W
37	Narssaq	71°27′8N	55°29′8W
38	Sigguk（Svartenhuk）	71°41′3N	55°52′3W
39	Tikerarssuaq（Dark Head）	72°08′3N	56°04′0W
40	Nunanguit（Smalandene）	72°46′3N	56°38′1W
41	Kingigtortagdlit	73°02′0N	56°56′0W
42	S-most point of Eider Islands	74°01′0N	57°50′0W
43	W-most point of Eider Islands	74°02′3N	57°51′1W
44	Qutdleq	74°39′9N	57°57′8W
45	W-most Sabine Island	75°29′8N	60°14′0W
46	Bushman Island	75°57′4N	65°00′9W
47	Cape York	75°54′4N	66°29′3W
48	Conical Rock SW-point	76°04′8N	68°43′0W

第 33 点与 34 之间的基线为岸线。

东格陵兰岛

点序	地名	纬度	经度
1	S-most island of group of islands SSW of Cape Farewell	59°43′2N	44°00′7W
2	Island approx.2.6 nautical miles S of Avalernga	59°45′4N	43°47′2W
3	SE point of S-most island ESE of Cape Hoppe	59°55′3N	43°10′9W

续表

点序	地名	纬度	经度
4	E point of island mentioned under point 3	59°55′4N	43°10′7W
5	E point of N-most island ESE of Cape Hoppe	59°55′4N	43°10′6W
6	SE point of island 1.5 nautical miles E of Qagssit	60°01′0N	43°03′1W
7	NE point of island 1.5 nautical miles E of Qagssit	60°01′3N	43°02′9W
8	Island 1.9 nautical miles ENE of Qagssit	60°01′8N	43°02′6W
9	SE point of island approx.2 nautical miles E of Aluk	60°09′4N	42°58′8W
10	E-most island of Cape Discord	60°53′3N	42°37′3W
11	Qutdleg	61°32′4N	42°13′7W
12	Umanarssuk	61°49′6N	42°02′0W
13	SE point of Griffendeld Island	62°51′9N	41°30′0W
14	E-most island at Cape Skjold	63°06′2N	41°10′7W
15	Qertartivaq	63°32′1N	40°39′5W
16	Twin Island（at Cape Mosting）	63°41′1N	40°30′6W
17	Umivita	64°20′0N	40°11′7W
18	Qertartip Saliaqita	64°59′7N	39°43′1W
19	Island approx.3 nautical miles ESE of Cape Dan	65°29′1N	37°03′3W
20	E-most Kitsigsit Island	65°33′6N	36°35′9W
21	Uigertertivit	65°44′5N	36°08′1W
22	SW border of Wahl Fjord	66°19′3N	34°47′4W
23	Nagsigpik	66°21′3N	34°42′3W
24	Nanortalik	66°35′5N	34°12′7W
25	Island approx.1.75 nautical miles E of Cape S.M.Jorgensen	66°45′5N	33°52′6W

续表

点序	地名	纬度	经度
26	Little Tindholm	66°54′5N	33°34′9W
27	Pagtulajivit	67°36′1N	32°30′1W
28	Point 1.5 nautical miles W of Cape I.C.Jasobsen	68°05′3N	30°34′3W
29	Cape I.C.Jacobsen	68°05′6N	30°30′0W
30	Nunap Isua	68°07′5N	30°10′9W
31	Cape Nansen	68°13′1N	29°24′5W
32	Cape Vedel	68°28′9N	27°37′1W

在第3点与第4点、第6点与第7点、第28点与29点之间的基线即为岸线。

3. 该法令将于1980年6月1日起生效。

关于北格陵兰岛捕鱼领域的行政命令
（1980年5月14日第176号行政命令）

根据1976年12月17日第597号法令第1条关于丹麦王国捕鱼区及与1976年12月22日第629号法令的联系，制定如下条款：

第一条

第1段：除非下面另有说明，格陵兰岛离岸渔区包含西海岸75°N以北及东海岸67°N以北区域，除内部通道外，水域以一条到第二条提到的基线距离为200海里（1海里＝1 825米）的直线（捕鱼边界线）划定。

第2段：在内尔斯海峡75°N以北与加拿大的海岸相向的区域内，相对该国渔区的划分，在没有特别与此相关协议的情况下，且双方之间的距离不足400海里，应按照下列各点之间两个系列大地测线确定：

	点序	北纬	西经
A 系列	113	75°00′0	73°16′3
	114	76°41′4	75°00′0
	115	77°30′0	74°46′0
	116	78°25′0	73°46′0
	117	78°48′5	73°00′0
	118	79°39′0	69°20′0
	119	80°00′0	69°00′0
	120	80°25′0	68°20′0
	121	80°45′0	67°07′0
	122	80°49′2	66°29′0
B 系列	123	80°49′8	66°26′3
	124	80°50′5	66°16′0
	125	81°18′2	64°11′0
	126	81°52′0	62°10′0
	127	82°13′0	60°00′0

在格陵兰岛与加拿大海岸相向且之间相距不足 400 海里的林肯海内渔区的划分，在没有特别与此相关协议的情况下，应按照第 127 点那条线段，即从该点的任何方向至双方岸线基线的距离相同（中线）来完成。

第 3 段：在冰岛 67°N 以北海岸与格陵兰岛相向且之间相距不足 400 海里的区域内，相对该国的渔区划分，在没有特别与此相关协议的情况下，应按照从 线段的任何方向至双方岸线基线的距离相同的线段（中线）来完成。

第 4 段：相对挪威渔区的划分，在与格陵兰岛海岸相向且之间相距不足 400 海里的斯瓦尔巴群岛区域内，在没有特别与此相关协议的情况下，应按照从一线段的任何方向至双方岸线基线的距离相同的线段（中线）来完成。在与格陵兰岛海岸相向且之间距离少于 400 海里的扬马延岛，渔业的管辖权目前没有超越中间线。

第二条

形成测算渔业边界线基础并依据第一条（划出的）正确的线段（罗盘线）或岸线穿过（连接）下列按序给出的各点（平均高潮线的地位）：

（注：考虑到地名译成汉语之后，很难再翻译成对应的英文，为方便读者，保留了英文原文。）

西格陵兰岛

点序	地名	北纬	西经
48	Conical Rock SW point	76°04.8′	68°43.0′
49	Wolstenholme Island	76°25.1′	70°10.9′
50	Cape Parry	77°00.3′	71°20.9′
51	Hakluyt Island S point	77°24.8′	72°39.0′
52	Hakluyt Island NW point	77°26.4	72°46.9′
53	Cape Alexander	78°10.4′	73°01.0′
54	Littleton Island	78°21.7′	72°53.5′
55	Cairn Point	78°30.5′	72°27.0′
56	Cache Point	78°31.8′	72°21.0′
57	Cape Grinnel	78°37.9′	71°44.0′
58	Cape Taney SW	78°47.7′	70°18.0′
59	Cape Taney NE	78°49.2′	70°11.0′
60	Cape Russel	78°58.2′	69°24.0′
61	Cape Wood	79°04.5′	68°43.0′
62	Cape Kent	79°05.4′	68°33.0′
63	Dallas Bay W-shore	79°05.7′	68°19.0′
64	Cape Jackson	80°03.0′	67°06.0′
65	Cape Madison	80°10.0′	67°30.5′
66	Point ca.1.5 nm NNW of Cape Madison	80°11.7′	67°33.0′

续表

点序	地名	北纬	西经
67	Cape Jefferson (island)	80°20.0′	67°34.0′
68	Crozier Island	80°30.4′	67°20.0′
69	Franklin Island	80°40.8′	66°57.0′
70	Cape Ulrich	80°58.5′	64°56.0′
71	Cape Bryan	81°08.0′	64°04.0′
72	Joe Island	81°14.8′	63°33.0′
73	Cape Porter	81°46.5′	61°53.0′
74	Cape Sommer	81°54.5′	60°45.0′
75	Cape Brewoort	81°59.0	60°18.0′
76	Repulse Harbor SW	82°06.2′	59°19.0′
77	Repulse Harbor NE	82°06.9′	59°02.0′
78	Cape Stanton	82°11.9′	57°32.0′
79	Hand Bay NE	82°13.6′	56°55.0′
80	SW entrance to Franklin Bay	82°14.8′	56°37.0′
81	Rest Point	82°16.6′	56°09.0′
82	3/4 nm NE of Rest Point	82°16.9′	56°04.0′
83	Cape Bryant	82°20.4′	55°13.0′
84	Beaumont Island NW point	82°45.2′	50°46.0′
85	Cape Distant	83°08.2′	46°12.0′
86	Cape Ramsey	83°13.7′	44°55.0′
87	Cape Wijkander	83°15.0′	44°24.0′
88	Cape Daugaard-Jensen	83°16.4′	43°53.0′
89	N point of Luige Amadeo Island	83°18.1′	42°27.4′
90	Cape Kane	83°26.6′	39°47.9′
91	Cape Washington	83°32.3′	38°47.9′

续表

点序	地名	北纬	西经
92	N point of Gertrud Rasks Land	83°36.2′	36°58.0′
93	Cape Christian IV	83°37.7′	35°37.2′
94	4 nm W of Cape Morris Jesup	83°39.6′	33°53.9′
95	Cape Morris Jesup	83°39.6′	33°24.4′
96	Little island ca.1 nm N of Kaffoklubben island	83°40.5′	30°40.7′

在第 51 点至 52 点、58 点至 59 点、60 点至 61 点、62 点至 63 点、73 点至 74 点、75 点至 76 点、77 点至 78 点、79 点至 80 点、82 点、83 点之间的基线是岸线。

东格陵兰岛

点序	地名	北纬	西经
32	Cape Vedel	68°28.9′	27°37.1′
33	Cape Tupinier	68°40.1′	26°23.0′
34	Cape Beaupre	68°52.3′	25°38.6′
35	Cape Dalton	69°25.0′	24°05.4′
36	Truner Islands S	69°38.8′	23°18.7′
37	Truner Island SE	69°40.0′	23°14.6′
38	Point ca.1.5 nm NE of Cape Brewster	69°58.8′	22°22.5′
39	Cape Brewster	70°09.4′	22°03.8′
40	Cape Lister	70°29.0′	21°32.2′
41	Point 1½ nm S of Cape Hodgson	70°31.7′	21°29.0′
42	SE point of Rathbone Island	70°39.3′	21°21.7′
43	NE point of Rathbone Island	70°39.8′	21°21.5′

续表

点序	地名	北纬	西经
44	Cape Topham	71°20.1′	21°36.6′
45	Murray Island	71°32.7′	21°39.1′
46	Rock	72°15.8′	21°59.4′
47	Franklin	72°39.3′	21°37.7′
48	Bontokoe Island	73°06.0′	21°11.7′
49	3 nm SW of Cape Broer Ruys	73°29.2′	20°25.5′
50	1.3 nm S of Cape Broer Ruys	73°30.6′	20°23.1′
51	Arundel Island	73°45.7′	20°03.5′
52	Cape Borlase Warren	74°15.7′	19°22.7′
53	Poin tat Clark Bjerg	74°20.8′	19°10.7′
54	S point of Lille Pendulum	74°36.9′	18°22.9′
55	Point 1 nm NE of Cape Philip Broke	74°56.6′	17°34.1′
56	7.8 nm S of Cape Pansch	75°01.4′	17°21.4′
57	Point 2.0 nm SE of Cape Pansch	75°09.2′	17°20.6′
58	Point 2.0 nm SE of Cape Borgen	75°24.8′	17°58.7′
59	Point 3.3 nm NNE of Cape A. Trolle	75°59.0′	18°27.8′
60	Point SE of Berg Fjord	76°31.0′	18°42.7′
61	Cape Christian	76°36.9′	18°33.5′
62	Maroussia Island	76°39.8′	18°29.5′
63	Cape Udkiggen	76°43.7′	18°24.1′
64	Seventeen-kilometer Headland	76°49.4′	18°16.5′
65	T. Thomsens Headland	77°14.2′	18°15.4′
66	Cape Philippe	77°36.7′	17°42.1′
67	Cape Montpensier	77°50.4′	17°32.6′

续表

点序	地名	北纬	西经
68	E island in French Islands	78°44.5′	18°01.7′
69	Norwegian Islands SE coast	78°59.8′	17°40.8′
70	Norwegian Islands E coast	79°06.4′	17°37.1′
71	Lille island ca. 2 nm SE of Cape Nansen	79°08.3′	17°39.1′
72	Cape Anna Bistrup	79°41.4′	18°04.3′
73	Sophies Holm	79°55.6′	17°24.0′
74	Point ca. 2 nm SSW of Hanserags Fjord	80°13.4′	16°20.8′
75	E island in Henrik Kroyer Holme	80°39.9′	13°06.9′
76	SE point of Krp.Christian Land	81°08.0′	12°16.7′
77	Point ca. 3 nm SW of Nordostrundingen	81°19.7′	11°22.7′
78	NE point of Lille island at Nordostrundingen	81°22.9′	11°16.4′
79	NE point of Erik S. Henious Land	81°31.4′	11°45.0′
80	Cape Prince Knud	81°43.2′	13°16.9′
81	N point of Princess Magarethe Island	82°09.0′	17°58.1′
82	Cape Eiler Rasmussen	82°36.0′	19°49.0′
83	NE point of Herluf Trolle Land	82°51.4′	21°28.3′
84	Cape John Flagler	83°14.9′	24°32.7′
85	E point of Knud Rasmussen Land	83°23.8′	25°27.3′
86	4 nm. ESE of Cape J.P. Koch	63°32.9′	27°13.1′
96	(WestGreenland) Lille island about 1 nm N of Kaffeklubben	83°40.5′	30°40.7′

在36点至37点、38点至39点、40点至41点、49点至50点、52点至53点、56点至57点、59点至60点、66点至67点、69点至70点、72点至73点、82点至83点、85点至86点之间的基线为岸线。

第 3 条

本行政命令于 1980 年 6 月 1 日生效。

丹麦专属经济区法案
（1996 年 5 月 22 日第 411 号法案）

1.（1）丹麦专属经济区为跨越领海并与领海相连，覆盖范围从基线量起扩展距离达 200 海里宽的水域。

（2）然而，外交部长可以作出决定——本法不覆盖受到特殊情形管控的水域。

2.（1）与那些同丹麦海岸相向或相邻且其距离不足 400 海里的国家划定专属经济区的分界时，如果没有签署过相反协议，该分界线（中间线）距两国海岸基线的距离应相等，参照 1963 年 6 月 7 日第 259 号关于对大陆架行使丹麦主权的法令。

（2）外交部长将颁布专属经济区的分界线。

3. 在专属经济区内，对为了勘探与开发、养护与管理区内海床上覆水域、海床及其底土的自然资源（无论是生物资源还是非生物资源）之目的的活动，并且对区内其他经济开发与勘探活动，诸如利用海水、海流及海风进行的能源生产，丹麦享有主权权利。在专属经济区内，丹麦对人工岛屿、设施和结构的建立与使用，开展海洋科学研究以及海洋环境的保护还享有管辖权。此外，在专属经济区内，丹麦还拥有国际法所赋予的权利。

4. 本法将于 1996 年 7 月 1 日生效。

5. 本法不适用于法罗群岛和格陵兰岛，但经丹麦皇家法令根据法罗群岛和格陵兰岛盛行的特殊情形修订后对丹麦王国部分可以适用。

1996 年 5 月 22 日颁布于克里斯蒂安堡宫

关于丹麦专属经济区的行政命令

（1996 年 6 月 24 日第 584 号行政命令）

根据 1996 年 5 月 22 日第 411 号关于专属经济区的法案第 1 条第（2）款和第 2 条第（2）款，制定如下条款：

1.（1）北海、斯卡格拉克海峡、卡特加特海峡、松德海峡、大贝尔特海峡以及波罗的海的专属经济区为跨越领海并与领海毗连的从任何时候适用的领海基线起扩展距离 200 海里的水域。关于基线的绘制，经 1978 年 4 月 19 日第 189 号皇家法令修订的 1966 年 12 月 21 日第 437 号关于领海划界皇家法令中载有绘制的参考信息。

（2）博恩霍姆岛与波兰之间的水域在未有进一步告示之前，不被专属经济区法覆盖。根据 1985 年 8 月 23 日第 386 号关于丹麦渔业领域行政命令及 1963 年 6 月 7 日第 259 号关于对大陆架行使丹麦主权皇家法令，与波兰达成协议之前，双方在博恩霍姆岛与波兰之间水域中捕鱼区及大陆架的分界线应为这样一条线段，该线段至双方各自岸线基线的距离应相等（中间线）。

（3）与他国有关专属经济区的划分如本行政命令 2—6 条提到的那样将受到影响。分界线上标注点的坐标由 1950 欧洲大地测量系统给出。分界线绘制在所附的图表上。

2. 相对德国，（双方）在北海中专属经济区的分界线应为下列各点之间的直线测地线：

点序	纬度	经度
1	55°03′50.1″N	N08°18′07.0″E
2	55°10′03.4″N	N07°33′09.6″E
3	55°30′40.3″N	N05°45′00.0″E
4	55°15′00.0″N	N05°24′12.0″E
5	55°15′00.0″N	N05°09′00.0″E
6	55°24′15.0″N	N04°45′00.0″E
7	55°46′21.8″N	N04°15′00.0″E
8	55°55′09.4″N	N03°21′00.0″E

3. 相对于英国，在北海专属经济区的分界线应为通过下列各点之间的直线大地测线：

点序	纬度	经度
8	55°55′09.4″N	03°21′00.0″E
9	56°05′12.0″N	03°15′00.0″E

4. 相对于挪威，在北海和斯卡格拉克海峡专属经济区的分界线应为通过下列各点之间的直线大地测线：

点序	纬度	经度
9	56°05′12.0″N	03°15′00.0″E
10	56°35′30.0″N	05°02′00.0″E
11	57°10′30.0″N	06°56′12.0″E
12	57°29′54.0″N	07°59′00.0″E
13	57°37′06.0″N	08°27′30.0″E
14	57°41′48.0″N	08°53′18.0″E
15	57°59′18.0″N	09°23′00.0″E
16	58°15′41.2″N	10°01′48.1″E

5. 相对于瑞典，专属经济区的分界线绘制如下：

（1）在斯卡格拉克海峡，分界线绘制为通过下列序号给出的各点直线大地测线：

点序	纬度	经度
16	58°15′41.2″N	10°01′48.1″E
17	58°08′00.1″N	10°32′32.8″E
18	57°49′00.6″N	11°02′55.6″E
19	57°27′00.0″N	11°23′57.4″E
20	56°30′32.3″N	12°08′52.1″E
21	56°18′14.1″N	12°05′15.9″E
22	56°12′58.9″N	12°21′48.0″E

（2）在松德海峡专属经济区的分界线，从第22点起，参照第3款，与1932年1月30日丹麦与瑞典之间发表的宣言及后续的修订，参照1932年2月22日第41号行政命令（A号法律报告）以及1955年10月5日第117号报告（C号法律报告）中的分界线相同。

（3）在波罗的海，分界线绘制为通过按下列序号给出的各点直线大地测线：

点序	纬度	经度
23	55°20′14.2″N	12°38′31.0″E
24	55°18′30.0″N	12°38′20.0″E
25	55°15′00.0″N	12°40′38.0″E
26	55°10′00.0″N	12°47′41.6″E
27	55°03′54.0″N	13°03′20.0″E
28	55°00′35.2″N	13°08′45.0″E

从第28号点起，分界线将继续向前直到与德国和瑞典签订协议的那一点为止。

（4）在博恩霍姆岛与瑞典之间的区域，分界线应从与瑞典及德国签订协议的那一点划起并绘制成通过按下列序号给出的各点的直线测地线：

点序	纬度	经度
29	54°57′49.1″N	13°59′40.0″E
30	55°18′44.0″N	14°27′36.0″E
31	55°41′29.4″N	15°02′34.4″E
32	55°21′18.6″N	16°30′29.7″E

从第32号点起，分界线将继续向前直到与瑞典和波兰签订协议的那一点为止。

6.在博恩霍姆岛与德国之间的区域，分界线应从与瑞典及波兰签订协议那一点划起并绘制成通过按下列序号给出的各点的直线测地线：

点序	纬度	经度
33	54°32′10.4″N	14°38′12.2″E
34	54°39′30.0″N	14°24′51.0″E
35	54°48′45.0″N	14°24′51.0″E
36	54°48′45.0″N	14°10′22.0″E
37	54°57′44.8″N	13°59′34.2″E

从第 37 号点起,分界线将继续向前直到与德国和瑞典签订协议的那一点为止,参照第 5 条第(4)款。

(2)在波罗的海的西部区域,相对德国的分界线应从与德国和瑞典签订协议的那一点划起,参照第 5 条第(3)款并绘制成通过按下列序号给出的各点的直线测地线:

点序	纬度	经度
38	55°00′30.2″N	13°08′53.1″E
39	54°50′01.7″N	12°56′02.4″E
40	54°45′49.7″N	12°44′59.9″E
41	54°41′15.9″N	12°26′35.7″E
42	54°24′39.9″N	12°06′43.5″E
43	54°22′00.5″N	11°56′25.6″E
44	54°21′53.4″N	11°40′14.7″E
45	54°21′56.7″N	11°40′20.7″E
46	54°23′36.0″N	11°38′12.2″E
47	54°25′47.7″N	11°34′55.1″E
48	54°27′53.4″N	11°30′49.9″E
49	54°29′53.1″N	11°26′36.6″E
50	54°31′57.0″N	11°23′04.8″E

续表

点序	纬度	经度
51	54°34′11.6″N	11°19′17.7″E
52	54°35′11.2″N	11°15′36.4″E
53	54°36′33.0″N	11°12′30.9″E
54	54°37′19.7″N	11°09′28.2″E
55	54°38′16.3″N	11°04′30.0″E
56	54°38′28.3″N	11°00′20.7″E
57	54°38′14.6″N	10°54′15.3″E
58	54°37′10.2″N	10°52′25.1″E
59	54°34′52.3″N	10°48′02.1″E
60	54°32′49.2″N	10°43′59.0″E
61	54°32′39.8″N	10°39′37.3″E
62	54°33′06.0″N	10°36′50.0″E
63	54°34′37.0″N	10°31′58.5″E
64	54°35′56.8″N	10°27′15.9″E
65	54°37′15.4″N	10°22′27.6″E
66	54°37′59.9″N	10°21′18.4″E
67	54°40′29.6″N	10°18′29.9″E
68	54°42′49.7″N	10°16′07.9″E
69	54°45′24.0″N	10°13′06.0″E

第44点至第55点之间的及第69号点向陆地一侧的分界线将在与德国进行磋商后的晚些时候颁布。

7. 鉴于专属经济区分界线的划分与领海外部边界线的划分相同，指导领海划界的规则应也适用于专属经济区分界线的划分。

8. 丹麦国家调查与地籍局将专属经济区的外部边界线绘制在图标上并充分向公众公开。

9. 本行政命令中提到的坐标点及第 8 条提到的图标将交存联合国秘书长处。

10. 本行政命令将于 1996 年 7 月日生效。

外交部长
1996 年 6 月 24 日

关于领海划界的法案

（1999 年 4 月 7 日第 200 号法案）

1. 丹麦的领海即为外部和内部领水。

2.（1）外部领水覆盖了那些由第（3）款提到的在任何时候都适用的领海基线划定的向陆一侧海域和通过这样一种方式绘制的线段，即线段上的每一点到基线最近点的距离为 12 海里（22 224 米）所划定的向海一侧的海域。

（2）在与海岸同丹麦王国海岸相向或相邻的国家划定领海边界线，双方之间的距离不足 24 海里时，在没有相反协议的情况下，外部领水的外部分界线不应超过中间线，且该界线上的每一点至双方用于测量各自领海宽度基线的最近点的距离都相等，除非有特殊情形可以给出另一种划分的充足理由。

（3）外交部长将制定并颁布外领水的外部分界线和根据第（1）款用于测量这一外部分界线的基线。

（4）在有特殊情况的水域，外交部长可以决定领海的外部分界线从基线量起可以少于 12 海里。

3. 内领水覆盖诸如港口、海港入口、锚地、海湾、水湾以及位于第 2 条第（3）款提到的基线以里的水域。

4. 外国船舶享有的通过小贝尔特海峡、大贝尔特海峡和松德海峡部分的内领水的权利以及这些水域通常用于通过的情况不变。

5.（1）本法于1999年5月1日生效，然而，参照如下（2）。

（2）参照1989年8月4日第529号颁布令，在1999年5月1日前没有构成外领水那部分水域，领航法第8款使用领航员的义务直到2001年1月1日才生效。

（3）从1999年5月1日起，1966年12月21日第437号关于领海划界令予以废除。

6.（1）本法不适用于法罗群岛和格陵兰岛，但通过皇家法令形式依据法罗群岛和格陵兰岛所拥有的特殊条件作出的修正对丹麦王国部分适用。

（2）关于格陵兰岛领海的外部界线从基线量起可以少于12海里。

1999年4月7日颁布于阿美琳堡
皇家签名并盖章

关于丹麦领海划界的行政命令
（1999年4月21日第242号行政命令）

根据1999年4月7日第200号关于领海划界法案第2条第(3)款和第(4)款，在此制定如下条款：

1. 外领水覆盖了由第2款提到的领海基线划定的向陆一侧那部分海域和通过这样一种方式绘制的线段，即线段上的每一点到基线最近点的距离为12海里（22 224米）所划定的向海一侧的海域，参照第3—5条。分界线绘制在本行政命令所附图表中。

2. 根据第1条，测量外领水的基线应为海岸线和以下各点之间的直线：

（注：考虑到地名译成汉语之后，很难再翻译成对应的英文，为方便读者，保留了英文原文。）

日德兰半岛 – 菲英岛

1. 55°04′06″.3N　　8°23′17″.8E　　丹麦 – 德国海上边界
从此点出发沿直线至

2. 55°12′7″.6N　　8°24′09″.4E　　Romo W
从此点出发沿直线至

3. 55°19′44″.6N　　8°24′52″.4E　　Galgerev（Fanø S）
从此点出发沿直线至

4. 55°26′37″.6N　　8°18′43″.4E　　Soren Jessens Sand
从此点出发沿直线至

5. 55°28′23″.6N　　8°17′00″.4E　　Skallingen W
从此点出发沿岸线至

6. 55°59′55″.5N　　8°06′51″.7E　　Hvide Sande S
从此点出发沿直线至

7. 55°59′56″.2N　　8°06′31″.8E　　Hvide Sande N
从此点出发沿岸线至

8. 56°22′18″.4N　　8°06′56″.7E　　Torsminde S
从此点出发沿直线至

9. 56°22′26″.2N　　8°06′48″.5E　　Torsminde W
从此点出发沿直线至

10.	56°22′21″.7N	8°06′49″.1E	Torsminde N
从此点出发沿岸线至			
11.	56°41′47″.8N	8°11′41″.2E	Harboøre Tange NW
从此点出发沿直线至			
12.	56°45′18″.8N	8°13′24″.2E	Agger Tange W
从此点出发沿岸线至			
13.	57°44′41″.0N	10°39′21″.2E	Grenen
从此点出发沿直线至			
14.	57°28′55″.0N	10°37′38″.3E	Hirsholm S
从此点出发沿直线至			
15.	57°13′43″.0N	10°33′07″.3E	Holm ved Lyngså
从此点出发沿直线至			
16.	56°58′20″.9N	10°19′57″.3E	Korsholm N
从此点出发沿岸线至			
17.	56°58′01″.9N	10°19′39″.3E	Korsholm S
从此点出发沿直线至			
18.	56°57′15″.9N	10°17′31″.3E	Egense SE
从此点出发沿岸线至			
19.	56°43′18″.4N	10°20′01″.4E	Alsodde
从此点出发沿直线至			

20.	56°42′05″.2N	10°20′18″.3E	Daemning N
	从此点出发沿岸线至		
21.	56°39′43″.0N	10°21′47″.4E	Daemning S
	从此点出发沿直线至		
22.	56°33′43″.2N	10°16′30″.0E	Ingerslev Å
	从此点出发沿岸线至		
23.	56°18′05″.9N	10°51′52″.5E	Katholm Skov S
	从此点出发沿直线至		
24.	56°08′04″.8N	10°48′38″.5E	Hjelm E
	从此点出发沿直线至		
25.	55°56′03″.8N	10°47′33″.5E	Bosserne E
	从此点出发沿直线至		
26.	55°51′58″.8N	10°40′31″.5E	Stålhoj Hage
	从此点出发沿岸线至		
27.	55°45′52″.8N	10°37′17″.5E	Lushage
	从此点出发沿直线至		
28.	55°37′13″.8N	10°36′59″.6E	Fyns Hoved E
	从此点出发沿岸线至		
29.	55°28′36″.8N	10°44′51″.6E	Stavreshoved
	从此点出发沿直线至		

30.	55°24′53″.7N	10°43′36″.6E	Risinge Hoved

从此点出发沿岸线至

31.	55°17′24″.7N	10°51′06″.6E	Knudshoved

从此点出发沿直线至

32.	55°09′25″.7N	10°57′15″.6E	Langeland N

从此点出发沿岸线至

33.	54°43′24″.7N	10°41′07″.7E	Gulstav Klint

从此点出发沿直线至

34.	54°49′01″.7N	10°25′02″.6E	Vejsnaes Nakke

从此点出发沿岸线至

35.	54°55′09″.7N	10°14′44″.6E	Vidso Molle S

从此点出发沿岸线至

36.	54°52′24″.7N	10°03′57″.6E	Pols Huk

从此点出发沿岸线至

37.	54°51′08″.6N	9°59′13″.6E	Kegnaes

从此点出发沿直线至

38.	54°49′09″.6N	9°56′26″.4E	丹麦 – 德国海上边界

西兰岛和西兰岛南部的岛屿

39.	55°44′37″.8N	10°52′07″.6E	Rosnaes

从此点出发沿直线至

40.	55°55′08″.8N	11°04′48″.6E	Sejero N
从此点出发沿直线至			
41.	56°04′12″.8N	11°13′14″.6E	Sjaellands Rev
从此点出发沿岸线至			
42.	56°12′19″.9N	11°40′29″.6E	Hesselo NW reef
从此点出发沿直线至			
43.	56°07′46″.9N	12°18′38″.7E	Gilleleje Pier
从此点出发沿岸线至			
44.	56°03′06″.9N	12°35′32″.7E	Kronborg NW
从此点出发沿直线至			
45.	56°03′06″.9N	12°37′02″.7E	In the sea
从此点出发沿直线至			
46.	56°02′35″.9N	12°37′44″.7E	In the sea
从此点出发沿岸线至			
47.	56°01′41″.9N	12°37′44″.7E	In the sea
从此点出发沿直线至			
48.	56°00′57″.9N	12°36′41″.7E	In the sea
从此点出发沿岸线至			
49.	56°00′57″.9N	12°35′59″.7E	Snekkersten NE
从此点出发沿岸线至			

50.	55°47′14″.9N	12°35′47″.7E	Tårbaek Harbour

从此点出发沿直线至

51.	55°47′04″.7N	12°40′15″.8E	Tårbaek reef

从此点出发沿直线至

52.	55°41′54″.9N	12°50′44″.8E	Saltholm NE（在海上）

从此点出发沿直线至

53.	55°40′21″.9N	12°46′05″.8E	Saltholm N

从此点出发沿岸线至

54.	55°40′12″.9N	12°46′31″.8E	on Saltholm

从此点出发沿直线至

55.	55°37′13″.9N	12°48′53″.8E	Svaneklapper N

从此点出发沿直线至

56.	55°36′01″.9N	12°49′20″.8E	Sondre Flint

从此点出发沿直线至

57.	55°36′16″.9N	12°47′02″.8E	Islet S of Saltholm

从此点出发沿直线至

58.	55°36′21″.9N	12°46′23″.8E	Saltholm S

从此点出发沿直线至

59.	55°32′10″.8N	12°42′41″.8E	Drogden Light

从此点出发沿直线至

60.	55°30′55″.8N	12°35′31″.8E	Aflandshage S

从此点出发沿直线至

61.	55°19′48″.8N	12°27′18″.8E	Mandehoved

从此点出发沿岸线至

62.	55°17′27″.8N	12°27′18″.8E	Stevns

从此点出发沿岸线至

63.	55°00′28″.8N	12°31′17″.8E	HellehavN Nakke

从此点出发沿岸线至

64.	54°56′41″.7N	12°32′14″.8E	Mon Fyr SW

从此点出发沿直线至

65.	54°50′05″.7N	12°09′56″.8E	Hestehoved

从此点出发沿直线至

66.	54°33′36″.7N	11°58′24″.8E	Gedser Odde SE

从此点出发沿岸线至

67.	54°33′32″.7N	11°58′15″.8E	Gedser Odde S

从此点出发沿岸线至

68.	54°33′35″.7N	11°52′20″.8E	Rodsand S

从此点出发沿直线至

69.	54°35′35″.7N	11°30′51″.8E	Hyllekrog

从此点出发沿岸线至

| 70. | 54°50′09″.7N | 10°57′31″.7E | Albuen |

从此点出发沿直线至

| 71. | 54°53′16″.7N | 11°00′55″.7E | Tars NW |

从此点出发沿岸线至

| 72. | 54°54′45″.7N | 11°01′33″.7E | Korsnakke SW |

从此点出发沿直线至

| 73. | 55°09′34″.7N | 11°07′58″.7E | Omo W |

从此点出发沿直线至

| 74. | 55°20′48″.7N | 11°05′32″.6E | Halsskov |

从此点出发沿直线至

| 75. | 55°28′26″.8N | 11°04′23″.6E | Musholm |

从此点出发沿直线至

| 76. | 55°30′54″.8N | 11°04′50″.6E | Reerso |

从此点出发沿直线至

| 77. | 55°39′47″.8N | 10°56′01″.6E | Asnaes |

从此点出发沿直线至

| 39. | 55°44′37″.8N | 10°52′07″.6E | Rosnaes |

莱斯岛

| 78. | 57°21′50″.0N | 10°55′55″.3E | Nordre Ronner |

从此点出发沿直线至

79.	57°19′25″.0N	11°11′45″.3E	Syrodde

from there the coastal line to

80.	57°17′51″.0N	11°11′19″.3E	Bloden Hale

从此点出发沿直线至

81.	57°12′19″.0N	11°02′04″.3E	Hornfiskron SE

从此点出发沿直线至

82.	57°11′58″.0N	10°59′48″.3E	Hornfiskron SW

从此点出发沿直线至

83.	57°14′29″.0N	10°53′48″.3E	Sonder Nyland

从此点出发沿直线至

84.	57°15′28″.0N	10°52′10″.3E	Laeso W

从此点出发沿岸线至

85.	57°21′19″.0N	10°54′07″.3E	Bordfeld

从此点出发沿直线至

78.	57°21′50″.0N	10°55′55″.3E	Nordre Ronner

从此点出发沿直线至

克里斯蒂安岛

86.	55°19′50″.9N	15°10′27″.1E	Rock N of Tat W

从此点出发沿岸线至

| 87. | 55°19′49″.9N | 15°10′29″.1E | Rock N of Tat E |

从此点出发沿直线至

| 88. | 55°19′24″.9N | 15°11′27″.1E | Rock N of Christianso |

从此点出发沿直线至

| 89. | 55°19′22″.9N | 15°11′30″.1E | Christianso NE |

从此点出发沿直线至

| 90. | 55°19′06″.9N | 15°11′52″.1E | Osterskaer NE |

从此点出发沿直线至

| 91. | 55°19′04″.9N | 15°11′51″.1E | Osterskaer SE |

从此点出发沿直线至

| 92. | 55°19′03″.9N | 15°11′48″.1E | Osterskaer SW |

从此点出发沿直线至

| 93. | 55°19′01″.9N | 15°11′16″.1E | Christianso S |

从此点出发沿直线至

| 94. | 55°19′22″.9N | 15°10′32″.1E | Graesholm SW |

从此点出发沿直线至

| 95. | 55°19′27″.9N | 15°10′28″.1E | Graesholm W |

从此点出发沿直线至

| 96. | 55°19′45″.9N | 15°10′26″.1E | Rock S of Tat |

从此点出发沿直线至

| 97. | 55°19′47″.9N | 15°10′26″.1E | Rock S of Tat |

从此点出发沿直线至

| 98. | 55°19′48″.9N | 15°10′26″.1E | Tat W |

从此点出发沿直线至

| 86. | 55°19′50″.9N | 15°10′27″.1E | Rock N of Tat W |

博恩霍尔姆岛
海岸线
安霍尔特岛
海岸线

3.(1)在斯卡恩与瑞典之间的斯卡格拉克海峡和卡特加特海峡北面部分，领海的外部边界线应绘制为在下列各点之间的大地测线：

点序	纬度	经度
1	57°56′27″.7N	10°43′34″.7E
2	57°47′04″.2N	10°58′31″.1E
3	57°43′43″.8N	11°01′36″.6E

（2）在莱斯岛和瑞典之间的水域，领海的外部边界线应绘制为在下列各点之间的大地测线：

点序	纬度	经度
4	57°31′38″.6N	11°13′12″.0E
5	57°25′41″.3N	11°18′51″.5E
6	57°11′52″.3N	11°30′06″.7E

（3）在安霍尔特岛和瑞典之间的水域，领海的外部边界线应绘制为在下列各点之间的大地测线：

点序	纬度	经度
7	56°55′57″.2N	11°42′53″.3E
8	56°45′16″.0N	11°50′45″.5E
9	56°35′46″.0N	11°54′37″.6E

（4）在西兰岛与瑞典之间的卡特加特海峡的南部，领海的外部边界线应绘制为在下列各点之间的大地测线：

点序	纬度	经度
10	56°22′18″.7N	11°59′42″.8E
11	56°16′55″.0N	12°01′59″.2E
12	56°11′02″.7N	12°20′29″.6E
13	56°12′52″.7N	12°22′06″.2E

（5）在珊索海峡和大贝尔特海峡的北部，领海的外部边界线应绘制为在下列各点之间的直线大地测线：

点序	纬度	经度
14	56°18′40″.0N	11°16′03″.0E
15	55°55′48″.0N	10°53′00″.0E
16	55°54′48″.0N	10°52′36″.0E
17	55°54′15″.0N	10°51′48″.0E
18	55°50′18″.0N	10°45′00″.0E
19	55°48′42″.0N	10°43′48″.0E
20	55°46′48″.0N	10°43′42″.0E
21	55°45′30″.0N	10°42′32″.0E
22	55°39′42″.0N	10°42′24″.0E
23	55°42′30″.0N	10°48′00″.0E
24	55°44′00″.0N	10°46′55″.0E
25	55°45′00″.0N	10°46′48″.0E

续表

点序	纬度	经度
26	55°46′20″.0N	10°47′36″.0E
27	55°56′30″.0N	11°00′00″.0E
28	56°05′48″.0N	11°08′54″.0E
29	56°06′42″.0N	11°10′18″.0E
30	56°08′12″.0N	11°15′10″.0E
31	56°22′54″.5N	11°30′23″.8E

（6）在西兰岛与瑞典之间的波罗的海，领海的外部边界线应绘制为在下列各点之间的直线大地测线：

点序	纬度	经度
32	55°20′12″.0N	12°38′26″.9E
33	55°19′30″.0N	12°35′24″.0E
34	55°13′24″.0N	12°36′12″.0E
35	55°08′18″.0N	12°43′21″.0E
36	55°06′42″.0N	12°51′00″.0E

（7）在博恩霍尔姆岛与瑞典之间的波罗的海，领海的外部边界线应绘制为在下列各点之间的直线大地测线：

点序	纬度	经度
37	55°08′51″.6N	14°20′54″.1E
38	55°16′48″.0N	14°31′35″.6E
39	55°29′41″.2N	14°51′18″.4E

（8）在波罗的海的西部，包括大贝尔特海峡和小贝尔特海峡的南部，领海的外部边界线应绘制为在下列各点之间的直线大地测线：

点序	纬度	经度
40	54°48′18″.0N	12°41′36″.0E
41	54°37′36″.0N	12°14′24″.0E
42	54°36′24″.0N	12°13′00″.0E
43	54°31′30″.0N	12°09′42″.0E
44	54°28′06″.0N	12°08′42″.0E
45	54°27′18″.0N	12°03′48″.0E
46	54°27′18″.0N	12°00′00″.0E
47	54°27′06″.0N	11°47′42″.0E
48	54°33′15″.0N	11°26′48″.0E
49	54°35′24″.0N	11°21′48″.0E
50	54°36′24″.0N	11°17′48″.0E
51	54°38′03″.0N	11°15′18″.0E
52	54°39′48″.0N	11°08′00″.0E
53	54°40′24″.0N	11°00′00″.0E
54	54°42′30″.0N	10°54′18″.0E
55	54°45′21″.0N	10°54′00″.0E
56	54°44′50″.0N	10°49′42″.0E
57	54°43′30″.0N	10°49′00″.0E
58	54°42′00″.0N	10°47′18″.0E
59	54°41′06″.0N	10°45′30″.0E
60	54°40′24″.0N	10°45′15″.0E
61	54°38′33″.0N	10°49′30″.0E
62	54°34′36″.0N	10°42′54″.0E
63	54°34′28″.0N	10°40′12″.0E
64	54°38′40″.0N	10°25′12″.0E
65	54°44′00″.0N	10°19′15″.0E
66	54°46′45″.0N	10°16′15″.0E

续表

点序	纬度	经度
67	54°48′48″.0N	10°15′00″.0E
68	54°50′42″.0N	10°15′00″.0E
69	54°51′12″.0N	10°12′00″.0E
70	54°45′34″.0N	10°12′00″.0E

第 70 点将在与德国磋商后最后确定。

4. 在松德海峡，领海的外部边界线与分界线相同，参照丹麦与瑞典 1932 年 1 月 30 日发表宣言中的第三条第 4 款和第 6 款及后续的修订，参照 1932 年 2 月 22 日第 41 号行政命令（A 号法律报告）以及 1995 年 10 月 5 日第 117 号报告（C 号法律报告）。

5.（1）在北海与德国交界的水域（the Lister Dyb），丹麦与德国的分界线由 1921 年 9 月 3 日关于丹麦与德国边界划分议定书管制，参照 1923 年 12 月 21 日第 49 号关于丹麦与德国边界划分的行政命令（A 号法律报告）。边界线的绘制需要与德国磋商。在磋商覆盖区域，在没有进一步告示前，将维持迄今适用的领海外部边界线。

（2）关于对丹麦与联邦德国 1965 年 6 月 9 日签署的关于在沿海地区的北海大陆架划界协议所划定分界线以北区域的海床及其底土上自然资源的勘探与开发，丹麦将享有主权权利，参照 1966 年 6 月 11 日第 37 号行政命令（C 号法律报告）。在没有得到进一步的告示之前，该分界线亦作为丹麦根据与联邦德国于 1966 年 11 月 30 日签署的关于在丹麦捕鱼领域捕鱼权协议获取的捕鱼权在南部区域的分界线，参照 1968 年 2 月 12 日第 23 号行政命令（C 号法律报告）。

（3）在波罗的海与德国交界的水域（弗伦斯堡峡湾）的分界线受 1921 年 9 月 3 日签订的关于丹麦与德国划界议定书的规定管理，参照 1923 年 12 月 21 日第 497 号关于两国边界划分的行政命令（A 号法律报告）。边界线的绘制需要与德国磋商。

6. 第二条提到的基线以及第 1 条和 3—5 条提到的外领海的外部边界线

将由丹麦国家调查与地籍局绘制并以图表的方式向公众公开。

7. 行政命令中提到的坐标点清单将交存联合国秘书长处。所有坐标点使用了欧洲大地测量系统（WGS 84）。

8. 本行政命令将于1999年5月1日生效。

外交部，1999年4月24日
Niels Helveg Petersen

关于和平时期准许外国军舰和军用飞机进入丹麦领土的法令

丹麦女王玛格丽特二世在上帝的恩典下，在此宣布将如下法令公布于众：

第一部分 一般条款

1.（1）本法令适用于在和平状态下，准许外国军舰和军用飞机以及国家拥有的船舶和飞机进入丹麦领海。

（2）其他拥有或使用并且不是完全用于商业目的的外国船舶将与外国军舰同样适用于本法令的规定。

（3）为本法令之目的，"通过"一词系指国际法范畴内的无害通过。

（4）根据本法令，通过要求事前获得准许，而申请准许需要提前不少于10个工作日。通过也需要提前通知，通知至少应在拟定通过之日之前的3个工作日作出。

（5）国防部长可以采取本法令条款之外的措施。

2.（1）为本法令之目的，"丹麦领土"一词系指丹麦陆上领土和丹麦领水以及领土和领水的上覆领空。

（2）丹麦领水包括在任何给定的时间内有效相关条款确定的领海和内水。

第二部分 军 舰

3.（1）外国军舰在领水内停船或抛锚，必须通过外交渠道获得准许，因不可抗力或灾难的情形除外。

（2）同属一国的三艘以上军舰允许同时通过大贝尔特海峡、珊索海峡或松德海峡，但需要通过外交渠道事先通知。第一部分第1条第（2）款涉及的船舶不要求事先通知。

4.（1）通过外交渠道事先获得在内水通过或停留许可的军舰可以在内水通过或停留。

（2）Hollaenderdybet/Drogden和小贝尔特海峡的通过及与此有关的通过，允许以最短的航程通过菲英岛、恩讷莱沃岛和萨姆索岛之间的内水，但要求通过外交渠道事先通知丹方。

5.第3、4条提到的准许和通知对遇险的船只不需要。遇险的船只要发出国际遇险信号并在可能的情况下通过丹麦沿海台站通知丹麦海军当局。

6.……

（3）外国军舰在丹麦内水期间要悬挂其海军旗或国旗，但在港口时按传统的旗帜展示管控规则进行。

第三部分 军用飞机

7.（1）军用飞机在丹麦领土内着陆需要通过外交渠道事先获得准许。

（2）普通的国际民用航空组织在飞行前必须将飞行计划提交给丹麦航空管制组织，才能获准在丹麦领土上飞行和着陆。飞行或着陆需要根据国际民用航空组织制定的指导准则以及丹麦航空当局相对该准则所制定的规定进行。

（3）这一条款不适用于遇到危难的飞机或获得丹麦当局同意为人道主义目的飞行的飞机。

8.（1）军用飞机在没有获得特别准许的情况下不得在丹麦领土上开展科学或军事活动。

（2）军用飞机可以在固定装置上携带武器，但不能装有弹药。军用飞机允许携带没有装备胶卷、录像带、光盘或任何其他影像记录载体的照相设备。

外国军用飞机在丹麦领空不得使用满足飞机导航需求之外的电子设备。

第四部分　生　效

9.（1）该法令将于1999年5月1日生效。

（2）1976年2月27日第73号准许外国军舰和军用飞机和平时期进入丹麦领土的法令予以废除。

1999年4月16日颁布于阿美琳堡
皇家签名并盖章
Margrethe R.

关于法罗群岛领海划界法生效的法令
（2002年4月30日第240号法令）

丹麦女王玛格丽特二世受上帝的恩典，在此向世人宣告：

根据1999年4月7日第200号领海划界法第6条第（1）款，在此作出规定，以下列措词将该法延伸适用于法罗群岛：

1.（1）丹麦的领海即为外部和内部领水。

2.（1）外部领水覆盖了那些由第3条提到的在任何时候都适用的领海基线划定的向陆一侧海域和通过这样一种方式绘制的线段，即线段上的每一点到基线最近点的距离为12海里（22 224米）所划定的向海一侧的海域。

（2）在与海岸同丹麦王国海岸相向或相邻的国家划定领海分界线且双方之间的距离不足24海里时，在没有相反协议的情况下，外部领水的外部分界线不应超过中间线，且该分界线上的每一点至双方用于测量各自领海宽度基线的最近点的距离都相等，除非有特殊情形可以给出另一种划分的充足理由。

（3）外交部长将制定并颁布外领水的外部分界线和根据第（1）款用于

测量这一外部分界线的基线。

（4）在有特殊情况的水域，外交部长可以决定领海的外部分界线从基线量起可以少于12海里。

3.（1）内领水覆盖诸如港口、海港入口、锚地、海湾、水湾等位于第2条第（3）款提到的基线以里的水域。

4.（1）该法令将于2002年6月1日生效。

（2）从2002年6月1日起，1976年12月21日第599号关于法罗群岛领海划界的法令予以废除。

2002年4月30日颁布于阿美琳堡

皇家签名并盖章

Margrethe R.

修订《关于法罗群岛捕鱼领域的法令》的法令
（2002年4月30日第241号法令）

丹麦女王玛格丽特二世受上帝的恩典，在此向世人宣告：

1.1999年7月22日第615号法令对1976年12月21日第598号关于法罗群岛捕鱼区法令修订如下：

第2条条文表述如下：

根据第1条，用于测量捕鱼区界限的基线应与用于测量领海宽度的基线相同，并由外交部长根据对法罗群岛生效的领海划界法制定与颁布。

2.本法令将于2002年6月1日生效。

2002年4月30日颁布于阿美琳堡

皇家签名并盖章

MARGRETHE R.

/Per Stig Møller

关于法罗群岛领海划界的行政命令

（2002年5月16日第306号行政命令）

根据2002年4月30日第240号关于法罗群岛领海划界法生效的法令第2条第（3）款，制定以下规定：

1. 外部领水覆盖了那些由第2条提到的领海基线划定的向陆一侧海域和通过这样一种方式绘制的线段，即线段上的每一点到基线最近点的距离为12海里（22 224米）所划定的向海一侧的海域。分界线将复制在作为本行政令一览表的示意图上。

2. 根据第1条确定的外部领水的基线将为连接下列各点之间的岸线和直线：

（注：考虑到地名译成汉语之后，很难再翻译成对应的英文，为方便读者，保留了英文原文。）

1.　61°20′10″.85N　6°40′23″.77W　Dry rock SW of Sumbiarsteinur (the Munken)

从此点出发沿直线至

2.　61°28′32″.49N　6°52′28″.56W　W-most point of the islet of Fámara

从此点出发沿直线至

3.　62°05′45″.35N　7°41′35″.08W　W-most point of Knikarsboði, W of Mykines (Myggenæs) Lighthouse

从此点出发沿直线至

4.　62°05′47″.32N　7°41′30″.86W　NW-most point of islet between Knikarsboði and Breiðafles

从此点出发沿直线至

5.	62°05′51″.69N	7°41′21″.98W	W-most point of Breiðafles

从此点出发沿直线至

6.	62°18′15″.59N	7°13′08″.95W	W-most point of Skeiðið, NWofMýlingur

从此点出发沿岸线至

7.	62°18′17″.61N	7°12′59″.66W	NE-most point of Skeiðið

从此点出发沿直线至

8.	62°19′25″.00N	7°06′16″.52W	W-most point of Risin, N of Eiðiskollur

从此点出发沿岸线至

9.	62°19′27″.14N	7°06′05″.48W	N-most point of Risin

从此点出发沿直线至

10.	62°20′30″.46N	6°59′13″.88W	N-most point of Rivtangi

从此点出发沿直线至

修订 1996 年 6 月 24 日第 584 号
《关于丹麦专属经济区的行政命令》的行政命令
（2002 年 7 月 19 日）

通 发 照 会

外交部长荣幸地通知（各国）派驻丹麦使团的第一行政长官有关 2002 年 6 月 19 日第 613 号修订 1996 年 6 月 24 日第 584 号《关于丹麦专属经济

区行政命令》的行政命令,并于 1996 年 6 月 28 日散发给所有使团的负责人。

有关修正案的非官方英译本附在本照会后。修正案将于 2002 年 8 月 15 日生效。

哥本哈根,2002 年 8 月 5 日

第一条

以下是对 1996 年 6 月 24 日第 584 号《关于丹麦专属经济区的行政命令》的修订案文:

1. 第 1 条第(1)款,第二个句子将增加下列措辞:

有关基线的绘制,关于丹麦领海划界行政命令上载有参考的信息。

2. 第 1 条第(2)款予以删除。

第(3)款变为第(2)款。

3. 下列词句将在第 5 条后插入:

5a. 在博恩霍姆岛与波兰之间的区域,专属经济区的分界线将通过与波兰签署协议的方式确定。直到这一协议签订后,分界线将从与瑞典和波兰签署协议那一点划起,参照第 5 条第(4)款,至与波兰和德国签订协议的那一点,参照第 6 条第(1)款,该分界线上的每一点至各国海岸基线最近点的距离都是相等的。

第二条

本行政命令将于 2002 年 8 月 15 日生效。

外交部长,2002 年 7 月 19 日
Per Stig Møller

修订 1999 年 4 月 21 日第 242 号
《关于丹麦领海划界的行政命令》的行政命令
（2003 年 7 月 18 日第 680 号行政命令）

致派驻丹麦使团长官的通发照会

外交部长荣幸地通知各国派驻丹麦使团长官有关 2003 年 7 月 18 日第 680 号修订 1999 年 4 月 21 日第 242 号关于公布丹麦基线及领海外部界线坐标点行政命令的行政命令生效。新公布的坐标点在技术上有了较大改进，更精确地反映了相关点在地理上的位置。

有关修正案的非官方英译本附在本照会后。

哥本哈根，2003 年 8 月 12 日

第一部分

1999 年 4 月 21 日第 242 号《关于丹麦领海划界的行政命令》作如下修订：

1. 第 2 条文字表述如下——

2. 根据第 1 条，基于外领水测量的基线将为下列各点之间显示的岸线和直线大地测线：

日德兰半岛 – 菲英岛

1.　　55°04′.104N　　8°23′.297E　　丹麦 – 德国海上边界
从此点出发沿直线至

2.　　55°19′.743N　　8°24′.873E　　Fanø S
从此点出发沿直线至

3.　　55°28′.664N　　8°17′.221E　　Skallingen W
从此点出发沿岸线至

4.	55°59′.924N	8°06′.862E	Hvide Sande S

从此点出发沿直线至

5.	55°59′.932N	8°06′.540E	Hvide Sande N

从此点出发沿岸线至

6.	56°22′.310N	8°06′.934E	Thorsminde S

从此点出发沿直线至

7.	56°22′.355N	8°06′.801E	Thorsminde W

从此点出发沿岸线至

8.	56°42′.636N	8°12′.694E	Harboøre Tange NW

从此点出发沿直线至

9.	56°43′.306N	8°12′.726E	Agger Tange W

从此点出发沿岸线至

10.	57°44′.634N	10°38′.836	Grenen

从此点出发沿直线至

11.	57°29′.135N	10°37′.648E	Hirsholmene E

从此点出发沿岸线至

12.	57°28′.895N	10°37′.644E	Hirsholmene S

从此点出发沿直线至

13.	57°13′.617N	10°32′.830E	Stensnæs N

从此点出发沿岸线至

14.	57°13′.388N	10°32′.711E	Stensnæs S

从此点出发沿直线至

15.	56°56′.853N	10°18′.990E	Islet of Korsholm

从此点出发沿直线至

16.	56°54′.352N	10°16′.146E	Dokkedal

从此点出发沿岸线至

17.	56°42′.484N	10°19′.957E	Als Odde

从此点出发沿直线至

18.	56°42′.085N	10°20′.320E	Dæmning N

从此点出发沿岸线至

19.	56°39′.717N	10°21′.794E	Dæmning S

从此点出发沿直线至

20.	56°33′.748N	10°21′.600E	Ingerslev Å

从此点出发沿岸线至

21.	56°17′.996N	10°51′.813E	Glatved Strand

从此点出发沿直线至

22.	56°08′.031N	10°48′.669E	Hjelm E

从此点出发沿直线至

23.	55°56′.044N	10°47′.605E	Bosseme E

从此点出发沿直线至

24.	55°51′.991N	10°40′.493E	Stålhøj Hage

从此点出发沿岸线至

25.	55°45′.939N	10°37′.327E	Lushage

从此点出发沿直线至

26.	55°37′.174N	10°37′.067E	Fyns Hoved E

从此点出发沿岸线至

27.	55°28′.615N	10°44′.857E	Stavreshoved

从此点出发沿直线至

28.	55°24′.926N	10°43′.526E	Risinge Hoved

从此点出发沿岸线至

29.	55°17′.594N	10°51′.362E	Knudshoved

从此点出发沿直线至

30.	55′09′.884N	10°56′.400E	Langeland N

从此点出发沿岸线至

31.	54°43′.426N	10°41′.164E	Gulstav Klint

从此点出发沿直线至

32.	54°48′.978N	10°25′.439E	Vejsnæs Nakke

从此点出发沿岸线至

33.	54°55′.149N	10°14′.782E	Vitsø S

从此点出发沿直线至

34.　54°52′.403N　　10°03′.872E　　Pølshuk
从此点出发沿岸线至

35.　54°51′.141N　　9°59′.260E　　Kegnæs
从此点出发沿直线至

36.　54°49′.160N　　9°56′.440E　　丹麦 – 德国海上边界

西兰岛和西兰岛南部岛屿

37.　55°44′.604N　　10°52′.098E　　Røsnæs
从此点出发沿直线至

38.　55°55′.169N　　11°04′.738E　　Sejerø N
从此点出发沿直线至

39.　56°04′.210N　　11°13′.299E　　Sjællands Rev redningsbåke
从此点出发沿直线至

40.　56°12′.312N　　11°40′.551E　　Hesselø NW reef
从此点出发沿直线至

41.　56°07′.790N　　12°18′.652E　　Gilleleje W.-Pier
从此点出发沿岸线至

42.　56°03′.114N　　12°35′.540E　　Kronborg NW
从此点出发沿直线至

43.　56°03′.114N　　12°37′.045E　　In the sea
从此点出发沿直线至

44.	56°02′.598N	12°37′.745E	In the sea
从此点出发沿直线至			
45.	56°01′.698N	12°37′.749E	In the sea
从此点出发沿直线至			
46.	56°00′.965N	12°36′.695E	In the sea
从此点出发沿直线至			
47.	56°00′.957N	12°36′.001E	Snekkersten NE
从此点出发沿岸线至			
48.	55°47′.246N	12°35′.813E	Taarbæk Harbour
从此点出发沿直线至			
49.	55°47′.078N	12°40′.263E	Taarbæk reef
从此点出发沿直线至			
50.	55°41′.915N	12°50′.747E	In the sea
从此点出发沿直线至			
51.	55°40′.210N	12°46′.560E	Islet off Saltholm
从此点出发沿直线至			
52.	55°37′.245N	12°48′.909E	Svaneklapper N
从此点出发沿直线至			
53.	55°36′.858N	12°49′.061E	Svaneklapper S
从此点出发沿直线至			

54.	55°36′.047N	12°49′.356E	Søndre Flint
从此点出发沿直线至			
55.	55°35′.326N	12°46′.618E	Peberholm
从此点出发沿直线至			
56.	55°32′.180N	12°42′.697E	Drogden Light
从此点出发沿直线至			
57.	55°30′.930N	12°35′.530E	In the sea
从此点出发沿直线至			
58.	55°19′.808N	12°27′.298E	Mandehoved
从此点出发沿岸线至			
59.	55°17′.419N	12°27′.284	EStevns
从此点出发沿直线至			
60.	55°00′.467N	12°31′.309E	Hellehavn Nakke
从此点出发沿岸线至			
61.	54°56′.697N	12°32′.242E	Møn Lighthouse SW
从此点出发沿直线至			
62.	54°50′.031N	12°09′.940E	Hestehoved
从此点出发沿直线至			
63.	54°33′.759N	11°58′.390E	Gedser Odde NE
从此点出发沿岸线至			

| 64. | 54°33′.549N | 11°58′.150E | Gedser Odde S |

从此点出发沿直线至

| 65. | 54°33′.718N | 11°52′.231E | Rodsand S |

从此点出发沿直线至

| 66. | 54°35′.655N | 11°30′.313E | Hyllekrog |

从此点出发沿岸线至

| 67. | 54°50′.230N | 10°57′.914E | Albuen |

从此点出发沿直线至

| 68. | 54°53′.329N | 11°00′.936E | Tårs NW |

从此点出发沿岸线至

| 69. | 54°55′.094N | 11°02′.095E | Korsnakke |

从此点出发沿岸线至

| 70. | 55°09′.588N | 11°07′.990E | Omø W |

从此点出发沿直线至

| 71. | 55°20′.817N | 11°05′.548E | Halsskov |

从此点出发沿直线至

| 72. | 55°28′.439N | 11°04′.357E | Musholm SW |

从此点出发沿直线至

| 73. | 55°30′.905N | 11°04′.825E | Reersø SW |

从此点出发沿直线至

74. 55°39′.808N   10°56′.005E   Asnæs
从此点出发沿直线至

37. 55°44′.604N   10°52′.098E   Røsnæs

莱斯岛

75. 57°21′.874N   10°55′.979E   Nordre Ronner N
从此点出发沿直线至

76. 57°19′.418N   11′11′.791E   Syrodde
从此点出发沿岸线至

77. 57°17′.097N   11°11′.621E   Bløden Hale
从此点出发沿直线至

78. 57°12′.328N   11°02′.226E   Hornfiskrøn SE
从此点出发沿岸线至

79. 57°11′989N   10°59′.735E   Hornfiskrøn SW
从此点出发沿直线至

80. 57°12′.640N   10°57′.318E   Als Dyb Holme
从此点出发沿直线至

81. 57°4′.234N   10°53′.666E   Stokken S
从此点出发沿岸线至

82. 57°15′.930N   10°5l′.415E   Stokken N
从此点出发沿直线至

83.	57°21′.287N	10°54′.085E	Borfeld

从此点出发沿直线至

84.	57°21′.695N	10°55′.354E	Nordre Rønner NW

从此点出发沿直线至

75.	57°21′.874N	10°55′.979E	Nordre Rønner N

克里斯蒂安岛

85.	55°19′.848N	15°10′.490E	Tat N

从此点出发沿直线至

86.	55°19′.424N	15°11′.438E	Rock N of Christiansø

从此点出发沿直线至

87.	55°19′.391N	15°11′.491E	Christiansø NE

从此点出发沿直线至

88.	55°19′.123N	15°11′.845E	Osterskær NE

从此点出发沿直线至

89.	55°19′.094N	15°11′.842E	Osterskær SE

从此点出发沿直线至

90.	55°19′.070N	15°11′.804E	Osterskær SW

从此点出发沿直线至

91.	55°19′.036N	15°11′.361E	Christiansø S

从此点出发沿岸线至

| 92. | 55°19′.041N | 15°11′.274E | Christiansø SW |

从此点出发沿直线至

| 93. | 55°19′.390N | 15°10′.521E | Græsholm SW |

从此点出发沿直线至

| 94. | 55°19′.473N | 15°10′.455E | Græsholm W |

从此点出发沿直线至

| 95. | 55°19′.760N | 15°10′.430E | Rock SW of Tat |

从此点出发沿直线至

| 96. | 55°19′.796N | 15°10′.432E | Rock W of Tat |

从此点出发沿直线至

| 97. | 55°19′.819N | 15°10′.439E | Tat W |

从此点出发沿岸线至

| 85. | 55°19′.848N | 15°10′.490E | Tat N |

博恩霍姆岛
海岸线
安霍尔特岛
海岸线

2. 第 3 条文字表述如下：
3.（1）在斯卡恩和瑞典之间的斯卡格拉克海峡北部及卡特加特海峡领海的外部边界线应为在下列各点之间绘制的直线大地测线：

点序	纬度	经度
1	57°56′.627N	10°43′.302E
2	57°47′.070N	10°58′.518E
3	57°44′.159N	11°01′.213E

（2）在莱斯岛和瑞典之间的水域，领海的外部边界线应为在下列各点之间绘制的直线大地测线：

点序	纬度	经度
4	57°31′.666N	11°13′.178E
5	57°25′.688N	11°18′.858E
6.	57°11′.085N	11°30′.734E

（3）在安霍尔特岛与瑞典之间的水域，领海的外部边界线应为在下列各点之间绘制的直线大地测线：

点序	纬度	经度
7	56°56′.069N	11°42′.802E
8	56°45′.267N	11°50′.758E
9	56°35′.452N	11°54′.747E

（4）在西兰岛与瑞典之间的卡特加特海峡，领海的外部界线应为在下列各点之间绘制的直线大地测线：

点序	纬度	经度
10	56°22′.308N	11°59′.715E
11	56°16′.917N	12°01′.987E
12	56°11′.045N	12°20′.493E
13	56°12′.878N	12°22′.103E

（5）在珊索海峡和大贝尔特海峡北部地区，领海的外部边界线应为在下列各点之间绘制的直线大地测线：

点序	纬度	经度
14	56°18′.602N	11°15′.985E
15	55°55′.800N	10°53′.000E
16	55°54′.800N	10°52′.600E
17	55°54′.250N	10°51′.800E
18	55°50′.300N	10°45′.000E
19	55°48′.700N	10°43′.800E
20	55°46′.800N	10°43′.700E
21	55°45′.500N	10°42′.533E
22	55°39′.700N	10°42°.400E
23	55°42′.500N	10°48′.000E
24	55°44′.000N	10°46′.917E
25	55°45′.000N	10°46′.800E
26	55°46.333N	10°47′.600E
27	55°56′.500N	11°00′.000E
28	56°05′.800N	11°08′.900E
29	56°06′.700N	11°10′.300E
30	56°08′.200N	11°15′.167E
31	56°22′.858N	11°30′.344E

（6）在西兰岛与瑞典之间的波罗的海，领海的外部边界线应为在下列各点之间绘制的直线大地测线：

点序	纬度	经度
32	55°20′.200N	12°38′.448E
33	55°19′.500N	12°35′.400E
34	55°13′.400N	12°36′.200E
35	55°08′.300N	12°43′.350E
36	55°06′.718N	12°50′.912E

（7）在波罗的海的西部包括大贝尔特海峡和小贝尔特海峡的南部，领海的外部边界线应为在下列各点之间绘制的直线大地测线：

点序	纬度	经度
37	54°49′.006N	12°48′.261E
38	54°48′.300N	12°41′.600E
39	54°37′.600N	12°141.400E
40	54°36′.400N	12°13′.000E
41	54°31′.500N	12°09′.700E
42	54°28′.100N	12°08′.700E
43	54°27′.300N	12°03′.800E
44	54°27′.300N	12°00′.000E
45	54°27′.100N	11°47′.700E
46	54°33′.250N	11°26′.800E
47	54°35′.400N	11°21′.800E
48	54°36′.400N	11°17′.800E
49	54°38′.050N	11°15′.300E
50	54°39′.800N	11°08′.000E
51	54°40′.400N	11°00′.000E
52	54°42′.500N	10°54′.300E
53	54°45′.350N	10°54′.000E
54	54°44′.833N	10°49′.700E
55	54°43′.500N	10°49′.000E
56	54°42′.000N	10°47′.300E
57	54°41′.100N	10°45′.500E
58	54°40′.400N	10°45′.250E

续表

点序	纬度	经度
59	54°38′.550N	10°49′.500E
60	54°34′.600N	10°42′.900E
61	54°34′.467N	10°40′.200E
62	54°38′.667N	10°25′.200E
63	54°44′.000N	10°19′.250E
64	54°46′.750N	10°16′.250E
65	54°48′.800N	10°15′.000E
66	54°50′.700N	10°15′.000E
67	54°51′.200N	10°12′.000E
68	54°45′.567N	10°12′.000E

第 68 点将在与德国磋商后确定。

（8）在博恩霍姆岛与瑞典之间的波罗的海，领海的外部边界线应为在下列各点之间绘制的直线大地测线：

点序	纬度	经度
69	55°08′.634N	14°20′.586E
70	55°16′.800N	14°31′.593E
71	55°29′.613N	14°51′.194E

第二部分

本行政命令将于 2003 年 8 月 15 日生效。

外交部，2003 年 7 月 18 日

Per Stig Møller

关于格陵兰岛专属经济区法生效的皇家法令
（2004 年 10 月 15 日）

丹麦女王玛格丽特二世受上帝的恩典，在此向世人宣告：

根据 1996 年 5 月 22 日第 411 号关于专属经济区法案第五部分，在此规定：

第一部分

本法适用于格陵兰岛。

第二部分

本皇家法令将于 2004 年 11 月 1 日生效。

2004 年 10 月 15 日宣布于阿美琳堡

皇家签字并盖章

MARGRETHER.

/Per Stig Møller

修订《关于格陵兰岛领海划界的皇家法令》的皇家法令
（2004 年 10 月 15 日）

丹麦女王玛格丽特二世受上帝的恩典，在此向世人宣告：

第一部分

根据1991年9月6日第636号皇家法令修订的1963年5月27日第191号《关于格陵兰岛领海划界的皇家法令》，将作出如下修订：

1. 在第二部分，第1点至第285点将由下列各点代替：

（注：考虑到地名译成汉语之后，很难再翻译成对应的英文，为方便读者，保留了英文原文。）

格陵兰岛基点

点序	地点	位置 （度、分、秒）
1	The island Uummannaq south of Kap Farvel	59°42′.897N 44°01′.206W
2	Southern most island in the archipelago Sydlige Kitsissut	59°50′.604N 44°59′.200W
3	The island Naujat in the archipelago Nordlige Kitsissut	59°58′.623N 45°21′.708W
4	Island south of Qeqertat	60°34′.619N 47°34′.645W
5	Island by Ydre Kitsissut	60°42′.868N 48°24′.272W
6	Island by Ydre Kitsissut	60°43′.347N 48°26′.297W
7	Island by Ydre Kitsissut	60°44′.900N 48°29′.246W
8	Island by Ydre Kitsissut	60°45′.652N 48°29′.772W
9	Southwestern most point of Sermersuut Uummannaarsuat	61°14′.564N 48°57′.088W
10	Southwestern most point of Qiioqi west of Anarsivik	61°31′.358N 49°22′.560W
11	Westernmost pnt.of Qajaarserfik west of Frederikshåbs Umanak	61°44′.894N 49°37′.090W
12	Westernmost point of Varde Ø west of Frederikshåb	61°55′.875N 49°48′.622W
13	Southwesternmost point of Ikermiut west of Frederikshåb Isblink	62°23′.181N 50°15′.731W
14	Small island west of Tulugartalik	62°28′.247N 50°21′.346W
15	Southwesternmost point of the south island in Killiit west of Ravns Storø	62°42′.261N 50°33′.392W

续表

点序	地点	位置（度、分、秒）
16	Southwesternmost point of the southernmost island of Hellefiskeøer	63°02'.007N 50°59'.665W
17	Southwestern most point of the island Killiit	63°08'.177N 51°09'.957W
18	Northwesternmost point of the island Killiit	63°08'.302N 51°10'.075W
19	Island south of Saneraa	63°23'.557N 51°22'.422W
20	Southernmost island in the archipelago Kook Øer	63°59'.543N 52°10'.980W
21	Westernmost island in the archipelago Kook Øer	64°00'.044N 52°11'.467W
22	Island west of the archipelago Satsissut	64°24'.722N 52°20'.267W
23	Island west of the archipelago Satsissut	64°25'.087N 52°20'.323W
24	Westernmost point of Avallerpaarsuaq in Siorarliit	65°30'.355N 53°15'.594W
25	Westernmost point of Qerrulik west of Simiutaq	66°03'.583N 53°40'.161W
26	Westernmost point of island west of Inussulinnguaq	66°04'.557N 53°40'.930W
27	The island Ikerasattuut west of Kangerluarsussuaq	66°13'.398N 53°47'.818W
28	Westernmost point of the island Ikarlussuaq	66°25'.768N 53°55'.157W
29	Southwesternmost point of the archipelago Qassit	66°59'.464N 54°07'.724W
30	Westernmost point of the archipelago Qassit	66°59'.572N 54°07'.745W
31	Westernmost point of the island Kitsissut	67°47'.152N 53°58'.236W
32	Northwesternmost point of the island Kitsissut	67°47'.208N 53°58'.227W
33	Westernmost point of the island Kitdliat	68°16'.880N 53°45'.514W
34	Southwesternmost point of Disko by Blåfjeld	69°22'.230N 54°13'.791W
35	Point south of Nordre Laksebugt of Disko	69°36',032N 54°48'.111W
36	Point by Nordre Laksebugt of Disko	69°36'.577N 54°49'.309W
37	Point north of Nordre Laksebugt of Disko	69°41'.159N 54°57'.465W
38	Westernmost point of Disko	69°42'.534N 54°58'.657W
39	Point north of Mellemfjord by Jernpynten	69°49'.905N 54°55'.505W
40	Westernmost point of Hareøen	70°26'.506N 55°02'.541W
41	Southwesternmost point by Qinnivik	71°28'.256N 55°30'.547W

续表

点序	地点	位置 （度、分、秒）
42	Westernmost point of Svartenhuk north of Svartenhavn	71°40′.986N 55°51′.188W
43	Northwesternmost point of Svartenhuk	71°41′.324N 55°51′.581W
44	Dark Head on Tukingasoq	72°08′.388N 56°02′.322W
45	Westernmost island of Smaalandene	72°46′.227N 56°37′.814W
46	Westernmost island of Kingittortallit	73°02′.028N 56°55′.698W
47	Southernmost island of Edderfugleøerne	74°01′.407N 57°50′.193W
48	Mid-island of Edderfugleøerne	74°02′.257N 57°50′.709W
49	Westernmost point of Qulleqof Ryders Øer	74°39′.905N 57°57′.533W
50	Westernmost point of Sabine Øer	75°29′.526N 60°13′.361W
51	Southernmost point of Bushnan Ø	75°57′.225N 65°01′.378W
52	Easternmost point of Kap York	75°54′.597N 66°25′.148W
53	Westernmost point of Kap York	75°54′.389N 66°30′.180W
54	Southwesternmost point of Conical Rock	76°04′.603N 68°42′.229W
55	Southwesternmost point of Wolstenholme Ø	76°24′.620N 70°06′.844W
56	Westernmost point of Wolstenholme Ø	76°25′.994N 70°12′.054W
57	Kap Parry	77°00′.169N 71°20′.769W
58	Southwesternmost point of Hakluyt Ø	77°26′.049N 72°44′.728W
59	Northwesternmost point of Hakluyt Ø	77°26′.575N 72°45′.557W
60	Kap Alexander	78°10′.184N 73°01′.618W
61	Southernmost point of Littleton Ø	78°22′.010N 72°53′.991W
62	Northernmost point of Littleton Ø	78°22′.320N 72°53′.309W
63	Cairn Pynt	78°30′.415N 72°28′.508W
64	Kingmissulik Pynt	78°31′.405N 72°25′.384W
65	Kap Inglefield	78°33′.004N 72°08′.714W
66	Kap Ingersoll	78°37′.505N 71°26′.782W
67	Kap Leipner	78°41′.919N 70°36′.238W

续表

点序	地点	位置（度、分、秒）
68	Kap Taney	78°46′.404N 70°01′.264W
69	Point 3 nautical mile snortheast of Kap Taney	78°47′.940N 69°51′.366W
70	Point 3 nautical miles northeast of Kap Russell	78°57′.398N 69°03′.575W
71	Point 2 nautical miles west of thenorthernmost point of Dallas Bugt	79°03′.680N 68°19′.594W
72	Kap Jackson	80°03′.512N 67°01′.936W
73	Kap Madison	80°10′.696N 67°26′.887W
74	Point 1 nautical mile north of Kap Madison	80°11′.585N 67°27′.801W
75	Kap Hamilton	80°19′.674N 67°29′.552W
76	Kap Jefferson	80°20′.938N 67°28′.254W
77	Westernmost point of Crozier Ø	80°30′.039N 67°17′.289W
78	Westernmost point of Franklin Ø	80°40′.448N 66°58′.285W
79	Kap Ulrich	80°58′.503N 64°53′.650W
80	Kap Bryan	81°07′.183N 64°03′.281W
81	Westernmost point of Joe Ø	81°15′.038N 63°34′.333W
82	Kap Porter	81°46′.153N 61°52′.603W
83	Kap Sumner	81°54′.645N 60°46′.049W
84	Kap Brevoort	81°58′.909N 60°17′.294W
85	Point 2 nautical miles west of Kap Stanton	82°11′.784N 57°30′.717W
86	Point on the western part of Franfield Bugt	82°14′.700N 56°43′.989W
87	Point 3 nautical miles west of Kap Bryant	82°19′.133N 55°37′.242W
88	Kap Bryant	82°20′.234N 55°14′.984W
89	Northernmost point of Beamount Ø	82°45′.346N 50°47′.051W
90	Northernmost point of JohnMurray Ø	82°50′.190N 49°03′.203W
91	Kap Benét	82°59′.816N 47°16′.698W
92	Kap Payer	83°05′.275N 46°15′.167W
93	Kap Ramsay	83°10′.915N 44°53′.891W

续表

点序	地点	位置（度、分、秒）
94	Kap Wijkander	83°12′.809N 44°19′.540W
95	Kap Daugaard-Jensen	83°13′.948N 43°50′.893W
96	Kap Kane	83°26′.584N 39°46′.848W
97	Point 2 nautical miles west of Kap Washington	83°32′.224N 38°46′.754W
98	Kap Washington	83°32′.689N 38°40′.100W
99	Point 6 nautical miles east of Kap Cannon	83°36′.120N 36°56′.906W
100	Kap Christian IV	83°37′.639N 35°36′.231W
101	Kap Ebbe Munck	83°39′.503N 33°52′.807W
102	Kap Morris Jesup	83°39′.607N 33°23′.625W
103	Oodaaq Ø	83°40′.534N 30°40′.097W
104	Kap J.P.Koch	83°33′.955N 27°44′.597W
105	Kap Ole Chievitz	83°23′.686N 25°26′.317W
106	Kap John Flagler	83°14′.571N 24°30′.478W
107	Kap Erik Bunch	82°50′.651N 21°26′.150W
108	Kap Eiler Rasmussen	82°35′.528N 19°47′.495W
109	Northernmost point of Prinsesse Margrethe Ø	82°08′.767N 17°54′.583W
110	Kap Prins Knud	81°44′.647N 13°28′.392W
111	Island by Nordostrundingen	81°24′.200N 11°34′.419W
112	Island by Nordostrundingen	81°22′.126N 11°21′.552W
113	Point of Nordostrundingen	81°19′.067N 11°30′.862W
114	Northeasternmost point of Kilen	81°07′.372N 12°33′.188W
115	Southwesternmost point of Kilen	81°00′.382N 13°14′.514W
116	Easternmost point of Henrik Kröyer Holme	80°38′.372N 13°35′.415W
117	Southernmost point of the east island of Henrik Kröyer Holme	80°37′.119N 13°44′.229W
118	Eskimonæs	80°25′.103N 15°40′.835W

续表

点序	地点	位置（度、分、秒）
119	Southernmost point of Mallemukfjeld	80°13′.679N 16°19′.923W
120	Point 3 nautical miles south of Kap H.N.Andersen	79°56′.029N 17°20′.040W
121	Kap Anna Bistrup	79°41′.682N 17°59′.562W
122	Island east of Kap Nansen	79°10′.276N 17°37′.795W
123	Northeasternmost point of Norske Øer	79°08′.033N 17°35′.741W
124	Southeasternmost point of Norske Øer	79°01′.645N 17°37′.496W
125	Easternmost point of Franske Øer	78°45′.642N 17°56′.276W
126	Kap Montpensier	77°51′.647N 17°36′.128W
127	Kap Philippe	77°37′.188N 17°41′.655W
128	Thomas Thomsen Næs	77°13′.762N 18°13′.735W
129	Syttenkilometernæsset	76°49′.156N 18°17′.001W
130	Kap Udkiggen	76°43′.379N 18°24′.877W
131	Easternmost point of Maroussia Ø	76°39′.545N 18°30′.448W
132	Kap Christian	76°36′.575N 18°34′.637W
133	Point on Store Koldewey east of Berg Fjord	76°30′.895N 18°43′.771W
134	Point 3 nautical miles north of Kap AlfTrolle	75°59′.332N 18°27′.281W
135	Point 2 nautical miles south of Kap Børgen	75°24′.674N 18°00′.387W
136	Point 2 nautical miles south east of Kap Pansch	75°08′.626N 17°19′.024W
137	Southeasternmost point of Shannon Ø	75°00′.583N 17°22′.397W
138	Point 1.5 nautical miles north of Kap Philip Broke	74°57′.218N 17°31′.221W
139	Southeasternmost point of Lille Pendulum	74°36′.723N 18°22′.524W
140	Easternmost point of Clark Bjerg	74°20′.566N 19°11′.073W
141	Kap Borlase Warren	74°15′.964N 19°22′.188W
142	Easternmost point of Arundel Ø	73°45′.819N 20°03′.467W
143	Point 1 nautical mile south of Kap Broer Ruys	73°30′.509N 20°23′.034W
144	Point 3 nautical miles south west of Kap Broer Ruys	73°28′.959N 20°25′.091W

续表

点序	地点	位置（度、分、秒）
145	Easternmost point of Bontekoe Ø	73°07′.261N 21°12′.150W
146	Easternmost point of Franklin Ø	72°38′.903N 21°40′.106W
147	Easternmost point of the island Rockby Kap Young	72°16′.141N 22°00′.301W
148	Easternmost point of Murray Ø	71°32′.365N 21°39′.733W
149	Kap Topham	71°19′.834N 21°37′.939W
150	Northeasternmost point of Rathbone Ø	70°40′.245N 21°23′.046W
151	Southeasternmost point of Rathbone Ø	70°39′.890N 21°23′.039W
152	Point 1 nautical mile south of Kap Hodgson	70°32′.280N 21°28′.866W
153	Kap Lister	70°29′.560N 21°32′.494W
154	Point 1 nautical mile south of Kap Brewster	70°07′.402N 22°03′.933W
155	Point 1 nautical mile north of Kap Russel	69°59′.640N 22°19′.304W
156	Easternmost point of Turner Ø	69°40′.886N 23°11′.628W
157	Southernmost point of Turner Ø	69°38′.857N 23°17′.695W
158	Kap Dalton	69°24′.666N 24°04′.422W
159	Kap Beaupré	68°52′.215N 25°43′.661W
160	Kap Tupinier	68°42′.003N 26°25′.777W
161	Kap Vedel	68°29′.723N 27°39′.009W
162	Kap Nansen	68°13′.867N 29°25′.041W
163	Nunap Isua	68°07′.632N 30°09′.187W
164	Kap I.C. Jacobsen	68°04′.956N 30°30′.885W
165	Southeasternmost point of the island Pattuulaajivit	67°36′.167N 32°29′.720W
166	Easternmost point of Lille Tindholmof Nytaarsøerne	66°55′.085N 33°35′.857W
167	Island east of Kap S.M.Jørgensen	66°45′.446N 33°47′.223W
168	Easternmost point of the island Nanertalik north of Kap Gustav Holm	66°35′.353N 34°11′.671W

续表

点序	地点	位置（度、分、秒）
169	Easternmost point of peninsula north of Wahl Fjord	66°21′.985N 34°41′.248W
170	Easternmost point of peninsula south of Wahl Fjord	66°19′.951N 34°46′.206W
171	Easternmost point of the island Uigertertivit	65°44′.844N 36°08′.680W
172	Easternmost island in the archipelago Kitsissit Oqqorsiit	65°33′.383N 36°39′.277W
173	Small island south east of Kap Dan	65°29′.535N 37°03′.699W
174	Point by Aflandshage on the island Qeertartiip Saaliaqitaa	64°59′.713N 39°43′.533W
175	Easternmost point of the island Umiiviitaaby Gerners Ø	64°20′.146N 40°12′.031W
176	Kap Møsting	63°41′.462N 40°30′.671W
177	Northeasternmost point of Qeertartivaq	63°32′.494N 40°38′.872W
178	Southeasternmost point of Qeertartivaq	63°31′.857N 40°39′.975W
179	Kap Skjold	63°06′.442N 41°11′.352W
180	Southeasternmost point of Griffenfeld Ø	62°52′.218N 41°33′.339W
181	Easternmost point of the island Uummannaarsuk	61°48′.897N 42°03′.961W
182	Easternmost point of the island Qulleq	61°32′.522N 42°13′.351W
183	Island east of Kap Discord	60°53′.394N 42°36′.286W
184	Island east of Aluk Avalleq	60°09′.448N 42°58′.479W
185	Island east of Qassit Avalequtaa	60°01′.745N 43°02′.341W
186	Northernmost point of island off Qassit	60°01′.239N 43°02′.675W
187	Southernmost point of island off Qassit	60°00′.984N 43°02′.895W
188	Easternmost point of southern island east of Kap Hoppe	59°55′.228N 43°10′.626W
189	Southernmost point of island south of Avallersuaq	59°48′.545N 43°35′.256W
190	Southeasternmost point of island east of Kap Farvel	59°45′.298N 43°46′.997W
1	The island Uummannaq south of Kap Farvel	59°42′.897N 44°01′.206W

环格陵兰岛基线，除下列各点之间外，由直线大地测线确定，下列各点之间的基线是由岸线确定的：

42–43,52–53,55–56,58–59,64–65,70–71,75–76,82–83,84–85,97–98,104–105,107–108,110–111,113–114,118–119,120–121,123–124,126–127,128–129,133–134,136–137,143–144,152–153,154–155,156–157.

环 Carey Øer 基点

点序	地点	位置（度、分、秒）
191	Southernmost point of Björlings Ø	76°41′.989N 72°31′.235W
192	Southernmost point of Hollænderhatten	76°40′.655N 72°52′.848W
193	Southernmost point of Fireø	76°40′.682N 73°02′.168W
194	Point on Fireø	76°40′.728N 73°03′.871W
195	Southwesternmost point of Fireø	76°40′.974N 73°05′.524W
196	Island off Nordvestø	76°43′.329N 73°14′.247W
197	Island west of Nordvestø	76°43′.988N 73°15′.309W
198	Northwesternmost point of Nordvestø	76°44′.328N 73°15′.132W
199	Island north of Nordvestø	76°44′.656N 73°14′.884W
200	Island north of Nordvestø	76°44′.721N 73°14′.692W
201	Island north of Nordvestø	76°44′.829N 73°14′.012W
202	Island northeast of Nordvestø	76°45′.126N 73°06′.360W
203	Northernmost point of Bordø	76°44′.646N 72°49′.896W
204	Small island northeast of Bordø	76°44′.441N 72°46′.131W
205	Northeasternmost point of Björlings Ø	76°43′.002N 72°32′.592W
206	Point on Björlings Ø	76°42′.890N 72°31′.521W
207	Point on Björlings Ø	76°42′.747N 72°30′.749W
208	Point on Björlings Ø	76°42′.463N 72°29′.768W
209	Point on Björlings Ø	76°42′.334N 72°29′.910W
191	Southernmost point of BjörlingsØ	76°41′.989N 72°31′.235W

环 Carey Øer 基线为直线大地测线，所有坐标由 1984 世界大地测量系统（WGS 84）确定。

第二部分

该皇家法令将于 2004 年 11 月 1 日生效。

2004 年 10 月 15 日宣布于阿美琳堡
皇家签字并盖章
MARGRETHE R.
/Per Stig Møller

格陵兰岛专属经济区行政命令
（2004 年 10 月 20 日）

根据 1996 年 5 月 22 日第 411 号关于宣布 2004 年 10 月 15 日第 1005 号皇家法令对格陵兰岛生效的专属经济区法案第 2 条第（2）款，在此规定如下：

1. 格陵兰岛专属经济区由其领海外部并与领海连接的从任何时候适用的基线量起扩展距离至 200 海里的水域构成。关于基线的路线，请参考 2004 年 10 月 15 日第 1004 号关于修订格陵兰岛领海划界法令的皇家法令。

（2）格陵兰岛专属经济区相对其他国家的划分将按照第 2 至 4 条中的规定进行。分界线标注在所附的草图上。

2. 格陵兰岛专属经济区相对加拿大上至 75°N 区域（该国的海岸与格陵兰岛海岸相向且之间距离不足 400 海里）的划分应按照下列各点之间一系列的大地测线进行：

点序	位置 （度、分、秒）	点序	位置 （度、分、秒）
1	61°00′.0N 57°13′.1W	50	68°16′.1N 58°34′.1W
2	62°00′.5N 57°21′.1W	51	68°21′.7N 58°39′.0W
3	62°02′.3N 57°21′.8W	52	68°25′.3N 58°42′.4W
4	62°03′.5N 57°22′.2W	53	68°32′.9N 59°01′.8W
5	62°11′.5N 57°25′.4W	54	68°34′.0N 59°04′.6W
6	62°47′.2N 57°41′.0W	55	68°37′.9N 59°14′.3W
7	63°22′.8N 57°57′.4W	56	68°38′.0N 59°14′.6W
8	63°28′.6N 57°59′.7W	57	68°56′.8N 60°02′.4W
9	63°35′.0N 58°02′.0W	58	69°00′.8N 60°09′.0W
10	63°37′.2N 58°01′.2W	59	69°06′.8N 60°18′.5W
11	63°44′.1N 57°58′.8W	60	69°10′.3N 60°23′.8W
12	63°50′.1N 57°57′.2W	61	69°12′.8N 60°27′.5W
13	63°52′.6N 57°56′.6W	62	69°29′.4N 60°51′.6W
14	63°57′.4N 57°53′.5W	63	69°49′.8N 60°58′.2W
15	64°04′.3N 57°49′.1W	64	69°55′.3N 60°59′.6W
16	64°12′.2N 57°48′.2W	65	69°55′.8N 61°00′.0W
17	65°06′.0N 57°44′.1W	66	70°01′.6N 61°04′.2W
18	65°08′.9N 57°43′.9W	67	70°07′.5N 61°08′.1W
19	65°11′.6N 57°44′.4W	68	70°08′.8N 61°08′.8W
20	65°14′.5N 57°45′.1W	69	70°13′.4N 61°10′.6W
21	65°18′.1N 57°45′.8W	70	70°33′.1N 61°17′.4W
22	65°23′.3N 57°44′.9W	71	70°35′.6N 61°20′.6W
23	65°34′.8N 57°42′.3W	72	70°48′.2N 61°37′.9W
24	65°37′.7N 57°41′.9W	73	70°51′.8N 61°42′.7W

续表

点序	位置 （度、分、秒）	点序	位置 （度、分、秒）
25	65°50′.9N 57°40′.7W	74	71°12′.1N 62°09′.1W
26	65°51′.7N 57°40′.6W	75	71°18′.9N 62°17′.5W
27	65°57′.6N 57°40′.1W	76	71°25′.9N 62°25′.5W
28	66°03′.5N 57°39′.6W	77	71°29′.4N 62°29′.3W
29	66°12′.9N 57°38′.2W	78	71°31′.8N 62°32′.0W
30	66°18′.8N 57°37′.8W	79	71°32′.9N 62°33′.5W
31	66°24′.6N 57°37′.8W	80	71°44′.7N 62°49′.6W
32	66°30′.3N 57°38′.3W	81	71°47′.3N 62°53′.1W
33	66°36′.1N 57°39′.2W	82	71°52′.9N 63°03′.9W
34	66°37′.9N 57°39′.6W	83	72°01′.7N 63°21′.1W
35	66°41′.8N 57°40′.6W	84	72°06′.4N 63°30′.9W
36	66°49′.5N 57°43′.0W	85	72°11′.0 N 63°41′.0W
37	67°21′.6N 57°52′.7W	86	72°24′.8N 64°13′.2W
38	67°27′.3N 57°54′.9W	87	72°30′.5N 62°26′.1W
39	67°28′.3N 57°55′.3W	88	72°36′.3N 64°38′.8W
40	67°29′.1N 57°56′.1W	89	72°43′.7N 64°54′.3W
41	67°30′.7N 57°57′.8W	90	72°45′.7N 64°58′.4W
42	67°35′.3N 58°02′.2W	91	72°47′.7N 65°00′.9W
43	67°39′.7N 58°06′.2W	92	72°50′.8N 65°07′.6W
44	67°44′.2N 58°09′.9W	93	73°18′.5N 66°08′.3W
45	67°56′.9N 58°19′.8W	94	73°25′.9N 66°25′.3W
46	68°01′.8N 58°23′.3W	95	73°31′.1N 67°15′.1W
47	68°04′.3N 58°25′.0W	96	73°36′.5N 68°05′.5W
48	68°06′.8N 58°26′.7W	97	73°37′.9N 68°12′.3W

续表

点序	位置 （度、分、秒）	点序	位置 （度、分、秒）
49	68°07′.5N 58°27′.2W	98	73°41′.7N 68°29′.4W
99	73°46′.1N 68°48′.5W	107	74°10′.0N 70°23′.1W
100	73°46′.7N 68°51′.1W	108	74°12′.5N 70°33′.7W
101	73°52′.3N 69°11′.3W	109	74°24′.0N 71°25′.7W
102	73°57′.6N 69°31′.5W	110	74°28′.6N 71°45′.8W
103	74°02′.2N 69°50′.3W	111	74°44′.2N 72°53′.0W
104	74°02′.6N 69°52′.0W	112	74°50′.6N 73°02′.8W
105	74°06′.1N 70°06′.6W	113	75°00′.0N 73°16′.3W
106	74°07′.5N 70°12′.5W		

（2）格陵兰岛专属经济区相对上至75°N区域以北的内尔斯海峡（加拿大的海岸与格陵兰岛海岸相向且之间距离不足400海里）的划分，如果没有与之相关的特别协议，应按照下列各点之间两个系列的大地测线进行：

	点序	位置（度、分、秒）		点序	位置（度、分、秒）
A列	113	75°00′.0N 73°16′.3W	A列	121	80°45′.0N 67°07′.0W
	114	76°41′.4N 75°00′.0W		122	80°49′.2N 66°29′.0W
	115	77°30′.0N 74°46′.0W		123	80°49′.8N 66°26′.3W
	116	78°25′.0N 73°46′.0W		124	80°50′.5N 66°16′.0W
	117	78°48′.5N 73°00′.0W	B列	125	81°18′.2N 64°11′.0W
	118	79°39′.0N 69°20′.0W		126	81°52′.0N 62°10′.0W
	119	80°00′.0N 69°00′.0W		127	82°13′.0N 60°00′.0W
	120	80°25′.0N 68°20′.0W			

在加拿大与格陵兰岛海岸相向的林肯海区域内专属经济区的划分，在两者之间的距离不足400海里的情形下，如果没有与之相关的特别协议，应

按照从第 127 点出发的直线进行，该点从任何方向至双方基线最近点的距离都是相等的（中间线）。

3. 格陵兰岛专属经济区相对冰岛（该国的海岸与格陵兰岛海岸相向且之间距离不足 400 海里）的划分应按照下列各点之间通过直线大地测线绘制的分界线进行：

点序	位置（度、分、秒）	点序	位置（度、分、秒）
A	69°35′.0N 13°16′.0W	J	67°22′.9N 25°36′.0W
B	69°21′.4N 13°33′.6W	K	67°03′.9N 26°33′.4W
C	69°05′.1N 15°21′.3W	L	66°57′.3N 26°59′.7W
D	69°03′.0N 15°45′.1W	M	66°38′.4N 27°45′.9W
E	68°45′.8N 17°20′.2W	N	66°12′.7N 28°58′.7W
F	68°24′.5N 20°00′.0W	O	65°13′.0N 29°51′.4W
G	68°08′.2N 21°45′.0W	P	63°55′.4N 30°34′.9W
H	67°49′.5N 23°21′.6W	Q	63°18′.8N 30°51′.8W
I	67°37′.8N 24°26′.5W		

上述各点是根据 1984 大地测量系统（WGS 84）确定的。

4. 相对于在斯瓦尔巴群岛与格陵兰岛海岸相向，且两者之间的距离不足 400 海里的区域，与挪威专属经济区的划分，如果没有相关的特别协议，应按照一条从任何方向至双方基线最近点的距离都是相等的(中间线)线段进行。

（2）在格陵兰岛与扬马延岛之间的区域，分界线将按照依下列给出序号的各点之间直线大地测线确定：

点序	位置（度、分、秒）
1	74°21′46.9″N
2	72°49′22.2″N
3	71°52′50.8″N
4	69°54′34.4″N
5	69°35′00.0″N

上述各点是根据 1984 大地测量系统（WGS 84）确定的。

5. 专属经济区的外部边界线标注在向公众开放的丹麦国家测绘及地籍中心出版的图表上。

6. 本行政命令列出的坐标清单及第 5 条的图表将存放在联合国秘书长处。

7.（1）本行政命令将于 2004 年 11 月 1 日生效。

（2）1976 年 12 月 22 日第 629 号及 1980 年 5 月 14 日第 176 号关于格陵兰岛捕鱼领域修正案的行政命令将于 2004 年 11 月 1 日予以废除。

外交部长，2004 年 10 月 20 日
DER STIG MØLLER

致派驻丹麦使团长官的通发照会

外交部长荣幸地通知各国派驻丹麦使团长官，根据《联合国海洋法公约》建立丹麦毗连区的丹麦毗连区法已于 2005 年 7 月 1 日生效，关于丹麦毗连区划界行政令于 2005 年 7 月 9 日生效，该行政令公布了丹麦毗连区内、外界限。

有关该法及行政令的非官方英译本附在本照会后。

哥本哈根，2005 年 7 月 18 日

毗 连 区 法
（2005 年 6 月 24 日）

丹麦女王玛格丽特二世受上帝的恩典，在此向世人宣告：下列法案已被丹麦议会下院通过而且已得到皇室确认：

1. 丹麦毗连区由领海以外并与领海相连至从任何时候适用的基线量起

24海里的水域构成。

2.（1）就与海岸同丹麦相向的国家的毗连区划界而言，在与相向国或相邻国之间的距离少于48海里时，在未达成协议前，分界线应与至两国岸线基线距离相等的线段相同（中间线原则）。

（2）外交部长将公布毗连区划界。

3.（1）在毗连区内，丹麦将行使必要的监督职责：

（a）防止在丹麦领土或领水内违反海关、财政、移民和卫生法以及依据该法颁布的规则。

（b）对在丹麦领土或领水内可能发生的违反上述法规的行为进行处罚。

（2）毗连区的建立不涉及对专属经济区或大陆架立法的修订，亦不涉及对考古和历史文物的监测。

4.本法将于2005年7月1日生效。

5.本法不适用于法罗群岛和格陵兰岛，但经丹麦皇家法令依据格陵兰岛和法罗群岛的特殊条件作出的修订对丹麦王国部分可以适用。

2005年6月24日宣布于阿美琳堡

皇家签字并盖章

MARGRETHE R.

/Per Stig Møller

关于丹麦毗连区划界的行政命令
（2005年6月29日）

根据2005年6月24日第589号法案第2条（2）款，特制定下列规定：

1.丹麦毗连区由领海以外并与领海相连至从任何时候适用的基线量起24海里的水域构成。关于基线的路线，见2003年7月18日第680号行政令对丹麦领水划界行政令的修订。

2.与海岸同丹麦相向的国家的毗连区划界，在与相向国或相邻国之间的距离少于 48 海里时,分界线的划分应与丹麦专属经济区分界线的划分相同,参照 2003 年 6 月 19 日第 613 号行政令对丹麦专属经济区行政令的修订。

3. 毗连区的外部边界线将标注在丹麦国家调查与地籍局出版的图表上并向公众开放。

4. 第 3 款提到的图表将交存联合国秘书长处。

5. 本行政令将于 2005 年 7 月 9 日生效。

丹麦外交部,2005 年 6 月 29 日

Per Stig Møller

修订《关于法罗群岛捕鱼领域的法令》的法令
（2009 年 9 月 17 日）

丹麦女王玛格丽特二世受上帝的恩典,在此向世人宣告：

第一条

根据 1999 年 7 月 22 日第 615 号法令对 1976 年 12 月 21 日第 598 号法令作出如下修订：

1. 第 1 条现文字表述如下：

冰岛捕鱼区的划分是通过绘制通过下列各点之间的直线大地测线完成的：

200M（N）	65°41′22.63″N	5°34′42.22″W
点 1	65°30′26.28″N	6°05′08.98″W
点 2	65°13′03.52″N	6°47′11.81″W
点 3	64°30′00.00″N	8°13′30.37″W
点 4	64°00′00.00″N	9°15′00.70″W
点 5	63°30′00.00″N	10°18′53.63″W

续表

点 6	62°32′21.56″N	12°08′43.42″W
点 7	61°55′34.00″N	12°57′51.48″W
点 8	61°34′02.80″N	13°18′22.87″W
200M（S）	60°42′34.69″N	13°59′56.43″W

上述具体给出的各点为根据世界大地测量系统1984（WGS 84）确定的地理纬度和经度。

2. 新第（6）款添加到第1条，款文如下：

（6）根据2007年2月2日关于在法罗群岛与冰岛之间海域由丹麦王国政府及法罗群岛自治政府作为一方与冰岛政府为另一方所达成的海上划界协议，将建立由63°30′N以南边界线的两侧延伸并由通过下列各点之间的直线大地测线进行划分的特别区域：

点 1	62°32′21.56″N	12°08′43.42″W
点 2	62°33′25.54″N	12°07′15.81″W
点 3	62°35′46.04″N	12°04′02.29″W
点 4	63°05′16.56″N	11°16′18.81″W
点 5	63°12′09.71″N	11°03′30.66″W
点 6	63°22′44.79″N	10°42′58.15″W
点 7	63°30′00.00″N	10°28′42.46″W
点 8	63°30′00.00″N	10°18′53.63″W
点 9	63°30′00.00″N	10°05′35.64″W
点 10	63°27′47.77″N	10°09′46.44″W
点 11	63°18′07.28″N	10°31′19.46″W

上述具体给出的各点为根据世界大地测量系统1984（WGS84）确定的地理纬度和经度。

上面提到的协议第 2 条制定了特别区域内渔业管辖及管理方面的规定，有关这方面的条款已制成印刷品作为本法令的附件。该协议的全文发表在丹麦《法律公报》上。

第二条

本法令将于该协议在丹麦《法律公报》上发表之日起生效。

2009 年 9 月 17 日颁布于阿美琳堡

皇家签名并盖章

MARGRETHE R.

附　　件

节选自 2007 年 2 月 2 日关于丹麦王国政府及法罗群岛自治政府为一方与冰岛政府为另一方之间达成的法罗群岛与冰岛间区域海上划界协议。

第二条

在这特别区域的所有地方，双方即法罗群岛和冰岛船舶根据各自管辖渔区的规则可以享有捕鱼权。他们只接受他们自己当局的管控和执法。

当事方可以任意使用自己的船只在整个特别区域内开展海洋科学研究，但聚焦海底及海底表面矿物资源的活动除外。如果在本条款下有类似的活动给当事方中的一方造成问题，该当事方可以要求与另一方进行磋商。这一磋商不应延误举行并且在接到磋商请求后不得迟于 60 天进行。

爱沙尼亚
Estonia

海洋边界法
（1993年3月10日）

第一条

在本法中，与大陆相连的海底区域将作为海洋的一部分，受到爱沙尼亚共和国的司法管辖。

第二条

划定海域的依据是1982年《联合国海洋法公约》以及被《公约》吸收的1958年《领海和毗连区公约》的相关条款。

第三条

正常基线是一条非实际存在的线。它连接低潮时海岸线距离大陆、岛屿、小岛、岩石及卵石最远的点。领海正常基线的坐标列于附录1中。

第四条

内海是位于领海正常基线与海岸之间的一片海域。

第五条

领海是与内海相邻，外部界限由本法确定的一片海域。领海边界线的坐标列于附录 2 中。

第六条

领海的宽度为 12 海里，根据国际公约或与邻国签订的条约单独确定的除外。

第七条

专属经济区与领海相邻，位于领海外部的一片海域，它的外部界限与邻国协商确定。专属经济区的边界线坐标列于附录 3 中。

附录 1

爱沙尼亚共和国的领海基线一览表

（注：考虑到地名译成汉语之后，很难再翻译成对应的英文，为方便读者，保留了英文原文。）

基点序号	地理坐标表			备注
	纬度（N）	经度（E）	基点号	
1	59°34′17″	28°05′87″	25013	爱沙尼亚共和国与俄罗斯联邦在那瓦港湾的分界线遵从《爱沙尼亚－俄罗斯和平协议》
			23002	
			22000	
2	59°25′70″	27°32′20″	23002	Pühajôgi 的西码头
			22000	
继续沿着岸边的低潮点直到点 3				
3	59°26′60″	27°13′50″	23002	萨卡附近海岸线
			22000	
			22001	
4	59°31′26″	26°45′27″	25014	Mahu 灯塔东礁
			23002	
			22000	
			22001	

续表

基点序号	地理坐标表			备注
	纬度（N）	经度（E）	基点号	
5	59°49′35″	26°21′85″	23002	Vaindlo 岛北岩
			22001	
6	59°49′30″	26°21′60″	23002	Vaindlo 岛北岩
			22001	
7	59°40′56″	25°41′98″	28015	Purikarineem 北岩
			23005	
			22001	
8	59°42′09″	25°01′10″	25016	Keri 岛西北岩
			23005	
			23006	
			22001	
9	59°36′40″	24°30′55″	25016	Pikasääre 西岩（Naissaar 岛）
			23006	
			22001	
10	59°23′40″	24°02′43″	28018	Pakri 灯塔北岩
			23006	
			23008	
			23010	
			22001	
			22002	
11	59°18′28″	23°21′69″	25020	Osmussaar 岛西北岩
			23008	
			23010	
			22002	

续表

基点序号	地理坐标表			备注
	纬度（N）	经度（E）	基点号	
12	59°05′28″	22°51′82″	28025	Selgrahu 岩
			23009	
			23010	
			22002	
13	59°05′70″	22°35′10″	23009	Tahkunanina 基点
			23014	
			22002	
			22003	
14	58°56′80″	22°03′40″	25026	Rock 358° 3,5 cables from Ristna lighthouse
			23009	
			23014	
			22002	
			22003	
15	58°56′50″	22°02′70″	25026	Rock 288,8° 3,8 cables from Ristna lighthouse
			23014	
16	58°56′40″	22°02′60″	25026	Rock 278,0° 4,3 cables from Ristna lighthouse
			23014	
			22003	
17	58°55′60″	22°02′30″	25026	Bouldor 215,2° 10,4 cables from Ristna lighthouse
			23014	
			22003	
18	58°55′30″	22°03′00″	25026	Point 192,3° 11,4 cables from Ristna lighthouse
			23014	

续表

基点序号	地理坐标表			备注
	纬度（N）	经度（E）	基点号	
19	58°53′60″	22°08′20″	25026	Rock 236,0° 24,4 cables from Kôpu lighthouse
			23014	
			22003	
20	58°31′36″	21°54′46″	25028	Undva 基点西北岩
			23014	
			22003	
21	58°30′91″	21°48′04″	25028	Kiipsaarenukk 点西北岩
			23014	
			22003	
22	58°19′29″	21°45′67″	28028	Nootamaa 岛西岩
			25028	
23	58°19′26″	21°45′67″	28028	Nootamaa 岛西岩
			25028	
			23014	
			22003	
24	57°57′45″	21°58′40″	25029	Loodeneem 点南礁
			23015	
			22003	
25	57°53′28″	22°02′45″	25030	Vesitükimaa 小岛南基点
			23015	
			22003	
26	57°58′08″	22°11′38″	25031	Kaavinina 小岛西南基点
			23015	
			22003	
			22004	

续表

基点序号	地理坐标表		基点号	备注
	纬度（N）	经度（E）		
27	58°09′07″	22°49′01″	25024	Allirahu 东南岩
			23015	
			22003	
			22004	
28	57°48′82″	23°12′50″	28040	Pärsineem 西北岩（Ruhnu 岛西岸）
			23015	
			22004	
29	57°48′19″	23°12′27″	28040	岩石
30	57°47′81″	23°12′41″	28040	岩石
31	57°47′26″	23°13′03″	28040	Holmineem 基点西礁
32	57°47′13″	23°13′62″	28040B°ulder	石砾
33	57°46′72″	23°15′73″	28040R°ck	岩石
			23012	
			22004	
34	57°46′80″	23°16′43″	28040	Rinksi 港西口
			23012	
			22004	
35	58°05′69″	23°58′42″	25037	Kihnu 灯塔南礁
			23012	
			22004	
36	57°52′48″	24°21′47″	23012	爱沙尼亚共和国和拉脱维亚共和国在里加港间的分界线

附录 2

爱沙尼亚领海边界线一览表

基点序号	地理坐标表		基点号
	纬度（N）	经度（E）	
1	59°34′17″	28°05′87″	25013
			23002
			22000
37	59°37′9″	26°54′9″	23002
			22000
			22001
38	59°56′3″	26°26′4″	23002
			23004
			22001
39	59°54′0″	26°09′2″	23004
			23005
			22001
40	59°48′9″	26°01′3″	23005
			22001
41	59°49′6″	25°34′7″	23005
			22001
42	59°42′2″	24°28′9″	23006
			22001
43	59°34′6″	23°57′2″	23006
			23008
			22001
			22002

续表

基点	地理坐标表		
序号	纬度（N）	经度（E）	基点号
44	59°28′9″	23°31′3″	23008
			23010
			22002
45	59°29′0″	23°11′5″	23008
			23010
			22002
46	59°28′2″	23°08′6″	23010
			22002

基点46与基点47由半径为12海里的弧线相连，该弧线起于基点11（59°18,28′N，23°21,69′E）。

47	59°27′4″	23°06′5″	23008
			23010
			22002
48	59°17′5″	22°44′0″	23009
			23010
			22002
49	59°17′7″	22°36′2″	23009
			23010
			22002

基点49与基点50由半径为12海里的弧线相连，该弧线起始于坐标为59°05,70′N，22°35,10′E 的基点13

50	59°16′2″	22°23′9″	23009
			22002
51	59°14′7″	22°18′5″	23009
			22002
			22003

续表

基点序号	地理坐标表		
	纬度（N）	经度（E）	基点号
52	59°03′4″	21°51′0″	23009
			22002
			22003
53	58°55′1″	21°39′1″	23014
			22003

基点 53 与基点 54 由半径为 12 海里的弧线相连，该弧线起于坐标为 58°55,60′N，22°02,30′E 的基点 17。

54	58°49′9″	21°41′8″	23014
			22003
55	58°41′3″	21°36′4″	23014
			22003

基点 55 与基点 56 由半径为 12 海里的弧线相连，该弧线起于坐标为 58°30,91′N，21°48,04′E 的基点 21。

56	58°32′2″	21°25′3″	23014
			22003
57	58°21′1″	21°23′2″	23014
			22003

基点 57 与基点 58 由一条半径为 12 海里的弧线相连，该弧线起于坐标为 58°19,26′N，21°45,67′E 的基点 23。

58	58°15′4″	21°24′2″	23015
			23014
			22003
59	57°53′7″	21°36′8″	23015
			22003

基点 59 与基点 60 由半径为 12 海里的弧线相连，该弧线起于坐标为 57°57,45′N，21°58,40′E 的基点 24。

续表

基点	地理坐标表		
序号	纬度（N）	经度（E）	基点号
60	57°51′4″	21°38′8″	23015
			22003
61	57°47′2″	21°43′0″	23015
			22003
62	57°45′3″	21°53′6″	23015
			22003
63	57°54′9″	22°43′3″	23015
			22003
			22004
64	57°35′0″	23°11′0″	23012
			23015
			22004
65	57°35′2″	23°22′1″	23012
			22004

基点 65 与基点 66 由半径为 12 海里的弧线相连，该弧线起于坐标为 57°46,80′N，23°16,43′E 的基点 34。

66	57°37′5″	23°30′6″	23012
			22004
67	57°49′2″	23°56′6″	23012
			22004
68	57°48′7″	23°57′3″	23012
			22004
69	57°54′0″	24°18′2″	23012
			22004

基点 69 与坐标为 57°52,48′N，24°21,47E 的基点 36 由一条直线相连。

备注：

1. 由于爱沙尼亚共和国与俄罗斯联邦之间尚未就那尔瓦湾内的领海分界线达成一致，该领海分界线将从基点 1 穿过基点 37、38 延伸至基点 39，并可能因协商结果而变动。

2. 由于爱沙尼亚共和国与拉脱维亚共和国之间尚未就艾尔本海峡及里加湾的领海分界线达成协议，该处领海分界线从基点 60 穿过基点 61、62、63、64、65、66、67、68 延伸至基点 69，并可能因协商结果而变动。

附录 3

爱沙尼亚共和国专属经济区与大陆架界线一览表

基点	地理坐标表		
序号	纬度（N）	经度（E）	基点号
38	59°56′3″	26°26′4″	23004
			22001
70	60°00′0″	26°20′8″	23004
			22001
71	59°59′4″	26°13′1″	23004
			22001
72	59°58′4″	26°08′4″	23004
			22001
73	59°52′0″	25°58′5″	23005
			22001
74	59°52′9″	25°28′0″	23005
			22001
75	59°53′6″	25°10′6″	23005
			22001

续表

基点	地理坐标表		
序号	纬度（N）	经度（E）	基点号
76	59°52′4″	24°57′6″	23006
			22001
77	59°50′8″	24°49′7″	23006
			22001
78	59°44′5″	24°24′8″	23006
			22001
79	59°37′4″	23°54′8″	23008
			22001
			22002
80	59°31′9″	23°30′1″	23010
			22002
81	59°32′0″	23°10′0″	23010
			22002
82	59°25′2″	22°45′5″	23010
			22002
83	59°23′1″	22°10′3″	23009
			22002
			22003
84	59°18′7″	21°46′7″	23009
			22003
85	59°11′5″	21°11′3″	22003
基点 85 与基点 86 不相连。			
86	58°46′8″	20°28′6″	22003
87	58°29′0″	20°26′5″	22003

续表

基点	地理坐标表		
序号	纬度（N）	经度（E）	基点号
88	58°12′0″	20°22′4″	22003
89	58°00′9″	20°24′0″	22003
61	57°47′2″	21°43′0″	23015
			22003
基点 61 与基点 64 不相连。			
64	57°35′0″	23°11′0″	23012
			23015
			22004
90	57°34′4″	23°11′8″	23012
			23015
			22004
91	57°31′4″	23°42′7″	23012
			22004
68	57°48′7″	23°57′3″	23012
			22004

备注：

1. 由于爱沙尼亚共和国与俄罗斯联邦之间尚未就位于芬兰湾 Vaindlo 岛附近的专属经济区与大陆架分界线达成一致，该专属经济区与大陆架分界线从基点 38 延伸至基点 70，并因协商结果而改变。

2. 由于爱沙尼亚共和国与拉脱维亚共和国之间尚未就其专属经济区和大陆架分界线达成一致，该专属经济区与大陆架分界线将由基点 88，经过基点 89 延伸至基点 61，同时从基点 64 经过基点 90、91 延伸至基点 68，并因协商结果而改变。

爱沙尼亚共和国政府关于爱沙尼亚共和国领海及内海船舶航行的决议

1. 在爱沙尼亚领海，船舶享有无害通过权，同时需要遵守以下规定。

2. 军舰，巡视船，警察、海关、护卫、科学研究、地理、训练船，或其他承担政府任务的船舶若要通行，必须在通行前 48 小时内通过外交途径向爱沙尼亚共和国政府提交申请。在申请中，应当提供船舶名称和(或)注册号、船型及其他特征，通行开始、结束的时间以及地点。

所诉需求不包括冬天的破冰。

3. 外国潜艇在爱沙尼亚领海通过必须浮出水面。

4. 通过爱沙尼亚共和国时，船上的武器必须收起，捕鱼及其他抓捕工具必须拖至保存区域并安全安置。

5. 核能船舶通过爱沙尼亚共和国领海，必须在计划通行前 30 天内通过外交途径向爱沙尼亚政府提交申请。爱沙尼亚共和国在不晚于计划通行日的 14 天以前宣布决定。

6. 通过爱沙尼亚领海，航道和交通疏散日程均有设计，一艘外国船必须通过指定航道，在指定日程内航行。在变更方案切实可行、变更不会影响正常运行的情况下，并且船长及时通过"塔林电台"通知爱沙尼亚共和国，允许存在一定的变更。

…………

14. 受欢迎的船舶，即那些不是军舰，巡视船，警察、海关、护卫、科学研究、地理、训练船，或其他承担政府任务的船舶，将被允许在爱沙尼亚共和国领海内按照本决定第 1、3、5 条的规定无害通行。

芬 兰
Finland

大 陆 架 法
（1965年3月5日第149号法令）

第一条

只有芬兰可以行使探索与芬兰海岸相邻的大陆架及其底土以及第三条提到的开发其自然资源的权利。

根据本法，"大陆架"指的是芬兰领海范围以外的海床和底土，直至根据1958年4月29日《日内瓦公约》第六条第一段或第二段，芬兰与另一主权国家划定的大陆架边界的区域。

第二条

经过特殊许可，芬兰公民、拥有法律资格的团体或者基金会可以被内阁大臣授予第一条中规定的权利。如有特殊原因，内阁大臣也可将该权利授予外国公民、具有法律资格的外国组织或基金会。

许可亦可以在某些时期通过立法授予。授予许可的情形包括：基于安全和公共利益的考虑，必要的或内阁大臣认为在将来需要的。许可规定的条件可以基于变化的情况而作出要求。

如果第一段所述许可是被为了单纯进行探测大陆架的物理和生物特性的科学研究之目的的有资质的机构申请的，在没有特殊原因的情况下，该许可不得被拒绝授予。

第三条

根据本法，大陆架自然资源包括海床和底土的矿物以及其他非生物资源，也包括属于定栖物种的生物资源。所谓"定栖物种"，是指不能移动的或者位于海床以下的或者除非与海床和底土频繁物理接触否则不能移动的物种。

第四条

如果有人根据第二条提出寻找矿产资源或者矿藏声明或者开发类似矿物的许可请求，除本法以外，还应该参照关于矿产和相关规则的法律。

第五条

为了开发大陆架及其自然资源，内阁大臣可以授予许可，允许建造设施和其他设备，设立围绕该设施的安全区，同时要考虑避免已知的航路受到干扰。如果许可涉及安全区的设立，则权威机构可以监督安全区并保留必要的设备以便于监督。内阁大臣应给予关于监督费用补偿的指示。

未经权威监督机构许可在第一段中提到的安全区内行使，或者违反其他根据本法制定的有关保护安全区的法令或者为设立安全区的许可所禁止的行为都是违法的。

第六条

关于在大陆架铺设和养护海底电缆或管道的立法应予适用。

第七条

任何违反本法或者违背许可中规定的情形的行为都将被处以罚款，除非该行为已经受到其他更为严重的处罚或者该违法行为应当根据关于矿产的法律中的刑事规则予以处罚。除以上处罚之外，根据第二条和第五条授予的许可也应予以撤销。

第八条

关于本法的执行和适用，开采大陆架地区矿产资源以及矿藏声明和相关矿物开发的更为详尽的规则，在必要时应立法确定。

适用芬兰领海划界法案的法令[1]
（1995 年 7 月 31 日第 993 号法令）

在外交部长授权下，依据由 1995 年 3 月 3 日法案（1995 年第 981 号法案）修正的 1956 年 8 月 18 日实施的《芬兰领海划界法案》第八部分的效力，制定本法：

第一部分

《芬兰领海划界法案》第四部分第一段提到的内水外部分界线的基点（其经纬度取自芬兰国家坐标体系）在 1995 年至 2024 年这 30 年间如下表所示：

点序	北纬	东经
1	60°19,452′	27°37,202′
2	60°18,581′	27°34,716′
3	60°15,904′	27°16,433′
4	60°14,238′	27°1,845′
5	60°9,672′	26°15,752′
6	60°2,419′	25°47,682′
7	60°5,437′	25°8,157′
8	60°2,128′	24°53,709′
9	59°52,101′	24°18,368′
10	59°47,218′	23°35,505′
11	59°44,862′	23°23,941′
12	59°44,958′	22°58,431′
13	59°42,828′	22°25,102′
14	59°40,504′	21°30,088′

续表

点序	北纬	东经
15	59°44,171′	20°44,352′
16	59°48,483′	19°47,125′
17	60°9,403′	19°18,241′
18	60°18,019′	19°8,124′
19	60°18,081′	19°8,148′
20	60°25,902′	19°23,935′
21	60°29,875′	19°42,563′
22	60°32,411′	20°12,524′
23	60°45,947′	20°44,638′
24	61°3,050′	21°10,211′
25	61°25,339′	21°16,255′
26	61°38,782′	21°19,747′
27	62°0,992′	21°14,072′
28	62°24,801′	21°5,203′
29	62°47,068′	20°50,217′
30	62°57,655′	20°44,296′
31	63°14,228′	20°35,058′
32	63°25,460′	20°47,346′
33	63°27,198′	21°8,482′
34	63°28,491′	21°44,639′
35	63°31,707′	22°9,732′
36	63°45,089′	22°31,404′
37	63°51,837′	22°37,409′

续表

点序	北纬	东经
38	63°53,196′	22°39,136′
39	63°53,726′	22°39,847′
40	63°55,701′	22°42,981′
41	63°56,237′	22°44,467′
42	63°57,627′	22°48,639′
43	64°5,572′	23°23,951′
44	64°19,981′	23°26,818′
45	64°32,274′	24°15,150′
46	64°40,893′	24°19,362′
47	65°2,379′	24°33,062′
48	65°20,151′	24°39,306′
49	65°33,835′	24°18,807′
50	65°35,962′	24°1,847′
51	59°31,158′	20°24,700′
52	59°31,090′	20°25,328′
53	59°30,240′	20°21,077′
54	59°30,291′	20°21,011′

第 18、19 点，第 50、51 点不是由基线连接的，第 51、54 点是由基线连接的。

第二部分

由距离最近的线段或给定圆心和半径的弧线连接的点指示了芬兰领海外部分界线的位置。

领海的外部分界线起自 1947 年 2 月 10 日签署的《巴黎协议》（1947 年第 690、691 号法案）划定的芬兰领海的划界线的最西点，经过以下的点（其经纬度取自芬兰国家坐标体系），直至芬兰与瑞典国境线的最南点（表中第 132 号），马科特岛南部：

点序	北纬	东经
103	60°11.341′	26°44.675′
104	60°9.692′	26°36.845′
105	60°9.198′	26°29.702′
106	60°2.779′	26°17.867′
107	60°2.281′	26°11.498′
108	60°0.832′	26°4.689′
111	59°55.681′	25°35.147′
112	59°55.868′	25°28.462′
113	59°56.596′	25°10.348′
114	59°55.271′	24°55.986′
115	59°53.514′	24°47.310′
116	59°49.015′	24°29.487′
117	59°47.800′	24°20.116′
118	59°47.014′	24°12.554′
119	59°39.406′	23°21.313′
120	59°38.131′	22°51.638′
121	59°36.472′	22°38.266′
122	59°30.781′	22°23.985′
123	59°28.584′	21°32.209′

第 123、124 点由圆心为上述第一部分第 14 号基点、半径为 12 海里的弧线连接。

点序	北纬	东经
124	59°28.693′	21°26.268′
125	59°31.947′	20°45.848′
126	59°27.456′	20°23.234′

第 126、127 点由圆心为上述第一部分第 53 号基点、半径为 3 海里的弧线连接。

点序	北纬	东经
127	59°27.964′	20°17.257′
128	59°35.466′	19°59.869′
129	59°35.703′	19°56.638′
130	59°47.501′	19°39.699′
131	60°11.501′	19°5.198′
132	60°14.114′	19°6.368′

在马科特岛北部，外部分界线起自芬兰与瑞典国境线最北点，经过以下各点：

点序	北纬	东经
134	60°22.494′	19°9.877′
135	60°36.689′	19°13.421′

第 135、136 点由圆心为上述第一部分第 20 号基点、半径为 12 海里的弧线连接。

点序	北纬	东经
136	60°36.871′	19°14.228′
137	60°40.866′	19°32.942′

第 137、138 点由圆心为上述第一部分第 21 号基点、半径为 12 海里的弧线连接。

点序	北纬	东经
138	60°41.660′	19°38.341′
139	60°43.650′	20°1.717′
142	61°26.815′	20°51.460′
143	61°38.768′	20°54.404′
144	61°59.212′	20°48.898′
145	62°21.960′	20°40.112′
146	62°43.465′	20°25.334′

第 146、147 点由圆心为上述第一部分第 29 号基点、半径为 12 海里的弧线连接。

点序	北纬	东经
147	62°44.079′	20°24.946′
148	62°54.675′	20°18.868′
149	63°9.882′	20°10.176′
150	63°19.903′	20°24.288′
151	63°28.961′	20°42.007′
152	63°31.152′	20°56.551′
153	63°40.013′	21°30.778′
154	63°40.325′	21°39.821′
155	63°42.059′	21°53.301′
156	63°50.841′	22°7.434′
157	63°56.187′	22°12.115′

第157、158点由圆心为上述第一部分第37号基点、半径为12海里的弧线连接。

点序	北纬	东经
158	63°57.650′	22°13.668′
159	63°59.128′	22°15.526′
160	63°59.774′	22°16.382′

第160、161点由圆心为上述第一部分第39号基点、半径为12海里的弧线连接。

点序	北纬	东经
161	64°0.548′	22°17.500′
162	64°2.530′	22°20.622′

第162、163点由圆心为上述第一部分第40号基点、半径为12海里的弧线连接。

点序	北纬	东经
163	64°4.927′	22°25.637′
164	64°5.612′	22°27.530′
165	64°7.150′	22°32.128′

第165、166点由圆心为上述第一部分第42号基点、半径为12海里的弧线连接。

点序	北纬	东经
166	64°8.234′	22°36.026′
167	64°13.189′	22°57.896′
168	64°20.975′	22°59.327′

第 168、169 点由圆心为上述第一部分第 44 号基点、半径为 12 海里的弧线连接。

点序	北纬	东经
169	64°30.238′	23°12.589′
170	64°39.909′	23°50.376′
171	64°43.314′	23°51.988′

第 171、172 点由圆心为上述第一部分第 46 号基点、半径为 12 海里的弧线连接。

点序	北纬	东经
172	64°43.962′	23°52.340′
173	65°4.789′	24°5.263′
174	65°17.527′	24°9.503′
175	65°30.739′	24°8.216′

外部分界线起自上述最后一点，向西北偏北延伸至关于划分芬兰领海的法案第七部分第 3 段中规定的点。

第三部分

芬兰海事管理局应当确保基点位置的信息为公众所知晓。

第四部分

本法令废除了 1965 年 5 月 7 日适用芬兰领海划界法案的法令（1965 年第 256 号法令）。

第五部分

本法案自 1995 年 8 月 2 日起实施。

尾　注

1. 修正后的文档以及非官方翻译于 2003 年 3 月 18 日由芬兰常驻联合国代表团通过电子邮件提供。

根据经 1995 年 3 月 3 日 981/95 号法案修订的《芬兰领海划界法案》（1956 年 8 月 18 日第 463 号法案），芬兰领海的外部分界线将从基线向外扩展 12 海里（包括一些例外情形）。在芬兰湾，领海的外部分界线距中间线不应少于 3 海里。第 463 号法案（未修正）由《海洋法——关于领海的国家立法，无害通过权和毗连区》转载，海洋事务和海洋法司 1995 年出版（联合国出版物，销售编号 E.95.V.7），第 129 页。

内水外部分界线的基点和芬兰领海外部分界线的位置由适用芬兰领海划界法案的法令（1995 年 7 月 31 日第 993 号法令）特此重新确定。

芬兰专属经济区法案
（2004 年 11 月 26 日）

本法根据国会决议制定。

第一章　一般规定

第一部分　专属经济区

芬兰专属经济区包括：与芬兰领水毗连的，外部分界线由芬兰和外国协议划定的，外部界线的位置由政府立法规定的海洋。

第二部分　专属经济区内芬兰的国家权利和司法管辖权

在专属经济区内，芬兰享有勘探、开发、养护、管理生物和非生物自然资源以及开展其他经济开发和探索活动的权利。

在专属经济区内，芬兰享有国际法中规定的管辖权，包括建造和使用人工岛屿、设施和其他建筑，保护海洋环境和海洋科研以及其他国际法规定的权利和义务。

第二章　专属经济区内适用的法律

第三部分　关于环保和水面建筑的法律

《环境影响评估法案》（468/1994），《环保法案》（86/2000）和《水资源法案》（264/1961）以及其他根据上述法律制定的规定都适用于专属经济区。

《防止船舶污染法案》（300/1979）列出了专属经济区内关于防止船舶日常活动造成的水资源污染和关于防止原油破坏的措施的规定。另外，《废弃物法案》（1072/1993）在专属经济区内独立适用。

第四部分　关于捕鱼、狩猎和资源保护的法律

在专属经济区内，关于捕鱼、狩猎和资源保护的法律，《欧盟共同渔业政策》和根据上述规则制定的规则，以及与外国达成的协议，都适用于与捕鱼、狩猎、生物资源保护以及资源保护相关的事项。

第五部分　关于海底缆线、土壤材料和矿物保护的法律

《保护海底缆线法案》（145/1965）适用于专属经济区。
《水资源法案》适用于专属经济区内土壤材料的提取。
《矿物法案》（503/1965）以及根据该法案制定的规则适用于专属经济区内一切以开发和利用矿产资源为目的的探索、勘探和使用行为。

第三章　专属经济区经济开发、以经济开发为目的的探索以及专属经济区的建筑

第六部分　开　发　权

政府可以根据申请，许可专属经济区内海床和底土的自然资源的开发，以及以开发为目的的勘探和其他以经济开发为目的的行为。开发权不适用于第四部分涉及的行为。许可须以政府命令的形式发布。

在第一段中，"自然资源"指的是海床和底土的矿物、岩石和其他非生物资源以及属于可获取的定栖物种的动植物。所谓"定栖物种"，是指不能移动的或者位于海床以下的或者除非与海床和底土频繁物理接触否则不能移动的物种。

许可可以是定期的，也可以是不定期的。许可决定规定了保护国家安全和保障本法案中国家权利的必要情形。

如果行为没能满足许可决定规定的情形，可以修改许可决定，也可以中止该行为。中止该行为的决定须由贸易和工业部作出。如果行为可能违反许可决定规定的情形，可以取消许可决定。权威监督机构一旦发现违规行为，应立即告知贸易和工业部。

第七部分　建　　筑

政府可以根据申请，许可专属经济区内建造和使用人工岛屿、设施和其他用于第六部分提到的行为的设施，以及其他可能对芬兰行使国际法授予芬兰的权利造成妨碍的设施和建筑。许可须以政府命令的形式发布。

在许可决定中，许可接受者负有为了航海安全，在可能的情况下有移动前述设施和建筑的义务，也有告知贸易和工业部未能完全移除的设施和建筑的位置、深度和各维度的义务。

许可可以是定期的也可以是不定期的。许可决定规定了保护国家安全和保障本法案中国家权利的必要情形。如果行为没能满足许可决定规定的情形，或者在决定作出后条件发生了变化，可以修改决定或收回许可。权

威监督机构一旦发现违规行为，应立即告知贸易和工业部。

许可决定可以根据本法案要求建立围绕人工岛屿和建筑设施的安全区。除非有国际通行标准或得到权威国际组织建议，安全区的范围不应超出人工岛屿、设施和建筑 500 米（从其外边缘起）。

第四章 海底科研

第八部分 海底科研

在第四部分和第六部分框架外进行研究活动，必须通知贸易和工业部。如果贸易和工业部认为通知中的海洋科学研究计划属于第六和第七部分的框架范围，应当在接到通知后 4 个月内尽快告知通知人。其他情况下，除非贸易和工业部认为可以提早开始，已通知的研究计划可在接到通知后的 6 个月内开始。关于海洋科研的通告应当以政府命令的形式发布。

如果关于研究计划的通知信息有误或者科研团队没能履行关于《联合国海洋法公约》（芬兰协议 4950/1996）第二百四十九条规定的研究计划中的义务，贸易和工业部可以禁止其开展研究计划。

第九部分 海底科研的中止和终止

如果研究没有按照第八部分第一段提到的通知中沟通好的信息来进行或者研究团队违反了涉及沿海国权利的《联合国海洋法公约》第二百四十九条的规定，贸易和工业部可以中止第八部分提到的研究活动。一旦研究团队提供了关于研究的确切信息或者满足了上述法律的要求，应立即撤销中止的命令。

如果研究背离第八部分第一段提到的通知中沟通好的信息，构成了研究计划或研究活动的重大改变，或者第九部分第一段中提到的缺陷在合理时间内未能及时改正，贸易和工业部可以终止海底科研活动。

权威监督机构一旦发现违规行为，应立即告知贸易和工业部。

第五章　芬兰刑法在专属经济区的适用以及惩罚措施

第十部分　针对专属经济区内违法行为的芬兰刑法的适用

根据《刑法典》（39/1889）第一部分第一章，专属经济区内一切发生在或者针对人工岛屿、设施或其他第七部分提到的建筑的违法行为以及可惩罚的试图违法的行为，都应视作发生在芬兰境内。

根据《刑法典》第一部分第一章，第十一至十六部分规定的发生在专属经济区内其他地方的违法行为以及可惩罚的试图违法的行为，都应视作发生在芬兰境内。

如果第二部分中规定的违法行为系外国船舶在芬兰专属经济区停留期间所为，除非有大检察官的检查令或该案为《刑法典》第一章第十二部分第二段规定的案件，该案件不得在芬兰调查。

第十一部分　专属经济区内违反环境法的行为

发生在专属经济区内的违反第三部分第一段涉及的法案，破坏环境、严重破坏环境、违反环保条例、因过失破坏环境以及违反《自然资源保护法》的行为，都应根据《刑法典》第四十八章第一至第五部分的规定予以处罚。

发生在专属经济区内的违反《环保法案》的行为应根据《环保法案》第一百一十六部分第二段的规定予以处罚，发生在专属经济区内的违规排放废弃物的行为应根据《废弃物排放条例》第六十部分的规定予以处罚，发生在专属经济区内的违反《自然资源保护法》的行为应根据《自然资源保护法》（1096/1996）第五十八部分第二段的规定予以处罚。

第十二部分　专属经济区内违反《水资源法案》许可的行为

发生在专属经济区内的违反《水资源法案》许可的行为应根据《水资源法案》第十三章第三部分的规定予以处罚。

第十三部分　专属经济区内违反《渔业法》、隐瞒非法捕鱼以及违反共同渔业政策的行为

专属经济区内违反《渔业法》、隐瞒非法捕鱼的行为应根据《刑法典》第四十八章 a, 第二部分和第四部分的规定予以处罚。在判决时,也应依照《刑法典》第四十八章 a, 第七部分的规定。

专属经济区内违反共同渔业政策的行为应根据《欧盟共同渔业政策》（1139/1994）第七部分第一段的规定处罚。

第十四部分　专属经济区内非法狩猎、隐瞒非法采石，违反《狩猎条例》以及违反《狩猎法案》的行为

专属经济区内非法狩猎、隐瞒非法采石的行为应按照《刑法典》第四十八章 a, 第一部分和第四部分的规定处罚。

违反《狩猎条例》以及违反《狩猎法案》的行为应按照《狩猎法案》（615/1993）第七十四和七十五部分的规定处罚。

第十五部分　专属经济区内非法采矿的行为

专属经济区内非法采矿的行为应按照《矿物开采法案》第六十二部分第二段的规定处罚。

第十六部分　专属经济区内的违法行为

在专属经济区内，任何人如果故意地或者过失地，（1）未经政府许可，实施第六部分和第七部分提到的行为,（2）违反第六、第七部分规定的决定，（3）违反第八部分第二段的禁止令，都将因违法而被判处罚款。

第六章

第十七部分　适用于人工岛屿、设施和其他建筑物的法律

芬兰法律适用于依据本法建造的人工岛屿、设施和其他建筑，将其视为在芬兰领土最近的区域内。

第十八部分　当局的区域职权

在专属经济区内，地方环境中心将作为环境影响评估步骤中规定的联络机构以及《自然资源保护法案》、《环保法案》、《水资源法案》和《废弃物排放法案》中规定的监督机关。地方环境中心位于其所管辖区域的中心。不同地方环境中心的边界，一般从领水的外部界限延伸至专属经济区的外部界限。

在专属经济区内，芬兰西部环境授权局将作为《环保法案》和《水资源法案》中规定的授权机关。

第十九部分　边界守备局的管理和命令

第十八部分涉及的行为由边界守备局监督。决定者应当在第一时间将第六至第九部分的决定通知边界守备局总部。除非认定通知中的研究计划属于第六、第七部分的框架范围，否则贸易和工业部应当在第一时间将第八部分中的通知告知边界守备局总部，同时也应将信息告知通知人。

边界守备局被授权终止第六至第八部分规定的未经政府许可或者未通知贸易和工业部的行为以及未得到第九部分命令而继续的行为。

第二十部分　罚款警告和缴纳滞纳金警告

为了确保本法案决定的执行,根据《罚款管理法案》(1113/1990),可以给予罚款警告和缴纳滞纳金警告。

第二十一部分　刑事程序中强制措施的使用

基于专属经济区内发生的违反本法案规定的违法行为,可以根据《强制措施法案》(450/1987)的规定采取强制措施。《防止船舶污染法案》第二十八部分 b 列出了对芬兰专属经济区内违法的外国船舶进行调查时,可采取该法案第二十八部分第一段中规定的强制措施的条件。

第二十二部分　上　诉

根据《司法管理步骤法案》(586/1996)的规定,对政府或贸易和工业部的决定都可以进行上诉。

对执行本法案计划的其他决定可以依法上诉。

第二十三部分　管 辖 法 院

本法案涉及的刑事案件都由《海事法案》(674/1994)第二十一章第一部分提到的地方法庭审理。根据 2004 年 11 月 26 日《赫尔辛基刑事步骤法案》(689/1997)第四章第一部分第一、第二段的规定,管辖法院应当是司法管辖区最接近违法行为实施地点的法院。根据本部分的精神,这些地方法院的司法管辖区一般从领水的外部界限延伸至专属经济区的外部界限。

第七章 本法案的生效

第二十四部分 本法案的生效

本法案自 2005 年 2 月 1 日起生效。

本法案废除了 1965 年 3 月 5 日《大陆架法》(149/1965) 和 1974 年 11 月 15 日《关于芬兰渔业区的法案》(839/1974)。但是，根据《关于芬兰渔业区的法案》(839/1974) 制定的规则仍然有效。

本法生效时仍在执行的根据《大陆架法案》发布的许可以及根据《大陆架法案》第四部分精神发布的许可依然有效。除非违背本法的精神。

如果有其他立法涉及《关于芬兰渔业区的法案》，本法案已对其作出必要的修改，应适用本法。

在本法生效前，可进行修改完善。

芬兰共和国总统　TARJA HALONEN

外交部长　Erkki Tuomioja

关于芬兰专属经济区的政府法令
（2004 年 12 月 2 日）

根据政府决议，经外务部申报，依据 2004 年 11 月 26 日《芬兰专属经济区法案》(1058/2004) 制定本法令：

第一部分

芬兰专属经济区外部分界线的起点位于芬兰湾东部，是芬兰和俄罗斯国境线的最南点（浮标 N :o 16），从专属经济区的外部分界线分别向西、向西南延伸，途经以下由直线（或曲线）连接的各点（其经纬坐标取自 WGS 84 坐标体系）：

点序	北纬	东经
1	60°10.296′	27°10.866′
2	60°10.296′	26°57.466′
3	60°10.296′	26°54.466′
4	60°8.495′	26°47.466′
5	60°6.495′	26°37.966′
6	60°6.095′	26°32.166′
7	59°59.695′	26°20.366′

从第 7 号点开始，专属经济区的外部分界线在芬兰湾和波罗的海以北部分别向西、向西南延伸，途经以下由直线（或最短线）连接的各点（其经纬坐标取自 WGS 84 坐标体系）：

点序	北纬	东经
8	59°59.095′	26°12.666′
9	59°59.095′	26°12.666′
10	59°58.095′	26°7.966′
11	59°51.694′	25°58.067′
12	59°52.594′	25°27.566′
13	59°53.294′	25°10.166′
14	59°52.093′	24°57.166′
15	59°50.493′	24°24.266′
16	59°44.193′	24°24.367′
17	59°37.092′	23°54.367′
18	59°31.591′	23°29.667′
19	59°31.691′	23°9.567′

续表

点序	北纬	东经
20	59°24.891′	22°45.068′
21	59°22.790′	22°9.868′
22	59°18.689′	21°46.568′
23	59°11.489′	21°11.168′
24	58°50.670′	20°28.888′

从第 24 号点开始,专属经济区的外部分界线在波罗的海北部和奥兰海分别向西、向西南延伸,途经以下由直线(或最短线)连接的各点(其经纬坐标取自 WGS 84 坐标体系):

点序	北纬	东经
25	59°51.776′	20°28.276′
26	59°26.701′	20°9.200′
27	59°47.501′	19°39.497′
28	60°11.501′	19°4.992′
29	60°14.115′	19°6.162′

第 29 号点是马科特岛南部芬兰和瑞典国境线的最南点。

专属经济区外部分界线起自波斯尼亚湾马科特岛北部芬兰和瑞典国境线的最北点,先向北,随即向东北延伸,途经以下由直线连接的各点(其经纬坐标取自 KKJ 芬兰坐标体系):

点序	北纬	东经
30	60°40.7′	19°14.1′
31	62°42.0′	19°31.5′

续表

点序	北纬	东经
32	63°20.0′	20°24.0′
33	63°29.1′	20°41.8′
34	63°31.3′	20°56.4′
35	63°40.0′	21°30.0′
36	65°30.9′	24°8.2′

从第36号点开始，专属经济区的外部分界线向东北偏北延伸至托尔尼奥南部芬兰和瑞典国境线的最南点。

第二部分

芬兰专属经济区法案第六、第七部分规定的对政府许可的申请应当包括：

1. 申请人的姓名或法人名称、所在地、所在市或登记办公地点。
2. 活动的目标和性质描述。
3. 方法、途径描述。
4. 活动的确切地理位置。
5. 活动起止日期。

申请须在活动开始日至少6个月前提交给贸易和工业部。

第三部分

《芬兰专属经济区法案》第八部分第一段规定的通知应当包括：

1. 科研团队的姓名或法人名称、所在地、所在市或登记办公地点。
2. 资助组织负责人和科研计划负责人的姓名。
3. 科研计划的目标和性质描述。
4. 方法、途径描述，包括船舶的名称、吨位、型号、等级以及科学设备的描述。

5. 科研计划实施的确切地理位置。

6. 科研船舶进入和离开的预计日期,或者科学设备铺设和移除的预计日期。

7. 芬兰研究机构参与或代表的程度。

申请须在科研计划开始日至少 6 个月前提交给贸易和工业部。

第四部分

本法令自 2005 年 2 月 1 日起生效。

2004 年 12 月 2 日,赫尔辛基
首相、外交部代理部长　Mabbi Vanhanen
咨询专家　Marja lehto

普通照会

芬兰常驻联合国代表团向联合国秘书处致意,并荣幸地传达以下信息——有关回应 2010 年 1 月 8 日普通照会(DOALOS/Piracy 2009)的芬兰立法。

这里的"海盗行为"被理解为《联合国海洋法公约》第 101 条的定义,包括该行为在公海或者任何国家的管辖权以外的地方实施的要求。如果有争议的犯罪行为构成了在另一个国家领海的武装抢劫行为,芬兰法庭对他们的审判会遵循双重危险要求。芬兰《刑法典》没有规定"海盗行为"的具体罪行,但是这样的行为将会按照芬兰《刑法典》中与海盗行为构成要素一致的,其他应被处罚的犯罪行为的构成要素来评估。

《刑法典》第一章第二节对芬兰船只的犯罪行为作出了规定。芬兰法律将适用于在芬兰船只或者飞机上实施的犯罪行为,如果该犯罪行为发生在(1)船只在公海上或者不在任何国家的领土或者飞机在这样的领土及其上空,或者(2)船只在外国的领土或者飞机在这样的领土及其上空,该罪行由船长或者机长、船员或机组人员中的一员、乘客或者其他在船上（飞机上）的人员实施。

芬兰法律也适用于在境外实施的针对芬兰公民、芬兰公司、基金、其他法人、在芬兰有永久居住权的人的犯罪行为，如果该罪行按照芬兰法律会被判处半年以上有期徒刑。（芬兰《刑法典》第一章，第六节）

芬兰法律同样适用于芬兰公民在境外实施的犯罪行为。如果该犯罪行为不在任何一个国家境内，而且根据芬兰法律，该行为会被判处半年以上有期徒刑。（芬兰《刑法典》第一章，第六节）

芬兰《刑法典》第一章第七节对国际犯罪作出了规定。芬兰法律应当适用于在境外实施的犯罪行为，如果该犯罪行为按照对芬兰有效的国际条约应当受处罚，不论该行为发生在何地（国际犯罪）。

有关第一章第七节的适用问题的进一步规定由一项法令公布，该法令发布了一份详尽的基于普遍管辖权或者其他提供法律基础的国际公约、芬兰《刑法典》可以适用的犯罪行为的名单。这份名单包括针对人身（谋杀、攻击、剥夺人身自由和抢劫）和财产（抢劫、盗窃、犯罪伤害）的犯罪行为，而且这些罪行按照《联合国海洋法公约》的定义应被视为海盗行为。

一般而言，在国外实施的犯罪行为，如果没有总检察长签发的起诉令，该刑事案件不会被调查。

芬兰常驻联合国代表团借此机会再次向联合国秘书处致以最崇高的敬意。

纽约，2010年2月19日

法 国
France

关于勘探大陆架并开发其自然资源的法案
（1968年12月30日第68-1181号法案）

第一章 一般规定

第一条

根据1958年4月29日《大陆架公约》的规定，法兰西共和国为勘探邻接领土的大陆架和开发其自然资源的目的，对大陆架行使主权权利。

法兰西共和国行使上述主权权利的大陆架，无论其地理位置和邻接领土的地位，均受本法案第三十五条、第三十六条管辖。

第二条

任何旨在勘探大陆架和开发其自然资源的公共或私人行为都必须事先获得授权。

关于定栖动植物资源的开发，法国公民无须具备第一段中的授权要求，除非开发行为位于大陆架用于渔业或海水养殖的设施附近。

第三条

根据本法案,"设施和装置"是指:

1. 用于勘探和开发的平台及其他建筑,包括其附属船舶。
2. 直接参与勘探、开发的船舶。

第四条

可以在第三条规定的设施和装置周围建立安全区,其范围直至距设施和装置边缘 500 米。未经授权,禁止以任何方式进入该区域从事与勘探、开发无关的活动。

为了保护设施和装置,维护区域航行安全,可以对飞越设施和装置领空的行为加以限制。

第五条

根据本法案及其执行文本,法国法律法规在第二条涉及的行为发生时,适用于第三条规定的设施和装置,将其视同位于法国主要城市内。在相同条件下,也适用于设施和装备本身。上述法律法规在同样条件下也适用于监督安全区内的行为以及维持公共秩序。

第六条

通过管道勘探、挖掘和运输埋藏于大陆架底土或出现在其表面的矿物、化石的行为都应遵循城市中适用于开采属于矿物的地质沉淀物的制度。但是,无论标的物为何种物质,大陆架开发许可期限不得超过 50 年。

第七条

除非主管部长给出特别例外许可,法国领土与设施和装置之间的海运或空运交通权仅为法国船舶和飞机所有。

第八条

上述第三条第 1 款规定的设施和装置应视作动产,如为船舶,在 1967 年 1 月 3 日第 67-5 号法案列出的情形下可以用于按揭抵押。

第九条

在上述第三条第 1 款规定的设施和装置上从事探索和开发大陆架资源作业的海上人员,可以请求在针对海上作业人员的社会保险计划下获得保险,并可以在伤病情况下根据《海事劳动法典》持续获益,并获得海外报税优惠;在此情况下,假定就业者具有船主义务。

第二章 安全措施规定

第十条

关于海上生命安全的法律法规适用于上述第三条第1款规定的设施和装置。

另外,如果设施和装置能够漂浮,在其漂浮时适用关于航行登记和执照以及避免海上碰撞的法律法规。

为执行上述法律法规,设施和装置上执行勘探开发作业的负责人将被视作上述法律法规中定义的船长。他将始终受普通法管辖。

第十一条

上述第三条第1款规定的海床上的设施和装置的拥有或使用者,或者设施和装置上执行勘探开发作业的负责人具有在任何时间,在其管辖区域建立、运行、保持良好工作秩序,警示其存在的义务。在任何情况下,警示费用由拥有或使用者支付。这些命令适用于在第四条中提到的安全区内警示存在的设备。

如果上一段中提到的人员没能遵照管辖机关适用本条给出的指令,上述管辖机关在对方拒不执行命令时,可以按法律和惯例自动采取必要措施,费用由拥有者或使用者承担。

为了保证上述人员履行本法赋予他们的职责,管辖机关可以进入设施和装置以及警示存在的设备。

第十二条

进行勘探和开发大陆架活动的人员的信息应递交管辖机关。

根据情况不同,该义务可由第三条中规定的拥有者或使用者或者设施和装置上负责作业的人承担。

第十三条

《海洋港口法典》第七十至七十四条适用于本法案第三条第1款规定的警示设施和装置的设备以及第四条规定的安全区。

为执行《海洋港口法典》第七十至七十二条,设施和装置上执行勘探开发作业的负责人将被视作上述法条中定义的船长。他将始终受普通法管辖。

第十四条

拥有者和使用者应完全移除停止使用的设施和装置。在必要时,应当给予其履行该义务的正式通知，该工作开始和结束的最后期限也应与其进行沟通。

如果其拒绝或者忽视该工作，可采取强制措施，费用和风险将由其承担。在以上情况下，拥有和使用者可能丧失其对设施和装置的权利。

第三章　海关和税务规定

第十五条

根据《海关法典》，大陆架发掘的产品将视为是在《海关法典》第一条规定的新的海关领土取得的。

为执行税法，上述产品将被视为是在法国城市中取得的。

第十六条

大陆架上用于勘探和发掘石油和其他矿物资源以及生物材料（以上物质将在法令中列示）的工业厂房以及其运作和保养所必需的产品将免征进口关税。

第十七条

海关人员可随时检查设施和装置以及上述第四条规定的在安全区内或海关区域海上部分用于探索大陆架或开发其自然资源的运输设备。

第十八条

本法案生效之日正在使用的探索和开发大陆架的设施和装置，以及其上的植物和其他产品，将被视为于本法案生效之日进口。

第十九条

《税法通则》第一章第二部分列出的地方当局征收的税种不适用于大陆架，除非属于第二章第三部分列出的间接税收。

第四章　费用规定

第二十条

大陆架开采液态烃、气态烃的被许可人应当支付《矿产资源法案》第三十一条规定的年度费用。

第二十一条

大陆架开采液态烃、气态烃以及矿产资源法规中列举的其他矿物的被许可人（根据上述第六条的规定），须根据物质的价值缴纳以吨为计量单位按比例征收的特别费用。

该费用产生的收入将依据 1970 年 1 月 1 日前的《财政法》在中央和地方之间分配。

第二十二条

从事使用大陆架渔业或海水养殖设施的动植物资源开发活动，须向国家缴纳年度活动费用。

第二十三条

本章中涉及的税率以及前述条款涉及的税基由《财政法》确定。

第五章 刑 事 规 定

第二十四条

未经上述第二条规定的授权，在大陆架上从事旨在勘探和开发自然资源的活动，或违反授权中的规定，将被判处 11 日至 3 个月的监禁以及 1 000~5 000 法郎的罚款或者选处其一。再犯或多次犯罪的，将被处以 2 000~10 000 法郎的罚款以及 5 年以下监禁。

另外，法院可在必要时命令拆除未经前述授权设置的勘探和开发装置或者要求按照授权内容进行重新设置。法院可给出违法者移除设施装置或重新设置的时限。

未能在第二段规定的时限内完成移除设施装置或重新设置的工作将适用第一段规定的处罚措施。

如果在判决规定的时限内，违法者没有或未能完全移除设施和装置或没能重新设置，国会法令规定的行政机关可自行采取执行司法判决的一切必要措施，费用和风险由违法者承担。

第二十五条

除非已经上述第二十四条规定和处罚，违反《矿产资源法典》第一百四十一、一百四十二条的行为，如在大陆架发生，则根据上述法条处罚。但是，违反第一百四十一条将被处以 1 000~5 000 法郎的罚款，违反第一百四十二条将被处以 1 000~2 500 法郎的罚款。再犯或多次犯罪的，处以双倍罚款。

第二十六条

一旦本法案第二十四条规定的违法行为的官方报告发出，可以责令其暂停勘探或开采工作，以等待司法机关的最终判决。可以应第二十四条指定的行政机关的要求，由检察机关判决，也可以由审理此案的地方法官自行判决或者由建议审判法院判决。

司法机关应在审讯所有者或经营者，或者依法传唤其出庭后的 48 小时内作出裁决。

司法判决立即生效，不得上诉。

从本条第一段规定的官方报告发出，行政机关即可在司法机关尚未作出规定时，作出中止工作的决定并列示理由。该决定的复印件应提交检察机关。

行政机关为保证命令的执行，可采取一切强制措施。

司法机关可自行决定或应管理机关或拥有者和使用者的要求决定撤销或继续中止工作的措施。

如果没有上诉理由或者不起诉，行政机关的决定将失效。

司法裁决应通知行政机关，在必要时，由其负责裁决的执行。

如果还未提起诉讼，公共检察官可以自动或应拥有者或使用者的要求，告知行政机关，后者应中止其采取的措施。

第二十七条

违反要求中止勘探开发工作的司法决定继续进行工作的，将被处以 11 日至 3 个月监禁以及 1 000~3 000 法郎罚款，或选处其一。

第二十八条

根据关于防止本法案第三条第 2 款规定的设施和装置造成海洋原油污染的法律法规，在勘探、开发大陆架自然资源期间，实施 1954 年 5 月 12 日于伦敦签署的《防止海洋原油污染国际公约》第一条第 1 款规定的从设施和装置上向海洋排放或泄漏该国际公约第三条第 1 款列出的物质的行为，将被判处 2 000~20 000 法郎的罚款，再犯或多次犯罪的，将被判处 6 日至 6 个月的监禁以及 5 000~50 000 法郎的罚款或二者选处其一。

如果违法行为是由本法案第三条规定的设施或装置的拥有者或使用者以及设施和装置上勘探开发作业的负责人指示的，他将被判处 10 日至 6 个月监禁以及 3 000~30 000 法郎的罚款。未给予上述指示的，将被认定为共犯。

本条第一段规定的违法行为在以下情形视作不违法：

1. 排放行为是为了保证本法案第三条第 1 款规定的设施或装置的安全或者拯救海上人员生命。

2. 泄漏是由无法预见或不能阻止的损坏或渗漏造成的，且发现损坏或渗漏后采取了一切必要措施防止和减少泄漏。

1964 年 12 月 28 日第 64–1331 号法案第三、第六、第七条关于海洋原油污染的处罚适用于本法案规定的违法行为。

第二十九条

拥有者或使用者在接到上述第十四条第一段提到的正式通知后拒绝或没能遵守该法令的规定，将被判处 11 日至 3 个月的监禁以及 1 000~5 000 法郎的罚款或二者选处其一。

第三十条

违反上述第十一条第一段法令的行为将依据《海洋商人戒令》第八十、八十一条和《刑法典》的规定处罚。

第三十一条

违反上述第十二条法令的行为将依据 1967 年 5 月 20 日第 67–405 号法案第五条、第六条第 3 款关于海上生命安全和船舶生存状况法案规定的处罚。

第三十二条

除不可抗力外，在管辖机关已采取合理措施通知航行人上述第四条规定的安全区位置后，非法进入安全区或非法飞越其领空的行为将被判处 11 日至 3 个月的监禁以及 1 000~5 000 法郎的罚款，或者二者选处其一。再犯或多次犯罪的，将判处双倍罚款以及追加两年以下监禁。

第三十三条

以下人员有权调查本法案第十三、二十四、二十七、二十九、三十、三十一、三十二条规定的违法行为：

警察；

海事管理人员；

采矿工程师及其指挥的工程师；

政府海洋服务城市工程师；

指挥国家船舶的人员；

国家飞机的机长；

海关人员；

海岸安保人员以及渔业保护服务人员；

调查违法行为的报告应提交公共检察官。

第六章　其他规定

第三十四条

国家海洋开发中心有权查阅《矿产资源法案》第一百三十二条规定的有关地理、地质和矿物问题的文件和信息；另外，还可以获得有关处理地理问题的文件或信息。

国家海洋开发中心的人员应当依法保守职业秘密。

第三十五条

上述第三条规定的设施和装置以及第四条规定的安全区适用其所在的司法管辖区的有效的刑法和刑事程序。

第三十六条

本法案在与海外领土相邻的大陆架上的适用的调整由国会立法规定。

第三十七条

本法案生效前，勘探大陆架执照的持有者可继续依照授予前述执照的法令行动。

在本法公布后 1 年内，他们应当根据本法案的规定设置设施和装置。

第三十八条

本法案的适用方式将由国会立法规定，立法时应特别参照本法第二、五、八、十一、十二、十四、三十五条。

关于法国领海划界的法令
（1971年12月14日第71-1060号法令）

第一条

法国领水扩展至距基线12海里。

根据法令，基线包括低潮标记、直线基线和海湾封闭线。

法国对领水界限内的领空和海床及底土享有主权。

第二条

除非另有规定，进入领海不得越过法国海岸和与法国相对或毗连国家海岸之间的中线。中线上的点距离两国海岸等距。

第三条

当法国海岸同与法国相对国家海岸之间的距离小于等于24英里，或者距离不足以产生足够大的用于航行的区域时，可以依照国际条约和与相关国家的协议（在必要时）进行处理，以确保畅通的海洋和区域航行。

第四条

外国船舶行使国际条约和法国法律赋予的渔业权适用本法案规定。

第五条

本法案适用于法国海外领土。

关于共和国沿海经济区的法令
（1976年7月16日第76-655号法令）

第一条

在领海外部界限向外延伸188海里的专属经济区内，法兰西共和国将行使探索和开发自然资源（包括海床、底土及其上覆水域的生物和非生物资源）的权利。行使该权利须遵照以下法条的规定。

第二条

关于勘探大陆架以及开发其自然资源的1968年12月30日第68-1181

号法令将适用于除第一条以外的专属经济区内的海床和底土。

第三条

经修改的 1852 年 1 月 9 日《关于行使海洋渔业权的法令》，以及经修改的 1888 年 3 月 1 日《禁止外国公民在法国领水捕鱼》的法律适用于第一条规定的专属经济区。

一旦在专属经济区内违法：

1. 不适用 1852 年 1 月 9 日法令第六条第 1 款的处罚，而适用 1 800~36 000 法郎的罚款以及该法案第二、第三、第五条规定的 720~14 400 法郎罚款的处罚。

2. 不适用 1888 年 3 月 1 日法律第二条第 3 款的处罚，而适用 8 000~160 000 法郎罚款的处罚。

另外，1966 年 6 月 18 日《关于行使海洋渔业权以及在南半球和南极地区的法国领土开发海洋产品》的第 66–400 号法案第四、五、六、七、八、九条的处罚，对于发生在上述领土内的专属经济区的违法行为适用以下罚款：

第四条：4 000~20 000 法郎；

第五条：2 000~60 000 法郎；

第六条：20 000~60 000 法郎；

第七条：2 000~60 000 法郎；

第八条：2 000~10 000 法郎；

第九条：处以第五至八条最高额度双倍罚款。

第四条

在第一条规定的专属经济区内，法国行使有关海洋环境保护的国际法认可的司法管辖权。

第五条

国会将立法决定有关共和国领土内不同海岸毗连的专属经济区的本法令生效的条件和日期。

本法律将以国家法律形式实施。

法国边界法令

（1977年2月11日第77-130号法令）

（注：法令标题全称为《依据1976年7月16日法令，在北海、英吉利海峡及大西洋沿岸的共和国境内，自法国－比利时边界至法国－西班牙边界建立一个经济区的第77-130号法令》，1977年2月11日。）

第一条

1976年7月16日法令第一条规定的专属经济区将根据与邻国的划界协议从和北海、英吉利海峡以及大西洋相接的共和国海岸向外扩展，从法国－比利时边界延伸至法国－西班牙边界，从领海的外部界限向外扩展188海里。

在该区域范围内，上述法令自本法公布之日起生效。

第二条

根据建立欧洲经济联盟的条约及其修正案，依据经修改的1888年3月1日法律，禁止外国船舶进入上述经济区。

尽管有上述法令，在建立欧洲经济联盟的条约及其修正案、国际条约以及法国法律规定的情况下，可以授予外国船舶捕鱼执照。

第三条

在第一条规定的专属经济区内非法捕鱼，将根据1852年1月9日法令第五条第6款、第六条第6款、第七条第1款、第八条和第九条以及1888年3月1日法律第十一条第2款处以600~1000法郎的罚款。

第四条

司法部长、内政部长、外交部长、经济和财政部长、国防部长、工业部长、产业和研究部长、环境部长以及运输国务秘书可在适当时机执行该法令。本法将在法兰西共和国官方日志上公布。

修订 1968 年 12 月 30 日第 68-1181 号
《关于勘探大陆架并开发其自然资源的法案》的法案
（1977 年 5 月 11 日第 77-485 号法案）

第一条

1968 年 12 月 30 日第 68-1181 号法案第二条第二段的规定不再适用，适用以下规定：

关于属于定栖物种的动植物的开发，欧洲经济联盟成员无须具备第 1 款规定的授权条件，除非开发中占用了大陆架渔业或海水养殖固定设施的位置。

第二条

上述法案第六条规定不再适用，适用以下规定：

第六条 根据本法案及其适用文本的规定，通过管道勘探、发掘、运输大陆架底土中蕴藏的或者出现在其表面的矿物、化石，适用法国城市中关于属于矿物种类的地理沉淀的制度。

第三条

上述法案第七条规定不再适用，适用以下规定：

第七条 根据《关于建立欧洲经济联盟的条约》及其适用文本的规定，法国领土与设置在相邻大陆架的设施和装置之间的海上和空中运输权，除非主管部长行规定，归悬挂法国国旗的船舶和法国飞机所有。

第四条

上述 1968 年 12 月 30 日法案第二十一条和第二十三条的规定不再适用，适用如下第二十一条、二十三条、二十三条补充的规定：

第二十一条 根据上述第六条和矿产资源法规，获得液态烃、气态烃开采许可的人以及获得开采其他矿物许可的人，应根据开采物质的净吨数缴纳税费，该税费总额与《税法通则》第 1519 和 1587 条规定的税费相等。

该项税费的收入属于特定部门，特定部门须根据国会立法制定的程序将其中至少一半给予特定社区。该法令应根据矿物和开发矿物的路基设施的地理位置规定指定接收部门和社区的标准。

第二十三条 上述第二十、二十一条规定的税费适用于《开采矿产资源法典》第二条规定的物质的领海海床开采许可的持有人。

第二十三补充　在海外领土，上述第二十、二十一条规定的税费属于当地。

第五条

上述1968年12月30日法案第二十八条规定不再适用，适用如下第二十八、二十八（1）和二十八（2）条规定：

第二十八条　根据《矿产资源法典》，特别是其八十三、八十四、八十五条的规定，以及将其效力扩展至勘探和开发大陆架自然资源的一切活动的文本，禁止可能危害公共健康、海洋动植物以及海岸地区经济和旅游业发展的向海洋中排放烃和烃混合物的行为。

勘探开发活动的直接排放物不应含烃。

开采、贮藏活动的直接排放物不能含有中等数值或者百万分之二十以上的烃，获得开采许可的地区每天每公顷亦不得向海中排放超过2厘升的烃。

可以根据当地情况或者特殊开采需要或者环保需要公布比前述法律更为严格的规定。

开采许可的持有人，在对该区域的地理和生态环境进行详细调查前（调查费用由持有人负担），严禁进行开采活动。调查应贯穿许可有效期的始终，至少一年一次。

本法的执行方式由国会立法制定。

第二十八（1）条　经修改后的1964年12月23日第64-1331号《关于将造成海洋原油污染列为可处罚的违法行为的法案》适用如下：

对于本法案第三条规定的设施和装置，适用于它们不用于勘探和开发期间。

适用于不直接与勘探和开发相关的使用上述设施和装置的活动。

第二十八（2）条　违反本法案第二十三条规定，一经发现，将处以10 000~100 000法郎的罚款以及3个月至两年的监禁，或二者选处其一。再犯或多次犯罪的，加倍处罚。

如果违法行为是由勘探开发许可的持有者或者其代理人或者前述设施和装置上勘探、开发包括贮藏活动的负责人指使的，后者将被处以两倍于上一条规定的处罚。

负责上述活动的勘探开发许可持有者的代理人，没有给予其工作人员遵守本法案第二十八条一至四段规定的书面指示的，将被认定为违法行为的共犯。

但是，如果已经采取本法案第二十八条规定的所有措施，将不被视为违法行为：

1. 排放行为是为了本法案第三条规定的设施或装置的安全，或者防止它们的可能危及生命安全或环境保护的严重损害，或者拯救海上人员生命。

2. 泄漏是由不能预见、不能阻止的损坏或渗漏造成的，在发现损坏或渗漏后已采取了一切必要措施来防止、制止、减少泄漏以减轻其后果。

第六条

上述1968年12月30日法案应加入如下第二十八（3）条：

第二十八（3）条 上述第二十八至二十八（2）条的规定应依照适用《矿产资源法典》或出于保护渔业和海水养殖的目的制定的更为严厉的措施适用于领水。

第七条

上述1986年12月30日法案第三十三条不再适用，适用如下法令：

第三十三条 下列人员负责调查本法案第十三、二十四、二十七、二十八、二十八（1）、二十八（2）、二十八（3）、二十九、三十、三十一和三十二条列示的违法行为。

警察；海洋管理人员；法国海军军官；船舶和海洋劳动检查员；机械工程师检查员；矿物工程师或为相关矿区服务的国家公共工程工程师；国家城市工程师、提供海上服务的公共工程工程师以及指定的从事以上服务的工作人员；港口人员和代理法院人员；海关人员。

下列人员须调查违法污染海洋的犯罪行为，收集、辨识犯罪人的相关信息并向海洋管理人员或警察报告：

海岸警卫队和渔业保护服务人员；国家海洋地质船舶管理人员；军用飞机、城防飞机、监视海洋的国家飞机的机长；灯塔和浮标上的工作人员；海洋渔业科研机构工作人员。

第八条

上述法案补充第三十三条（1）和三十三条（2）条：

第三十三条（1）条　根据本法案第三十三条进行的报告在被证明虚假之前应予以采信，无须宣誓。报告官应当将其转交公共检察官，同时将复印件交予管辖矿区的长官以及地区海事首长。

第三十三条（2）条　行政机关有权通过合法程序对破坏航线管理的行为提出赔偿公共财产损失的要求。

第九条

上述 1968 年 12 月 30 日法案第三十六条补充如下第二段：

本法案规定适用于 1976 年 7 月 16 日第 76-665 号法案第一条规定的专属经济区内的海床和底土（第一条规定了例外情形）。

第十条

上述 1968 年 12 月 30 日法案第三十六条不再适用，适用如下第三十六条：

第三十六条　关于与海外领土相毗连，或者在必要时，与领海海床相毗连的大陆架上的活动的本法案的修改，由国会立法进行。

本法案作为国家法执行。

设立法国南部及南极领土沿海专属经济区的法令

（1978 年 2 月 3 日第 78-144 号法令）

根据 1976 年 7 月 16 日法案制定的设立法国南部及南极领土沿海专属经济区的第 78-144 号法令，1978 年 2 月 3 日。

总理，

根据印章授权人、司法部长、外交部长、内政部长、国防部长、文化和环境部长、经济和财政部长代表、装备和区域规划部长以及工业、贸易和行业部长的报告，

根据经 1928 年 3 月 30 日法案、1933 年 4 月 16 日法案、1964 年 5 月 25 日第 64-438 号法案、1967 年 12 月 15 日第 67-1086 号法案和 1967 年 6 月 7 日第 67-451 号法案修正的关于禁止外国船舶进入法国领水的 1888 年 3

月 1 日法案，

根据 1966 年 6 月 18 日关于在法国南部及南极领土开展海洋渔业和开发海洋产品的第 66-400 号法案，以及 1969 年 4 月 25 日关于制定完善该法案的公共管理规则的第 69-408 号法案，

根据 1971 年 12 月 24 日关于法国领水划界的第 71-1060 号法案，

根据 1976 年 7 月 16 日关于与法国海岸毗连的专属经济区第 76-655 号法案，特别是其中的第五条，

根据 1955 年 8 月 6 日关于授予法国南部及南极领土行政和财政自治权的第 55-1052 号法案，特别是其中的第一条，

根据 1971 年 5 月 6 日修订 1968 年 12 月 30 日第 68-1181 号法案的关于探索大陆架和开发其自然资源的第 71-360 号法案，

根据《矿产资源法典》以及关于其修改的文本，

根据 1963 年 7 月 30 日第 63-766 号法令，特别是其中的第二十一条（倒数第二行），

国会（公共工程分部）协商制定如下法令：

第一条

根据与外国达成的划界协议，1976 年 7 月 16 日法案第一条规定的与法国南部海岸（法国南部及南极领土）毗连的专属经济区将向外扩展，从领水的外部界限向外延伸 188 海里。

上述法案自本法公布之日起在该地区生效。

第二条

在前述专属经济区，上述经 1898 年 3 月 1 日修订的法令规定不再适用，可根据国际条约和法国国内法的规定给予外国船舶捕鱼许可。

第三条

1966 年 6 月 18 日《关于海洋渔业和在法国南部和南极领土开发海洋产品的法案》，以及 1969 年 4 月 25 日关于制定完善该法案的公共管理规则的第 69-408 号法案，适用于在第一条提到的经济区内从事渔业和开发生物资源的行为。

第四条

在 1971 年 5 月 6 日第 71-360 号法令指定的项目研究委员会行政代表

缺席时，有关部长应重新任命中央行政代表或者管辖该领土的科研组织。

第五条

印章授权人、司法部长、外事部长、内政部长、国防部长、文化和环境部长、经济和财政部长代表、装备和区域规划部长、工业、贸易和行业部长、负责向内政部长（海外部门和领土）报告的国务秘书以及负责向设备和土地利用规划（运输）部长报告的国务秘书，负责该法令的修正。修正内容将通过法国公共官方日志公布。

1978 年 2 月 3 日于巴黎

总理　Raymond Barre

内政部长　Christian Bonnet

印章授权人、司法部长　Alain Peyrefitte

国防部长　Yvon Bourges

文化和环境部长　Michel d'ornano

经济和财政部长代表　Robert Boulin

装备和区域规划部长　Fernand Icart

工业、贸易和行业部长　René Monory

负责向内政部长（海外部门和领土）报告的国务秘书　Olivier Stirn

负责向设备和土地利用规划（运输）部长报告的国务秘书　Marcel Cavaillé

设立法属留尼汪岛沿海专属经济区的法令

（1978 年 2 月 3 日第 78-148 号法令）

根据 1976 年 7 月 16 日法案制定的设立法属留尼汪岛沿海专属经济区的第 78-148 号法令，1978 年 2 月 3 日，

总理，

根据司法部长和印章授权人、外交部长、内政部长、国防部长、文化和

环境部长、国家经济和财政部长、区域规划部长以及工业和贸易部长的报告，

根据经 1930 年 2 月 12 日法案、1958 年 12 月 23 日第 58-1297 号条例、1969 年 6 月 12 日第 69-576 号法令和 1970 年 12 月 31 日第 70-1302 号法案修改后的 1852 年 1 月 9 日法令，

根据经 1928 年 3 月 30 日法案、1933 年 4 月 16 日法案、1964 年 5 月 25 日第 64-638 号法案、1967 年 6 月 7 日第 67-451 号法案以及 1967 年 12 月 15 日第 67-1086 号法案修改后的关于禁止外国船舶在法国领土捕鱼的 1888 年 3 月 1 日法案，

根据 1976 年 7 月 16 日关于与共和国海岸领土毗连的经济区的第 76-655 号法案，特别是其的第五条，

根据《矿产资源法典》二级法，

根据《刑法典》第 R25 条，

根据 1963 年 7 月 30 日第 63-776 号法令，特别是其中的第二十一条（倒数第二段），

根据国会（公共工程分部）的决议，特此制定本法令：

第一条

根据与外国达成的划界协议，1976 年 7 月 16 日法案第一条规定的与法国南部海岸（法国南部及南极领土）毗连的专属经济区将向外扩展，从领水的外部界限向外延伸 188 海里。

上述法案自本法公布之日起在该地区生效。

第二条

根据《关于建立欧洲经济联盟的条约》及其二级法以及经修改的 1888 年 3 月 1 日法案，禁止外国船舶在上述区域内捕鱼。

但是，作为该法令的例外情形，可以根据《关于建立欧洲经济联盟的条约》及其二级法、国际条约以及法国国内法规定的情形给予外国船舶捕鱼许可。

第三条

对于第一条提到的专属经济区内的非法捕鱼行为，上述 1852 年 1 月 9 日法案第五条第 1 款、第六条第 6 款、第七条第 1 款、第八、第九条以及上述 1888 年 3 月 1 日法案规定的处罚不再适用，适用 600~1 000 法郎的罚款。

第四条

司法部长和印章授权人、外交部长、内政部长、国防部长、文化和环境部长、经济和财政部长、区域规划部长、工业和贸易部长、负责向内政部长（海外部门和领土）报告的国务秘书以及负责向区域规划（运输）部长报告的国务秘书，在其职权范围内负责该法令的修正。修正内容将通过法国公共官方日志公布。

1978年2月3日于巴黎

管理通过法国领水的外国船舶的法令
（1985年2月6日第85-185号法令）

第一条
根据本法案关于无害通过的规定，外国船舶享有通过法国领水的权利。

第二条
"通过"是指出于以下原因航行通过领水：

1. 不进入内水，不在内水外的停泊处或港口设施处停靠，直接通过。
2. 进出内水或进出停泊处或港口设施。

通过应当连续而迅速。当然，通过也包括停船和抛锚，但是必须是偶然发生在正常航行中或者受不可抗力强制或发生海难，抑或是为危急或遇难的人员、船舶、飞机提供帮助。

第三条
无害通过不能危害和平、良好秩序和国家安全。

通过领水的外国船舶如果没有如下与通过直接相关的行为，则视为没有危害和平、良好秩序和国家安全：

1. 威胁或暴力侵害主权、领土完整和司法独立，或者其他违反国际法准则为《联合国宪章》所禁止的行为。

2. 使用任何武器。

3. 旨在收集危害国防安全的信息的行为。

4. 宣传危害国防安全的行为。

5. 发射、着陆或者装载飞行器的行为。

6. 发射、着陆或者装载武器装备的行为。

7. 装卸违法商品、货币、人员的行为。

8. 故意严重污染环境的行为。

9. 渔业活动。

10. 研究调查活动。

11. 旨在干扰法国领土和领水内的通信系统或其他设施的行为。

第四条

潜艇和其他水下交通工具必须从水面上通过领水并展示国旗。

第五条

法国本土的海事长官、海外部门的政府代表和海外领土以及马约特岛可在其领水范围内对非无害通过的入侵和通过采取必要措施。

在外国船舶进出内水或进出停泊处或港口设施的情况下，上述主体也可以采取必要措施防止上述船舶违反进入内水的许可条件。

第六条

上述第五条规定的主体基于航行安全的考虑，可以在必要时要求行使无害通过法国领水权利的外国船舶使用指定航道或交通隔离区域，特别是针对油轮、核动力船舶、携带核物质以及其他危险或有毒物质的船舶。航道和交通隔离区域需在海图中标明，进行应有的告知。

上述主体可以在不对外国船舶进行形式和事实上的歧视的情况下，在特定领水区域暂时禁止外国船舶行使无害通过权（如果该禁止行为对保护国家安全是必要的）。上述禁止行为在履行必要的通告义务后方有效。

第七条

本法令适用于海外领土和马约特岛。

第八条

司法部长，外交部长，国防部长，内政和地方事务部长，城市化、住房和交通部长，海外内政和地方事务部长秘书以及海洋城市化、住房和交通部长秘书，负责本法令在各自职权范围的执行。本法令将在法兰西共和国官方日志中公布。

关于海洋文化遗产和修订 1941 年 9 月 27 日《考古发掘管理法案》的法案
（1989 年 12 月 1 日第 89-874 号法案）

第一条

海洋文化遗产包括沉淀物、残骸、文物，或者概括地说，包括一切在海洋公共领域或者毗连区海床上的古老的、考古学的、历史学的遗产。

第一部分　位于海洋公共领域的海洋文化遗产

第二条

位于海洋公共领域无法确定归属人的文化遗产属于国家财产。文化遗产公开之日起 3 年内未确定归属人的，属于国家财产。文化遗产的公开方式由国会立法确定。

第三条

一旦发现海洋文化遗产，禁止移动和损坏，并应在发现或到达第一现场 48 小时内通报行政机关。

第四条

因工作或其他公共或私人行为无意中移动了海洋文化遗产的，必须将其置于自己的控制内，并在第三条规定的时限内通报行政机关；在相同时限内，该机关应将文化遗产置于其控制内。

第五条

如果一件文化遗产被通报多次，发现它的功劳属于第一位通报者。

第六条

发现并通报第二条规定的属于国家所有的文化遗产的人将获得特定种类或一定数额的奖励，奖励由行政机关作出。

第七条

未经行政机关授权，禁止使用特定设备勘探海洋文化遗产的位置，禁止进行开采、开凿活动，授权应依据申请者的资质以及研究的性质作出。

移动遗产或其样本也必须经过相同程序的授权。

行政机关也可以授权个人出于研究以外的目的移动遗产或其样本。

第八条

挖掘、开凿、勘探、移动遗产或样本必须在申请并获得第七条规定的授权的人的有效指导下进行。

第九条

一旦发现海洋文化遗产的所有者，在对该遗产采取任何行为以前都必须获得其书面同意。

第十条

一旦海洋文化遗产遭受威胁，文化部长可在必要情况下，在通知所有者后依据职权采取保护措施。

第十一条

文化部长可在给予所有者一次呈递其意见的机会后，声明位于海洋公共区域的海洋文化遗产属于公共财产。如果所有者没有同意，将由国会立法作出声明。

转移占有由普通法庭依据占有补偿权作出。该补偿应包括直接的、物质的以及其他损害的全部数额。如不能达成协议，补偿数额由法院判决。

第二部分　毗连区的海洋文化遗产

第十二条

根据与邻国的划界协议，本法案第三、四、五、七、八、九条适用于距领海基线12至24海里的毗连区内的海洋文化遗产。

第十三条

发现并通报属于国家所有的位于毗连区内的文化遗产的人将获得特定种类或一定数额的奖励,奖励由行政机关作出。

第三部分 刑事法规

第十四条

违反本法案第三条第二段和第四段通报义务的人将被处以 500~15 000 法郎的罚款。

向公共机关谎报标的物的位置和成分将受到相同处罚。

第十五条

违反本法案第三条第一段、第七条、第八条对海洋文化遗产或其样本进行勘探、开凿、取样、挖掘或者移动的,将被处以 1 000~50 000 法郎的罚款。

第十六条

在明知的情况下买卖违反本法案第三、四、七、八条取得的公共区域或者毗连区海床的海洋文化遗产将被处以一个月至两年的监禁以及 500~30 000 法郎的罚款,或者二者选处其一。罚款数额可升至遗产销售所得的两倍。司法机关可追加处罚,要求被告人出资通过媒体公布处罚,费用最高不得超过罚款额。

第十七条

违反本法案的行为由犯罪调查局的官员和警察、犯罪调查局的代理警察、海事行政人员、海事技术和行政人员、海关人员、依据国会立法任职的部长的代理人、国家海军的军官和士官、海事调查员、渔业设施调查技师、海岸信号员、海洋登记人员代表以及港口的官员和代理官员负责查明。

第十八条

本法案第十七条指定的通报机关的通报将被认为是准确的,除非有证据证明并非如此。报告应送达国家检察官。

第十九条

有关在领海和毗连区违反本法案的犯罪案件应当由案发地的管辖法院或者犯罪人所在地的管辖法院或者犯罪人被逮捕地的管辖法院审理,如果上述法院都不审理，则应提交巴黎高等法院审理。

第四部分　1941 年 9 月 27 日考古发掘管理法案的修订

第二十条

上述 1941 年 9 月 27 日法案第十九条修改如下：

"第十九条　违反第十四条报告义务或谎报的将被判处 500~15 000 法郎的罚款。"

第二十一条

上述 1941 年 9 月 27 日法案第二十条修改如下：

"第二十条　违反本法案第一、第三、第六、第十五条进行挖掘的，将被处以 1 000~50 000 法郎的罚款。"

第二十二条

上述 1941 年 9 月 27 日法案第二十一条修改如下：

"第二十一条　在明知的情况下违反第一、第六、第十五条的规定买卖已发现的遗产，或违反第三、第十四条的规定买卖隐匿的遗产将被判处一个月至两年的监禁以及 500~30 000 法郎的罚款，或二者选处其一。罚款数额可升至遗产销售所得的两倍。

司法机关可追加处罚，要求被告人出资通过媒体公布处罚，费用最高不得超过罚款额。"

第五部分　其他规定

第二十三条

本法案除第四部分外，适用于马约特岛领土。

第二十四条

本法案的执行办法由国会立法确定。本法案作为国家法律执行。

禁止运载石油的油轮及运送危险或有毒物质的船舶在博尼法乔海峡航行的地方法规

（1993年2月15日第1/93号地方法规）

海军副总司令Tripier，地中海海事长官，

根据1844年6月14日《海军行政服务条例》，

根据1926年12月17日关于商船纪律和刑事法典的第63号法案，

根据经修正的1978年3月9日关于组织国家海洋行为的第78-272号法令，

根据1978年3月24日关于防止事故性海洋污染的第78-421号法令，

根据界定1979年1月2日第79-1号法案第二、第三条规定的危险物质的1979年8月7日第79-703号法令，

根据1986年1月7日关于针对可能造成事故性海洋污染的船舶、飞机、装置、设施或平台的警卫措施的第86-38号法令，

根据1989年7月12日公布的法兰西共和国政府与意大利共和国政府1986年11月28日于巴黎达成的关于博尼法乔海峡地区海上边境线划界协议的第89-490号法令，

根据1930年2月1日依据警力和海岸渔业规则宣布海事长官管辖权的法令，

根据《刑法典》第R.26条，

根据1976年7月7日关于防止和消除船舶和飞机浸没活动造成的海洋污染以及防止事故性海洋污染的第76-559号法令，

根据1986年1月3日关于海岸管理、保护和开发的第86-2号法案，

根据1975年6月6日公布的于布鲁塞尔签署的1969年11月29日接受各国签约的关于介入公海原油污染的国际公约的第75-553号法令以及经修改的1986年9月24日公布的1973年11月2日于伦敦签署的关于介入公海非原油污染议定书的第86-1076号法案，

根据1983年公布的经1978年2月17日于伦敦签署的议定书(MARPOL 73178)修改的1973年11月2日于伦敦签署的关于防止船舶污染的国际公约的第83-874号法令，以及1987年9月24日公布的上述条约附则二的第

87-788 号法令，

特此命令：

第一条

禁止悬挂法国国旗并携带原油或附录 1 中列出的危险物质的船舶在博尼法乔海峡地区航行，除非在不可抗力情况下给予船舶特许的航线。

第二条

前述法令也适用于在法国港口之间航行、从事海上贸易、携带上述物质的船舶。

第三条

本命令不适用于法国作战船舶和其他非商业用途的船舶。

第四条

本法令自意大利管辖机关制定类似措施法令之日起生效。该日期应立法确定。

第五条

授权的海洋警卫人员和机构将在其职权范围内负责本命令的执行，本命令将通知相关海事局和港口管理局，并将通过适当的海洋指令（法国地中海 – 北海海岸 – 文本和印版）予以公布。

确定毗邻马提尼克岛和瓜德罗普岛地区的法国领海宽度的基线的法令

（1999 年 4 月 21 日第 99-324 号法令）

确定直线基线及测量与马提尼克岛和瓜德罗普岛地区相邻的领海宽度之海湾封闭线的法令

总理，

根据内政部长，外交部长，国防部长，基建、运输和住房部长以及农业和渔业部长的报告，

根据关于法国领海划界的 1971 年 12 月 24 日第 71-1060 号法案，

根据承认《联合国海洋法公约》（包括9个附加条款）的1995年12月21日第95-1311号法案以及1982年12月10日《联合国海洋法公约》第六部分的执行案，

根据关于扩展禁止外国船舶进入的渔业区的1967年6月7日第67-451号法令，

根据关于扩大瓜德罗普岛、马提尼克岛、留尼汪岛三省的1978年3月29日第78-465号法令和关于扩展禁止外国船舶进入的渔业区的1967年6月7日第67-451号法令，

根据1996年8月30日关于公布《联合国海洋法公约》的第96-774号法令，

第一条

直线基线及测量与马提尼克岛地区相邻的法国领海宽度之海湾封闭线由下述A、B、C、D、E、F、G、H、I、J、K、L、M、N和O点连接，这些点的坐标取自世界测地系统（WGS 84）：

（注：考虑到地名译成汉语之后，很难再翻译成对应的英文，为方便读者，保留了英文原文。）

点	地名	纬度	经度
A	Pointe de Marigot	14°49′49″N	61°1′44″W
B	Rocher Pain de Sucre	14°48′42″N	61°0′22″W
C	La Caravelle	14°48′25″N	60°52′46″W
D	Table au Diable	14°46′31″N	60°52′18″W
E	Pointe du Vauclin	14°34′05″N	;60°49′30″W
F	Pointe Macré	14°28′49″N	60°48′31″W
G	Cap Ferré	14°27′37″N	60°48′30″W
H	South-east Point of the islet at Toisroux	14°24′37″N	60°49′56″W
I	Îlet Cabrits	14°23′19″N	60°52′2″W
J	Unnamed islet	14°23′22″N	60°52′15″W

续表

点	地名	纬度	经度
K	Rocher du Diamant	14°26′31″N	61°2′21″W
L	Pointe du Diamant	14°27′25″N	61°3′53″W
M	Morne Jacqueline	14°28′15″N	61°4′56″W
N	Cap Salomon	14°30′28″N	61°6′03″W
O	Cap Enragé	14°38′59″N	61°9′08″W

第二条

直线基线及测量与瓜德罗普岛地区相邻的法国领海宽度之海湾封闭线由下述A和B、C、D和E、F、G、H、I、J和K、L、M、N、O、P、Q点连接，这些点的坐标取自世界测地系统（WGS 84）：

（注：考虑到地名译成汉语之后，很难再翻译成对应的英文，为方便读者，保留了英文原文。）

点	地名	纬度	经度
A	Pointe Morne（western point）	16°19′40″N	61°17′53″W
B	La Désirade, Pointe du Grand Nord	16°19′12″N	61°4′26″W
C	La Désirade, Pointe Doublé	16°20′2″N	61°0′7″W
D	Eastem Point of Terre-de-Haut, Îles de la Petite-Terre	16°10′44″N	61°6′6″W
E	Reefs south of Pointe de Tali on Marie-Galante	15°55′5″N	61°11′35″W
F	Pointe des Basses on Marie-Galante	15°51′58″N	61°16′46″W
G	Pointe des Colibris on Grand Îlet, Îles des Saintes	15°49′54″N	61°35′10″W
H	Southern Point of La Coche	15°50′1″N	61°36′23″W

续表

点	地名	纬度	经度
I	Southern Point Terre-de-Bas, Îles des Saintes	15°50′22″N	61°38′2″W
J	Gros Cap on Terre-de-Bas, Îles des Saintes	15°50′52″N	61°39′3″W
K	Pointe du Vieux Fort	15°56′55″N	61°42′28″W
L	Pointe south of Deshaies cove	16°18′5″N	61°48′9″W
M	Pointe du Gros-Morne	16°18′45″N	61°48′10″W
N	Islet at Kahouannes, northern point	16°22′14″N	61°46′55″W
O	Tête à l'Anglais	16°22′55″N	;61°45′56″W
P	Pointe Petite Tortue	16°30′45″N	61°28′14″W
Q	Pointe de la Grande Vigie	16°30′53″N	61°27′53″W

第三条

直线基线及测量与围绕圣巴泰勒米岛的瓜德罗普地区相邻的法国领海宽度之海湾封闭线由下述 A、B、C、D、E、F、G、H、I、J、K、L、M 和 N 点连接，这些点的坐标取自世界测地系统（WGS 84）：

（注：考虑到地名译成汉语之后，很难再翻译成对应的英文，为方便读者，保留了英文原文。）

点	地名	纬度	经度
A	Pointe à Toiny east	17°53′43″N	62°47′30″W
B	Roches Roubes east	17°52′19″N	62°47′50″W
C	Roches Roubes south	17°52′18″N	62°47′53″W
D	Île Coco, southern islet	17°52′14″N	62°48′40″W
E	Grande Pointe	17°52′44″N	62°50′22″W

点	地名	纬度	经度
F	Pain de Sucre, southern point	17°53′47″N	62°52′35″W
G	Mancel or La Poule et les Poussins, southern point	17°56′44″N	62°57′1″W
H	Mancel or La Poule et les Poussins, western islet	17°56′50″N	62°57′2″W
I	Mancel or La Poule et les Poussins, northern islet	17°57′11″N	62°56′52″W
J	Roche Plate or Table à Diable, north-west	17°58′29″N	62°55′49″W
K	Île le Boulanger	17°57′24″N	62°52′2″W
L	Île Toc Vers, northern islet	17°56′44″N	62°49′6″W
M	Les Grenadins, eastern point	17°55′26″N	62°47′38″W）;
N	East-north-eastern point	17°54′38″N	62°47′23″W

第四条

直线基线及测量与围绕圣马丁岛的瓜德罗普地区相邻的法国领海宽度之海湾封闭线由下述 A、B、C、D、E、F、G、H、I 以及 J、K、L、M 点连接，这些点的坐标取自世界测地系统（WGS 84）：

（注：考虑到地名译成汉语之后，很难再翻译成对应的英文，为方便读者，保留了英文原文。）

点	地名	纬度	经度
A	Falaise des Oiseaux	18°4′26″N	63°8′29″W
B	Pointe du Bluff	18°4′38″N	63°6′52″W
C	Pointe Arago	18°5′9″N	63°5′10″W
D	Northern point of Anse Guichard	18°5′57″N	63°4′30″W

续表

点	地名	纬度	经度
E.	Rocher Crole	18°7′5″N	63°3′26″W
F.	Pointe des Froussards	18°7′24″N	63°2′18″W
G.	Petites Cayes	18°7′28″N	63°1′35″W
H.	Eastern Point	18°7′20″N	63°1′10″W
I.	Île Tintamarre, north-western point	18°7′10″N	62°59′16″W
J.	Île Tintamarre, north-eastern point	18°7′30″N	62°58′14″W
K.	Île Tintamarre, eastern point	18°7′12″N	62°58′16″W
L.	Île Tintamarre, south-western islet	18°7′4″N	62°58′20″W
M.	Point north of Étang aux Huîtres	18°3′14″N	63°0′37″W

第五条

内务部长，外交部长，国防部长，基建、运输和住房部长，农业和渔业部长以及海外事务国务秘书分别负责本法令在其职权范围内的执行，本法令将在法兰西共和国政府日志上公布。

总理　Lionel Jospin

基建、运输和住房部长　Jean-Claude Gayssot

内务部长　Jean-Pierre Chevènement

农业和渔业部长　Jean Glavany The

外交部长　Hubert Védrine

海外事务国务秘书　Jean-Jack Queyranne

国防部长　Alain Richard

测定法国毗邻新喀里多尼亚领海宽度直线基线及海湾封闭线的法令

（2002年5月3日第2002-827号法令）

总理，

根据内政部长，外交部长，国防部长，装备、运输、住房部长，农业和渔业部长的报告，

根据1971年12月24日第71-1060号关于法国领海划界的法案，

根据1995年12月21日第96-1311号法令，该法令批准《联合国海洋法公约》（含9个附件）的效力，并批准有关1982年12月10日《联合国海洋法公约》第六部分的协议的效力，

根据1996年8月30日第96-774号法令，订购《联合国海洋法公约》出版物，

根据2002年3月21日与新喀里多尼亚政府的备忘录，

第一条

用以测量邻近格朗德特尔岛、当特尔卡斯托礁、洛亚蒂群岛、班普顿群岛和切斯特菲尔德礁、彼得里礁、阿斯特罗莱布礁的领海宽度的基线由下表中的点和段来确定。

表的内容：

第一列：点的序号

第二列：点的描述

第三列和第四列：世界大地测量系统（WGS 84）中的北纬和东经坐标

第五列：连接一个点到下一个点的线段的类型，这些线段可以是斜航线（直线基线或者海湾的闭合线）或者是现行的由海事水文和海洋部门发布的大比例尺地图所指的低潮线。

（注：考虑到地名译成汉语之后，很难再翻译成对应的英文，为方便读者，保留了英文原文。）

1. 格朗德特尔岛和当特尔卡斯托礁

格朗德特尔岛和当特尔卡斯托礁的基线由连接第 1 到 108 点的曲线确定。

（1）休恩群岛的北点至 Surprise 环礁东北点：

点序号	名称	北纬	东经	线段种类
1	Northern point of Huon island	17°53′14″	162°54′09″	斜航线
2	North Guilbert reef	17°59′54″	163°07′10″	斜航线
3	East Guilbert reef	18°00′25″	163°07′40″	斜航线
4	North-east Surprise atoll	18°21′29″	163°10′51″	低潮线

（2）Surprise 环礁东南点至 Pelotas 环礁东南点：

点序号	名称	北纬	东经	线段种类
5	South-east point of Surprise atoll	18°27′34″	163°14′22″	斜航线
6	North-east point of Pelotas atoll	18°32′50″	163°15′22″	低潮线

（3）Pelotas 环礁东南点至 Grand Fausse Passe 南点：

点序号	名称	北纬	东经	线段种类
7	South-east Pelotas atoll	18°35′17″	163°14′30″	斜航线
8	East large North lagoon	18°51′25″	163°32′28″	斜航线
9	South-east large North lagoon	19°03′45″	163°41′57″	斜航线
10	North ongombua channel	19°10′16″	163°46′51″	斜航线

续表

点序号	名称	北纬	东经	线段种类
11	North ongombua channel	19°18′24″	163°45′56″	斜航线
12	South ongombua channel	19°23′35″	163°49′25″	斜航线
13	Grand Récif de Cook	19°28′38″	163°52′36″	斜航线
14	North Grande Fausse Passe	19°41′21″	164°00′24″	斜航线
15	South Grande Fausse Passe	19°47′52″	164°05′36″	低潮线

（4）Amos 海峡北至 Balade 海峡东：

点序号	名称	北纬	东经	线段种类
16	North Amos channel	20°06′14″	164°25′29″	斜航线
17	East Balade channel	20°12′47″	164°31′45″	低潮线

（5）Pouébo 海峡西北至 Seine 礁北：

点序号	名称	北纬	东经	线段种类
18	North-west Pouébo channel	20°19′48″	164°37′03″	斜航线
19	North Seine reef	20°22′21″	164°41′35″	低潮线

（6）Leleizou 海峡北至 Leleizou 海峡南：

点序号	名称	北纬	东经	线段种类
20	North Leleizou channel	20°24′56″	164°44′26″	斜航线
21	South Leleizou channel	20°25′38″	164°45′11″	低潮线

（7）Colnett 礁东南至 Doïman 礁东北：

点序号	名称	北纬	东经	线段种类
22	South-east point of Colnett reef	20°30′15″	164°49′45″	斜航线
23	North point of Kaun reef	20°33′44″	165°00′35″	斜航线
24	North-east point of Doïmanreef	20°34′51″	165°09′53″	低潮线

（8）Large Mengalia 礁南至 Cape Bayes 海峡东南礁：

点序号	名称	北纬	东经	线段种类
25	South large Mengalia reef	20°43′57″	165°17′15″	斜航线
26	Reef south-east of central channel	20°50′44″	165°25′46″	斜航线
27	Reef south-east of Fourm channel	20°54′05″	165°29′50″	斜航线
28	Reef south-east of Cape Bayes channel	20°58′35″	165°34′17″	低潮线

（9）Ugué 海峡西礁至 Ouandémia 礁西北：

点序号	名称	北纬	东经	线段种类
29	West reef north of Ugué channel	21°00′14″	165°35′33″	斜航线
30	North reef of Île Maronu	21°08′42″	165°45′38″	斜航线
31	North-west Ouandémia reef	21°19′09″	166°02′17″	低潮线

（10）Ouandémia 礁东南至 Kouakoué 海峡南礁：

点序号	名称	北纬	东经	线段种类
32	South-east point of Ouandémia reef	21°20′02″	166°03′22″	斜航线
33	East point of Ounénéoua reef	21°24′25″	166°07′46″	斜航线
34	Poui-Poui reef	21°27′49″	166°14′59″	斜航线
35	North reef of Niléouti islet	21°32′23″	166°19′19″	斜航线
36	North point of Niaouato reef	21°35′29″	166°24′58″	斜航线
37	South point of Niaouato reef	21°36′03″	166°25′47″	斜航线
38	North-west of Ngoé east channel	21°41′27″	166°31′53″	斜航线
39	Solitaire reef	21°47′27″	166°37′59″	斜航线
40	South reef of Kouakoué channel	21°58′00″	166°54′30″	低潮线

（11）Ouenou 海峡北礁至 Pouaréti 角：

点序号	名称	北纬	东经	线段种类
41	Reef north of Ouenou channel	21°59′54″	166°55′29″	斜航线
42	Cape Pouaréti	22°06′12″	166°56′56″	低潮线

（12）Yaté 海湾北礁至 Yaté 海湾南礁：

点序号	名称	北纬	东经	线段种类
43	Reef north of Yaté bay	22°08′47″	166°57′07″	斜航线
44	Reef south of Yaté bay	22°09′22″	166°57′14″	低潮线

（13）Île Nou 礁西点至 Upé 海峡东南礁：

点序号	名称	北纬	东经	线段种类
45	West point of Île Nou reef	22°15′55″	167°02′35″	斜航线
46	East Nguetu reef	22°22′37″	167°09′53″	斜航线
47	North-west point of Tiaré reef	22°28′35″	167°21′01″	斜航线
48	Reef east of Ngié islet	22°30′20″	167°27′04″	斜航线
49	North-west Upé channel	22°31′19″	167°29′02″	斜航线
50	South-west Upé channel	22°31′47″	167°29′32″	低潮线

（14）Poindjënuré 岛东至 Nogumatiugi 礁南：

点序号	名称	北纬	东经	线段种类
51	East of Poindjënuré islet	22°38′02″	167°33′40″	斜航线
52	South-east point of Nuana	22°44′01″	167°35′41″	斜航线
53	East point of Nuami	22°45′09″	167°35′11″	斜航线
54	South point of Nuami	22°45′54″	167°34′08″	斜航线
55	South-east of Nogumatiugi reef	23°01′14″	167°00′35″	低潮线

（15）Nogumatigui 礁北至 Grand Récif Kué 西南：

点序号	名称	北纬	东经	线段种类
56	North Nogumatiugi reef	22°56′59″	166°54′22″	斜航线
57	South Garanhua reef	22°55′20″	166°50′55″	斜航线
58	Néokumbi reef	22°46′20″	166°42′08″	斜航线
59	South-west of large Kué reef	22°38′09″	166°34′38″	低潮线

（16）Large Kué 礁西北至 Boulari 海峡西北：

点序号	名称	北纬	东经	线段种类
60	North-west of large Kué reef	22°34′35″	166°28′41″	斜航线
61	West Toombo reef	22°33′46″	166°26′41″	斜航线
62	North-west Boulari channels	22°28′58″	166°23′41″	低潮线

（17）Dumbéa 海峡南至 Dumbéa 海峡北：

点序号	名称	北纬	东经	线段种类
63	South Dumbéa channel	22°22′06″	166°15′40″	斜航线
64	North Dumbéa channel	22°21′00″	166°14′10″	低潮线

（18）Uitoé 海峡南至 Uitoé 海峡北：

点序号	名称	北纬	东经	线段种类
65	South Uitoé channel	22°10′42″	166°06′02″	斜航线
66	North Uitoé channel	22°09′41″	166°05′43″	低潮线

（19）Saint-Vincent 海峡南至 Saint-Vincent 海峡西：

点序号	名称	北纬	东经	线段种类
67	South Saint Vincent channel	22°03′04″	165°57′44″	斜航线
68	West Saint Vincent channel	22°01′24″	165°55′23″	低潮线

（20）Isié 海峡南至 coupée Mara 西：

点序号	名称	北纬	东经	线段种类
69	South Isié channel	21°54′41″	165°45′11″	斜航线
70	West coupée Mara	21°47′59″	165°37′11″	低潮线

（21）Bourail 海湾南至 Bourail 海湾北：

点序号	名称	北纬	东经	线段种类
71	South Bourail bay	21°39′43″	165°26′57″	斜航线
72	North Bourail bay	21°38′44″	165°25′27″	低潮线

（22）Goulvain coupée 角南至 Muéo 海峡西北：

点序号	名称	北纬	东经	线段种类
73	South of Cape Goulvain coupée	21°35′26″	165°15′05″	斜航线
74	South of the Poya channel	21°30′46″	165°03′51″	斜航线
75	North-west of Muéo channel	21°23′58″	164°55′21″	低潮线

（23）Goyeta 海峡西礁至 Koné 海峡北：

点序号	名称	北纬	东经	线段种类
76	West reef south of Goyeta channel	21°19′41″	164°48′52″	斜航线
77	South Pouembout channel	21°14′24″	164°45′19″	斜航线
78	West point of Konieme plateau	21°11′04″	164°43′05″	斜航线
79	North Koné channel	21°07′11″	164°41′23″	低潮线

（24）Duroc 海峡南至 Grand Récif de Gatope 西：

点序号	名称	北纬	东经	线段种类
80	South Duroc channel	21°04′12″	164°37′00″	斜航线
81	West Grand Récif de Gatope	21°01′48″	164°30′02″	低潮线

（25）l'Alliance coupée 南至 l'Alliance coupée 北：

点序号	名称	北纬	东经	线段种类
82	South l'Alliance coupée	20°57′01″	164°25′24″	斜航线
83	North l'Alliance coupée	20°56′25″	164°25′18″	低潮线

（26）large Mathieu 礁西北至 Koumac 海峡北：

点序号	名称	北纬	东经	线段种类
84	North-west large Mathieu reef	20°45′25″	164°13′47″	斜航线
85	North Koumac channel	20°40′29″	164°11′20″	低潮线

（27）Gazelle 海峡南至 Poum 海峡北：

点序号	名称	北纬	东经	线段种类
86	South Gazelle channel	20°25′33″	163°57′29″	斜航线
87	North Gazelle channel	20°22′51″	163°56′09″	斜航线
88	South Poum channel	20°16′26″	163°52′25″	斜航线
89	North Poum channel	20°13′08″	163°50′05″	低潮线

（28）Yandé 海峡南至 Yandé 海峡北：

点序号	名称	北纬	东经	线段种类
90	South Yandé channel	20°07′53″	163°46′36″	斜航线
91	North Yandé channel	20°04′36″	163°42′25″	低潮线

（29）Little 海峡南至 Little 海峡北：

点序号	名称	北纬	东经	线段种类
92	South little channel	19°50′03″	163°29′56″	斜航线
93	North little channel	19°47′03″	163°27′09″	低潮线

（30）D'Estrées 海峡南至 Large North Lagoon 北：

点序号	名称	北纬	东经	线段种类
94	South D'Estrées channel	19°44′26″	163°24′51″	斜航线
95	North D'Estrées channel	19°36′11″	163°19′01″	斜航线
96	South-west large north lagoon	19°31′42″	163°14′34″	斜航线
97	West large north lagoon	19°24′07″	163°09′45″	低潮线

（31）Large North Lagoon 西北礁至 Portail 环礁南：

点序号	名称	北纬	东经	线段种类
98	North-west reef large north lagoon	19°13′27″	163°05′54″	斜航线
99	North-west reef large north lagoon	19°09′46″	163°05′03″	斜航线
100	North-west reef large north lagoon	19°04′24″	163°03′57″	斜航线
101	South Portail atoll	18°31′43″	162°53′11″	低潮线

（32）Portail 环礁西至 Large 海峡北：

点序号	名称	北纬	东经	线段种类
102	West Portail atoll	18°27′50″	162°50′18″	斜航线
103	South of south channel	18°08′42″	162°48′55″	斜航线
104	North of south channel	18°08′27″	162°48′55″	斜航线
105	South middle channel	18°06′20″	162°48′47″	斜航线
106	North middle channel	18°05′06″	162°49′14″	斜航线
107	South large channel	18°03′59″	162°49′35″	斜航线
108	North large channel	17°53′38″	162°53′50″	低潮线
1	North point of Huon Island	17°53′14″	162°54′99″	

2. 洛亚蒂群岛

用以确定洛亚蒂群岛的领海基线由连接 109 到 129 的曲线确定。

（1）Escarpé, ouvéa atoll 角至 Escarpé 角、Lifou 岛：

点序号	名称	北纬	东经	线段种类
109	Ouvéa, Cape Escarpé	20°27′20″	166°40′08″	斜航线
110	Jouan reef	20°38′50″	167°00′47″	斜航线
111	Lifou, Cape Escarpé	20°40′49″	167°12′29″	低潮线

（2）Bernardin 角、Lifou 岛至 Tiga 岛东北点：

点序号	名称	北纬	东经	线段种类
112	Lifou, Cape Bernardin	20°43′39″	167°17′57″	斜航线
113	North-west point of Tiga Island	21°05′12″	167°48′36″	低潮线

（3）Tiga 岛东点至 Maré 岛上的 Dua I Wabayata 点：

点序号	名称	北纬	东经	线段种类
114	East point of Tiga Island	21°06′42″	167°50′21″	斜航线
115	Maré, Cape Roussin	21°20′05″	167°58′42″	斜航线
116	Maré, Dua I Wabayata point	21°26′08″	168°06′47″	低潮线

（4）Wabao 角、Maré 岛至 Jua Meceno de Lifou 角：

点序号	名称	北纬	东经	线段种类
117	Maré, Cape Wabao	21°35′57″	167°50′43″	斜航线
118	South point of Léliogat Island	21°19′12″	167°34′16″	斜航线
119	Lifou, Cape Jua Meceno	21°10′53″	167°21′56″	低潮线

（5）Lefèvre 角、Lifou 岛至 d'ouvéa 环礁上的 Akijikic 点：

点序号	名称	北纬	东经	线段种类
120	Lifou, Cape Lefèvre	20° 55′ 08″	167° 00′ 36″	斜航线
121	Ouvéa, Akijikic point	20° 41′ 36″	166° 25′ 01°	低潮线

（6）Ouvéa 环礁上的 Mouly 点至 Beautemps-Beaupré 环礁的 Wadralu reef 礁西：

点序号	名称	北纬	东经	线段种类
122	Ouvéa, Mouly point	20°43′23″	166°23′17″	斜航线

续表

点序号	名称	北纬	东经	线段种类
123	Ouvéa, south reef Bagaat	20°37′49″	166°16′37″	斜航线
124	Ouvéa, north-west point of Draule reef	20°32′43″	166°10′43″	斜航线
125	West reef Beautemps-Beaupré atoll	20°24′43″	166°07′59″	斜航线
126	North Motu one reef	20°21′49″	166°06′59″	斜航线
127	West Wadralu reef	20°19′08″	166°06′34″	低潮线

（7）Beautemps-Beaupré 环礁东点至 Ouvéa 岛的 Rossel 角：

点序号	名称	北纬	东经	线段种类
128	East point of Beautemps-Beaupré atoll	20°19′35″	166°14′06″	斜航线
129	Ouvéa, Cape Rossel	20°23′26″	166°36′01″	低潮线
109	Ouréa, Cape Escarpé	20°27′20″	166°40′08″	

3. 班普顿和切斯特菲尔德礁

用以确定班普顿和切斯特菲尔德礁的领海基线由连接 130 到 140 点的闭合曲线确定。

（1）Longue 岛到南至 Chesterfield 礁南：

点序号	名称	北纬	东经	线段种类
130	South Longue Island channel	19°51′54″	158°18′03″	斜航线
131	South Chesterfield reef	19°49′21″	158°16′21″	低潮线

（2）切斯特菲尔德礁北至大班普顿礁南：

点序号	名称	北纬	东经	线段种类
132	North Chesterfield reef	19°37′22″	158°11′51″	斜航线
133	Avon Islet	19°31′47″	158°13′58″	斜航线
134	South of large Bampton reef	19°29′18″	158°15′18″	低潮线

（3）大班普顿礁至班普顿礁东南：

点序号	名称	北纬	东经	线段种类
135	North large Bampton reef	19°01′35″	158°26′38″	斜航线
136	North-east key	18°56′42″	158°55′00″	斜航线
137	North-east Bampton reef	19°07′30″	159°02′30″	斜航线
138	South east Bampton reef	19°18′00″	158°59′00″	低潮线

（4）Skeleton Key 至 East barrier 北：

点序号	名称	北纬	东经	线段种类
139	Skeleton Key	19°26′00″	158°55′30″	斜航线
140	South-east point of Loup Islet	19°58′24″	158°29′12″	低潮线
130	Ouréa, Cape Escarpé	20°27′20″	166°40′08″	

4. 彼得里礁

用以确定彼得里礁的领海基线由连接 141 到 144 点的曲线确定。

点序号	名称	北纬	东经	线段种类
141	South point of east reef	18°36′15″	164°26′02″	斜航线
142	South-west reef	18°34′35″	164°22′24″	斜航线
143	North point of west reef	18°32′30″	164°20′58″	斜航线
144	North-west point of east reef	18°30′02″	164°23′23″	低潮线
141	South point of east reef	18°36′15″	164°26′02″	斜航线

5. 阿斯特罗莱布礁

用以确定阿斯特罗莱布礁的领海基线由连接 145 到 150 点的曲线确定。

（1）向北：

点序号	名称	北纬	东经	线段种类
145	North point of west reef	19°42′08″	165°35′53″	斜航线
146	North point of east reef	19°49′50″	165°50′47″	低潮线

（2）向南：

点序号	名称	北纬	东经	线段种类
147	South point of east reef	19°53′14″	165°49′11″	斜航线
148	South point of west reef	19°52′44″	165°35′11″	低潮线

(3）向西：

点序号	名称	北纬	东经	线段种类
149	South-west west reef	19°52′02″	165°31′11″	斜航线
150	North-west west reef	19°42′50″	165°34′41″	低潮线
145	North point of west reef	19°42′08″	165°35′53″	斜航线

第二条

用来测量贝罗纳群岛、亨特岛、马修岛、沃尔波尔群岛附近的法国领海的宽度的基线是现行的海事水文和海洋部门发布的大比例尺地图所指的低潮线。

第三条

内政部长，外交部长，国防部长，装备、运输、住房部长，农业、渔业部长，主管海外事务的国务秘书，应当在自己的职权范围内负责法令的实施，该法令将会在法兰西共和国的官方公告上刊登。

总理　Lionel Jospin

内政部长　Daniel Vaillant

外交部长　Hubert Védrine

国防部长　Alain Richard

装备、运输、住房部长　Jean-Claude Gayssot

农业、渔业部长　François Patriat

主管海外事务的国务秘书　Christian Paul

关于适用 1994 年 7 月 15 日第 94-589 号法案第四条关于打击海盗行为的措施和国家行使海上维持治安权利的法令

（2011 年 9 月 29 日第 2011-1213 号法令）

总理，

根据国防和退伍军人事务部部长的报告，

根据《刑事程序法典》，特别是第二十八条，

根据《国防法典》，特别是第 R.3223-6 条款，

根据经修订的 1994 年 7 月 15 日第 94-589 号法案中有关对抗海盗的措施和国家在海上行使公权力的条款，特别是第一条和第四条，

根据关于组织国家海上活动的 2004 年 2 月 6 日第 2004-112 号法令，

关于组织国家在海外的海上活动的 2005 年 12 月 6 日第 2005-1514 号法令，

经国家委员会（行政部）的同意，

决议如下：

第一条

以下人员可能被特别授权来调查并确定实施海盗犯罪的行为，这些罪行规定在上述 1994 年 7 月 15 日的法案第一条中：

1. 海军部队的正、副指挥官，正在指挥他国船舶的海事管理人员、海事督查、提供海事技术和行政性服务以及海洋控制器的长官。

2. 登临海军船只或者他国船舶时的海军陆战队的长官、负责有关海军船只安全和保护的部门长官、海军首席管理员和海事管理人员、海事技术和行政服务部门的长官。

3. 指挥官、负责海上监视的空军指挥官。

第二条

个人授权由海军长官负责公布，如果在海外，由代表国家海上行为的政府机构公布，该机构的管辖权应涵盖个人的住宅。

一经请求，授权文件应当对任何检查人员公布。

授权文件的副本应当附于送交检察官的官方记录中。

第三条

这项法令的规定应适用于整个共和国的领土范围内。

第四条

国防和退伍军人事务部部长，生态、可持续发展、运输和住房部部长，司法和自由部部长，向内务、海外、领土机构和移民部部长负责的海外事务部部长在各自的职责范围内负责决议的实施。该法令将在法兰西共和国的官方公告上刊登。

2011 年 9 月 29 日

总理　François Fillon

国防和退伍军人事务部部长　Gérard Longuet

生态、可持续发展、运输、住房部部长　Nathalie Kosciusko-Morizet

司法与自由部部长　Michel Mercier

外交部长　Marie-Luce Penchard

德 国
Germany

联邦政府声明
（1964年1月20日）

1. 近年来各国的实践，特别是关于大陆架公约的签署，体现出一般国际法的发展趋势。这也使联邦政府认识到：勘探和开发德国领海区域以外与德国海岸毗邻的海底200米甚至更深，但可以进行勘探和开发的区域的海床和底土的自然资源，是德意志联邦共和国的一项专属而神圣的权利。与外国大陆架相关的德国大陆架的详细划界是德国与有关国家协议的重点。

2. 联邦政府不允许任何未经德国管辖机关许可的在德国大陆架进行的旨在勘探和开发其自然资源的活动。在必要时，联邦政府将针对上述行为采取适当的措施。

有关大陆架权利的临时决定
（1964年7月24日）
（1974年9月2日修订）

第一条

勘探1964年1月20日联邦政府声明中规定的德国大陆架矿产资源、开采上述矿产资源、在大陆架开展有关研究活动、在德国大陆架架设设施或管道的活动都必须获得授权。不得违反关于公海和大陆架的国际法。

第二条

1. 第一条第一句规定的活动应当根据第2款至第6款的规定临时授权。

2. 确定管辖权的具体规则如下：

（1）关于技术性、商业性的矿物开采活动，由克劳斯塔尔－米勒费尔德的中央矿务局管辖；

（2）关于大陆架上的水域和领空的使用，由德国水文地理协会管辖。与勘探矿产资源不直接相关的研究活动只需按照第一句第二分句的规定获得一个许可；其他情况下，只有当第一句第一分句的授权产生后才能授予许可。

3. 许可可能会受到限制和条件的约束，可能会被取消；条件也可以追溯施加。许可最多可以持续3年，如果许可到期时，第十六条第（2）段提到的法案还未生效，许可继续有效，但许可总时间不得超过5年。不存在授予或延长勘探、开发大陆架矿产资源或其他大陆架研究活动权利的法定权利。

4. 设施和运输管道授权的授予或延长，只有在对人的生命、健康、财产产生危险，或者存在无视公共利益的威胁，并且无法通过设置条件和约束的方式防止或消除的情况下才能被否决。无视公共利益的威胁是指，如果设施或运输管道：

（1）对德国大陆架的有序勘探，自然资源的开发，航海，渔业、海洋生物资源的保存或者水底缆线的保护和使用造成妨碍或损害；

（2）有污染海洋之嫌；

（3）对德意志联邦共和国的安全产生威胁。

5. 根据第2款第（1）项制定的许可附加的限制和条件，至少必须大致符合 1865 年 6 月 24 日《普鲁士一般矿产资源法案》(Gesetzesammlung，第 705 页）第三部分第 2 款以及第九部分第 2 款以及依据 197 号法案制定的在下萨克森州适用的命令。

（6）根据第 2 款第（1）项制定矿产资源开采许可可以收取酬金。酬金的数额应当根据矿产税的税基进行评估，通常在距离开采地点最近的德国领水征收。如果不征收酬金会使开采德国领水矿产资源的公司的竞争地位受到大幅影响，则应当征收酬金。酬金支付给位于克劳斯塔尔－米勒费尔德的中央矿务局；中央矿务局应当将酬金转交何处的问题，在预计的法案第十六条第（2）款中规定。

德意志联邦共和国政府关于德国领海宽度扩展的声明
（1994 年 11 月 11 日）

1994 年 10 月 19 日德意志联邦共和国政府关于德国领海宽度扩展的公告在此声明：

第一部分

德意志联邦共和国领海的外部界限应根据下列说明进行确定。之前其他关于德国领海划界的声明不再适用。

北　　海

北海地区德意志联邦共和国领海的外部分界线为一条距低水位线或者直线基线 12 海里的线。

现存的深水锚地属于领海的一部分，其外部分界线为连接下列点的线：

点	北纬	东经
1	54°08′11″	7°24′36″
2	54°08′19″	7°26′59″
3	54°01′39″	7°33′04″
4	54°00′27″	7°24′36″

上述点的地理坐标参照欧洲测地数据（ED 50）。

北海地区德国领海的划界参见海洋国境图 2920。

德意志联邦共和国将择机决定德国与荷兰、丹麦的领海划界。德意志联邦共和国与荷兰王国 1960 年 4 月 8 日签订的关于两国之间共同开发埃姆斯河地区条约（《埃姆斯 – 多拉德条约》)(《联邦法律公报 1963 II》, 第 602 页）第一部分附则 B 中的规定不受影响。

波 罗 的 海

波罗的海地区德意志联邦共和国领海的外部分界线为一条连接下列各点的线：

点	北纬	东经
1	54°44′17″	10°10′14″
2	54°41′46″	10°13′12″
3	54°39′27″	10°15′34″
4	54°36′45″	10°18′36″
5	54°35′35″	10°20′24″
6	54°34′08″	10°25′47″
7	54°32′51″	10°30′24″

续表

点	北纬	东经
8	54°31′14″	10°35′36″
9	54°30′39″	10°39′12″
10	54°30′51″	10°54′21″
11	54°32′50″	10°49′16″
12	54°33′21″	10°58′51″
13	54°34′10″	11°00′07″
14	54°34′37″	11°08′33″
15	54°33′31″	11°12′23″
16	54°31′46″	11°18′44″
17	54°30′46″	11°19′23″
18	54°30′18″	11°21′03″
19	54°28′26″	11°24′13″
20	54°26′23″	11°28′34″
21	54°24′27″	11°32′22″
22	54°22′25″	11°35′23″
23	54°19′53″	11°38′44″
24	54°20′01″	11°57′10″
25	54°23′07″	12°09′13″
26	54°23′07″	12°09′59″
27	54°27′04″	12°15′35″
28	54°30′42″	12°18′05″

续表

点	北纬	东经
29	54°31′05″	12°17′36″
30	54°34′40″	12°19′24″
31	54°44′38″	12°45′00″

从点 31 起,外部分界线将为一条距低水位线或者直线基线 12 海里的线,直至到达如下点 32:

32　54°26′30,3″N　14°04′45,9″E

从该点开始,外部分界线为一条连接以下各点的线:

点	北纬	东经
33	54°16′14,8″	14°04′14,7″
34	54°14′22,0″	14°10′08,9″
35	54°07′36,4″	14°12′09,1″
36	53°59′18,1″	14°14′35,9″
37	53°55′42,1″	14°13′37,8″

上述点的地理坐标参照欧洲测地数据（ED 50）。

波罗的海地区德国领海的划界参见海洋国境图 2921。

德意志联邦共和国政府将择机决定德国与丹麦的领海划界。

德意志联邦共和国与波兰共和国领海的划界将依据 1990 年 11 月 14 日德意志联邦共和国与波兰共和国关于确认两国国境的协议（《联邦法律公报 1991 II》,第 1328 页）划定。

在波罗的海的某些区域,根据此声明扩展后的领海宽度将不足 12 海里。这不应理解为德意志联邦共和国宣布放弃关于扩展领海至完全宽度的合法声明。

上述坐标可能会根据联邦运输部运用最新方法得到的更准确的数据而作出一定调整。调整将通过官方渠道进行公布，并将纳入官方海洋国境图。

第二部分

本决定自 1995 年 1 月 1 日起生效。

1994 年 11 月 11 日于波恩

德意志联邦共和国
关于确定其在北海与波罗的海专属经济区的声明
（1994 年 11 月 25 日）

第一部分

德意志联邦共和国将于 1995 年 1 月 1 日在北海和波罗的海领海的外部界限以外建立专属经济区。

第二部分

北海地区德意志联邦共和国专属经济区的外部分界线为连接以下点的线：

点	北纬	东经
E_0	53°43′30,8″	6°20′49,7″
E_1	53°45′03,0″	6°19′58,3″

续表

点	北纬	东经
E_2	53°48′52,9″	6°15′51,3″
E_3	53°59′56,8″	6°06′28,2″
E_4	54°11′12,0″	6°00′00,0″
E_5	54°37′12,0″	5°00′00,0″
E_6	55°00′00,0″	5°00′00,0″
E_7	55°20′00,0″	4°20′00,0″
E_8	55°45′54,0″	3°22′13,0″
D	55°50′06,0″	3°24′00,0″
S_7	55°55′09,4″	3°21′00,0″
S_6	55°46′21,8″	4°15′00,0″
S_5	55°24′15,0″	4°45′00,0″
S_4	55°15′00,0″	5°09′00,0″
S_3	55°15′00,0″	5°24′12,0″
S_2	55°30′40,3″	5°45′00,0″
S_1	55°10′03,4″	7°33′09,6″
S_0	55°05′59,4″	8°02′44,4″

上述点的地理坐标参照欧洲测地数据（ED 50）。

北海地区德国专属经济区的划界将纳入海洋国境图 2920。

第三部分

波罗的海地区德意志联邦共和国专属经济区的外部分界线为连接以下点的线：

点	北纬	东经
1	54°45′24,0″	10°13′06,0″
2	54°42′49,7″	10°16′07,9″
3	54°40′29,6″	10°18′29,9″
4	54°37′59,9″	10°21′18,4″
5	54°37′15,4″	10°22′27,6″
6	54°35′56,8″	10°27′15,9″
7	54°34′37,0″	10°31′58,5″
8	54°33′06,0″	10°36′50,0″
9	54°32′39,8″	10°39′37,3″
10	54°32′49,2″	10°43′59,0″
11	54°34′52,3″	10°48′02,1″
12	54°37′10,2″	10°52′25,1″
13	54°38′14,6″	10°54′15,3″
14	54°38′28,3″	11°00′20,7″
15	54°38′16,3″	11°04′30,0″
16	54°37′19,7″	11°09′28,2″
17	54°36′33,0″	11°12′30,9″
18	54°35′11,2″	11°15′36,4″

续表

点	北纬	东经
19	54°34′11,6″	11°19′17,7″
20	54°31′57,0″	11°23′04,8″
21	54°29′53,1″	11°26′36,6″
22	54°27′53,4″	11°30′49,9″
23	54°25′47,7″	11°34′55,1″
24	54°23′36,0″	11°38′12,2″
25	54°21′56,7″	11°40′20,7″
26	54°21′53,4″	11°40′14,7″
27	54°22′00,5″	11°56′25,6″
28	54°24′39,9″	12°06′43,5″
29	54°41′15,9″	12°26′35,7″
30	54°45′49,7″	12°44′59,9″
31	54°50′01,7″	12°56′02,4″
32	55°00′30,2″	13°08′53,1″
33	55°00′37,9″	13°09′26,8″
34	55°01′16,9″	13°47′08,4″
35	54°57′53,9″	13°59′15,3″
36	54°57′44,8″	13°59′34,2″
37	54°48′45,0″	14°10′22,0″
38	54°48′45,0″	14°24′51,0″
39	54°39′30,0″	14°24′51,0″

续表

点	北纬	东经
40	54°32′10,4″	14°38′12,2″
41	54°31′57′7″	14°37′42,0″
42	54°29′56,4″	14°44′56,7″
43	54°22′56,5″	14°35′55,7″
44	54°10′04,6″	14°21′05,0″
45	54°07′35,0″	14°14′18,9″
46	54°07′36,4″	14°12′09,1″

上述点的地理坐标参照欧洲测地数据（ED 50）。

波罗的海地区德国专属经济区的划界将纳入海洋国境图 2920。

第四部分

连接第 25、26 号，32、33 号，35、36 号以及 40、41 号点的线均遵循与邻国之间的已有协议。

德意志联邦共和国政府将择机决定界分德国与荷兰专属经济区的点（位于北海的点 E_0）、德国与丹麦专属经济区的点（位于北海的点 S_0 以及位于波罗的海的第 1 号点）的最终位置，以及这三点向陆地的专属经济区的界分。

1989 年 5 月 22 日德意志民主共和国与波兰人民共和国达成的关于界分波美拉尼亚湾各自海洋区域的协议的适用细节应在适当时间予以确定，并将和波兰共和国协商。

上述坐标可能会根据联邦运输部运用最新方法得到的更准确的数据而作出一定调整。调整将通过官方渠道进行公布，并将纳入官方海洋国境图。

1994 年 11 月 25 日于柏林

希 腊
Greece

为航空及管理目的确定领海范围的法令
（1931年9月第6/18号法令）

希腊共和国，根据关于规范民用航空的第5017号法案（发表于Efimiris tis Kiverniseos，第Ⅰ部分，158号，1931年6月13日）第二、第九条，以及1921年4月26日关于认可国际航空公约的第2569号法案（发表于Efimiris tis Kiverniseos，第65号，1921年4月26日）第一条，以及航空部长的建议，经表决制定本法令：

第5017号法案第二条规定的领水范围为国家海岸以外10海里。航空部长负责公布本法并使其生效。

第 230 号法令
（1936 年 9 月 17 日）

第一条

在不妨碍关于特别事项的规定生效的情况下，领土区域范围的划界可以大于或小于 6 英里。

　　……

关于勘探开发海床和湖床矿物资源的法令
（第 142/1969 号法令）

1. 国家还拥有勘探和开发金属矿石，包括固态烃、液态烃、气态烃以及其他矿物的权利：

（1）在希腊领海的海床或底土；

（2）在领海外与大陆架或岛屿相接或毗邻的海床或底土海平面以下 200 米，或者超过 200 米但仍可以进行勘探开发活动的区域，也就是国际公约中法定的大陆架。如果上述大陆架与希腊和外国领土毗邻、或者与和希腊海岸相对的海岸毗邻，应适用国际法确定大陆架界限。

　　……

冰 岛
Iceland

关于领海、经济区和大陆架的法令
（1979年6月1日第41号法令）

第一部分

领 海

第一条

冰岛领海由一条线界分，线上每一点距离连接下列点的基线12海里：

（注：考虑到地名译成汉语之后，很难再翻译成对应的英文，为方便读者，保留了英文原文。）

点	地名	北纬	西经
1	Horn	66°27′4N	22°24′3W
2	Asbúdharrif	66°08′1N	22°11′0W

续表

点	地名	北纬	西经
3	Siglunes	66°11′9N	18°49′9W
4	Flatey	66°10′3N	17°50′3W
5	Lágey	66°17′8N	17°06′8W
6	Raudhinúpur	66°30′7N	16°32′4W
7	Rifstangi	66°32′3N	16°11′8W
8	Hraunhafnartangi	66°32′2N	16°01′5W
9	Langanes	66°22′7N	14°31′9W
10	Glettinganes	65°30′5N	13°36′3W
11	Nordhfjardharhorn	65°10′0N	13°30′8W
12	Gerpir	65°04′7N	13°29′6W
13	Hólmur	64°58′9N	13°30′6W
14	Setusker	64°57′7N	13°31′5W
15	Thursasker	64°54′1N	13°36′8W
16	Ystibodhi	64°35′2N	14°01′5W
17	Selsker	64°32′8N	14°07′0W
18	Hvítingar	64°23′9N	14°28′0W
19	Stokksnes	64°14′1N	14°58′4W
20	Hrollaugseyjar	64°01′7N	15°58′7W
21	Tvísker	63°55′7N	16°11′3W
22	Ingólfshöfdhi	63°47′8N	16°38′5W
23	Hvalsíki	63°44′1N	17°33′5W
24	Medhallandssandur I	63°32′4N	17°55′6W
25	Medhallandssandur II	63°30′6N	17°59′9W
26	Myrnatangi	63°27′4N	18°11′8W

续表

点	地名	北纬	西经
27	Kötlutangi	63°23′4N	18°42′8W
28	Lundadrangur	63°23′5N	19°07′5W
29	Surtsey	63°17′7N	20°36′2W
30	Eldeyjardrangur	63°43′8N	22°59′4W
31	Geirfugladrangur	63°40′7N	23°17′1W
32	Skálasnagi	64°51′3N	24°02′5W
33	Bjargtangar	65°30′2N	24°32′1W
34	Kópanes	65°48′4N	24°06′0W
35	Bardhi	66°03′7N	23°47′4W
36	Straumnes	66°25′7N	23°08′4W
37	Kögur	66°28′3N	22°55′5W
38	Horn	66°27′9N	22°28′2W

领海应由这样一条线进一步划分，这条线上的每一个点距 Kolbeinsey（67°08′9N 18°41′3W）、Hvalbakur（64°35′8N 13°16′6W）的低水位线以及 Grímsey 最外部的点和岩石都是 12 海里。

1 海里等于 1 852 米。

第二条

冰岛主权扩展至领海、领海海床及其上空。

主权根据冰岛法律以及国际法规则行使。

第二部分　经　济　区

第三条

冰岛经济区为每点距基线 200 海里的线界定的领海以外的区域，领海海口根据第七条的规定划定。

第四条

在经济区内，冰岛享有如下权利：

1. 探索、开发、保有、经营海床、底土以及相邻水域生物和非生物资源，以及与该区域经济勘探和开发相关的其他活动的权利，如利用水力、海流和风力生产能源。

2. 与下列事项相关的司法权：

（1）人工设施的建造和使用；

（2）科学研究；

（3）海洋环境保护。

3. 国际法规定的其他权利和义务。

经济区内权利的行使和义务的履行应依据特别立法以及冰岛参与缔结的国际条约确定。

第三部分　大　陆　架

第五条

冰岛大陆架包括延伸到领海以外的整个海陆领土自然延伸至大陆边缘外部边界的海洋区域内的海床和底土，或者与测量领海宽度的基线相距200海里，当大陆架边沿的外部边界没有达到与测量领海宽度的基线相距200海里时，应服从第七条的规定。

…………

第四部分　国家间区域的界分

第七条

冰岛与他国之间关于经济区和大陆架的划界应在适当时通过协议划定。协议应获得议会同意。

除非另行决定，冰岛经济区和大陆架应当扩展至距测量领海的基线200海里；但是，如果法罗群岛与格陵兰岛的基线和冰岛基线相距不足400海里，则冰岛经济区和大陆架由等距线界分。

第五部分　防治污染措施

第八条

禁止一切可能污染或破坏海洋环境的行为。

冰岛相关机构应依据特别法律和冰岛参与缔结的国际条约，采取措施防止污染和其他损害结果，保护海洋环境。

第六部分　科学研究

第九条

领海、经济区、大陆架内的科学研究应征得冰岛相关机构的同意。

在一般情况下，如果他国或有权利的国际机构提出申请，研究计划出于和平目的且致力于增长海洋环境知识，应同意经济区和大陆架内的研究计划。如果申请存在如下情况，应被驳回：

1. 与勘探和开发生物和非生物资源直接相关。
2. 涉及向大陆架钻探或进行爆破或其他有损环境的行为。
3. 涉及人工设施的建造、活动和使用。

第十条

根据第九条提出的研究申请应在预期的计划开始日之前的 6 个月提出并涉及如下特别事项：

1. 研究计划的性质和目的。
2. 采用的方式方法，包括船舶名称、吨位、种类和等级以及科研设备的描述。
3. 开展活动的精确地理位置。
4. 研究的起止日期。
5. 赞助机构名称、指导人以及研究计划负责人。
6. 希望纳入研究计划的冰岛机构。

冰岛机构如要驳回申请，应在 4 个月内公布其决定。

第七部分 一般规定

第十一条

违反本法律的行为根据现行法律处罚。

第十二条

关于冰岛大陆架的 1969 年 4 月 1 日第 17 号法律就此废止。此外，与本法律相抵触的类似法律规定也就此废止。

第十三条

本法即刻生效。

关于西部、南部及东部大陆架划界的规章
（1985 年 5 月 9 日第 196 号规章）

第一条

大陆架划界见数据 1。

第二条

国境线向外扩展 200 海里。划定国境线的点的坐标见表 1。

《联合国海洋法公约》第七十六条适用于国境线的界分。

第三条

国境线各部分（数据 1）规定如下：

ABC 部分由冰岛与法罗群岛的中间线界分。

CD 部分由距法罗群岛、大不列颠和爱尔兰 200 海里的分界线界分。

DEF 部分大致为大陆坡坡脚以外 60 海里的线。

FHG 部分由距冰岛 350 海里的分界线界分。大陆架国境线由大陆坡坡脚向外扩展 350 海里。但是，由于该区域位于雷克雅内斯海岭，根据第七十六条，分界线距冰岛不得超过 350 海里。

HIJ 部分由距格陵兰岛 200 海里的分界线界分。

JK 部分由冰岛和格陵兰岛的中间线界分。

第四条

数据 1 中的线和表 1 中的坐标的精确度为 ± 5 海里。

第五条

冰岛与他国之间关于冰岛北部大陆架的精确划定应依据国际法一般准则确定。

第六条

本规章根据 1979 年 6 月 1 日第 41 号法律制定，立即生效。

数据 1

表 1　冰岛 200 海里外区域大陆架分界线

	北纬	西经
J	63°19′N	30°52′W
	62°40′N	32°30′W
I	62°12′N	34°08′W
H	61°34′N	34°55′W
	60°56′N	34°00′W
	60°17′N	33°00′W
	59°41′N	31°00′W
	59°10′N	31°00′W
G	58°52′N	30°08′W
	58°40′N	29°00′W
	58°24′N	28°00′W
	58°13′N	27°00′W
	58°08′N	26°00′W
	57°57′N	25°00′W
F	57°48′N	24°00′W

续表

	北纬	西经
	57°12′N	25°00′W
	56°34′N	26°00′W
	56°00′N	26°42′W
	55°00′N	27°34′W
	54°00′N	27°50′W
	53°04′N	27°00′W
	52°52′N	26°00′W
	53°06′N	25°00′W
	53°28′N	23°30′W
	52°36′N	23°12′W
	52°00′N	22°40′W
	51°00′N	21°32′W
	50°00′N	20°32″W
	49°48′N	20°00′W
E	49°48′N	19°00′W
	50°00′N	18°25′W
	51°00′N	17°50′W
	52°00′N	17°45′W
	53°00′N	17°30′W
	53°21′N	17°00′W

爱尔兰
Ireland

海事管辖权法案，（直线基线）条例
（1959年）

直线基线端点表

（注：考虑到地名译成汉语之后，很难再翻译成对应的英文，为方便读者，保留了英文原文。）

基准	序号	点坐标		位置
		北纬	西经	
A部分	1	55°22.6′	7°24.2′	Scart Rocks, Malin Head
	2	55°15.4′	7°47.1′	Melmore Head
	3	55°13.7′	7°58.9′	Horn Head
	4	55°12.4′	8°09.5′	Inishbeg
	5	55°09.6′	8°17.0′	Bloody Foreland
	6	55°04.5′	8°28.9′	Stag Rocks
	7	55°00.8′	8°33.8′	Rinrawros Point, Aran Island
	8	54°42.0′	8°48.2′	Malinmore Head

续表

基准		点坐标		位置
	序号	北纬	西经	
B 部分	9	54°39.6′	8°47.3′	West entrance to Malinbeg Bay
	10	54°17.8′	9°03.3′	Lenadoon Point
	11	54°19.7′	9°20.5′	Downpatrick Head
C 部分	12	54°19.8′	9°51.9′	Kid Island, Broadhaven
	13	54°18.6′	9°59.9′	Rocky Island, Erris Head
	14	54°16.9′	10°05.6′	Eagle Island
	15	54°03.7′	10°21.0′	Blacksod Bay (Rocks to S.W. of Black Rock)
	16	53°58.3′	10°16.5′	Carrickakin, Achill Island
	17	53°36.3′	10°19.2′	Kimmeen Rocks, Inishark
	18	53°24.0′	10°14.5′	Slyne Head
	19	53°08.8′	9°51.6′	Eeragh Island, Aran Islands
	20	53°08.4′	9°50.9′	South Island, Aran Islands
D 部分	21	53°05.2′	9°38.5′	S.E. corner Inishmore, Aran Islands
	22	53°03.9′	9°37.0′	Inishmaan, Aran Islands
	23	53°02.8′	9°33.3′	Inisheer, Aran Islands
	24	52°56.4′	9°28.5′	Cregga More
	25	52°43.8′	9°38.2′	Donegal Point
E 部分	26	52°33.6′	9°56.3′	Loop Head
	27	52°25.2′	9°56.8′	Kerry Head
	28	52°17.6′	10°10.4′	Deelick Point

续表

基准序号	点坐标 北纬	点坐标 西经	位置
29	52°10.9′	10°28.4′	Sybil Point
30	52°08.3′	10°34.5′	Inishtooskert, Blasket Islands
31	52°07.7′	10°35.7′	Carrigduff, Blasket Islands
32	52°04.6′	10°41.0′	Tearaght Rocks West, Instearaght
33	52°01.3′	10°41.3′	Great Foze Rock
34	51°45.8′	10°32.7′	Washerwoman Rock, Great Skellig
35	51°35.5′	10°18.5′	Gull Rock, Dursey Island
36	51°34.2′	10°14.8′	Calf Rock, Dursey Island
37	51°26.9′	9°49.2′	Mizen Head
38	51°25.2′	9°30.8′	Bream Point, Cape Clear
39	51°28.0′	9°13.4′	The Stags, Toe Head
40	51°31.8′	8°57.2′	Galley Head
41	51°34.2′	8°42.7′	Seven Heads
42	51°36.3′	8°32.0′	Old Head of Kinsale
43	51°49.5′	7°59.0′	Ballycotton Island
44	51°52.9′	7°51.2′	Capel Island, Knockadoon Head
45	51°56.5′	7°42.4′	Ram Head
46	51°59.6′	7°34.6′	The Rogue, Mine Head
47	52°07.4′	6°55.7′	Hook Head
48	52°06.5′	6°37.4′	Great Saltee Island (Southern most Point)
49	52°09.2′	6°24.6′	Black Rock, Carnsore
50	52°10.3′	6°21.8′	Carnsore Point

(F部分)

海事管辖权法案，1959 年（海图）条例
（1959 年第 174 号条例）

政府行使 1959 年海事管辖权法案（1959 年第 22 号）第十三部分赋予的权利，作规定如下：

1. 本条例为《海事管辖权法案，1959 年（海图）条例》。

2. 伦敦海军部出版的海图即为 1959 年海事管辖权法案第 13 部分规定的海图。

1959 年 10 月 20 日政府盖章授权制定。

爱尔兰共和国总理
SEÁN F.LEMASS

备注：
本条例旨在证明 1959 年海事管辖权法案涉及的领海、专属渔业区和其他事项中使用的海图的正当合法性。

大陆架法案
（1968 年 6 月 11 日第 14 号法案）

1. 在本法案中
"指定地区"是指本法案第 2 条中列出的当时指定的地区；
"部长"是指工商部长。

2.（1）在领水外的海床和底土上，任何旨在勘探海床和底土以及开发其自然资源的权利都必须遵循本条第（2）款的规定，需由部长授权，部长可以行使该权利。

（2）除了部长，当政府认为合适并作出指示时，本条第（1）款中涉及的政府指示中规定的权利都应该得到授权并由部长按照指示行使。

（3）政府可以按规定指定任意区域，在该区域中可以行使本条第（1）款中涉及的权利。

（4）政府可以按规定就本条以及本条下属部分修改和废止相关规定。

3.（1）（a）任何作为或不作为——

（i）发生在指定区域的装置上或者距该装置500米以内的任何水域，

（ii）如果发生在我国境内，根据国家法律构成犯罪，无论犯罪行为出于何种原因，都将被视作发生在我国境内。

（b）任何作为或不作为——

（i）发生在指定区域的任何水域（不包括在距装置500米以内的水域），或者在指定区域及装置以上或以下，与勘探这些海床和底土以及开发其自然资源有关，

（ii）如果发生在我国境内，根据国家法律构成违法，无论犯罪行为出于何种原因，都将被视作发生在我国境内。

（2）（a）任何作为或不作为——

（i）发生在指定区域的装置上或者距该装置500米以内的任何水域，

（ii）如果发生在我国境内，根据国家法律构成犯罪，无论犯罪行为出于何种原因，都将被视作发生在我国境内。

（b）任何作为或不作为——

（i）发生在指定区域的任何水域（不包括在距装置500米以内的水域），或者在指定区域及装置以上或以下，与探索这些海床和底土以及开发其自然资源有关，

（ii）如果发生在我国境内，根据国家法律构成犯罪，无论犯罪行为出于何种原因，都将被视作发生在我国境内。

（c）在该部分中，"犯罪"的含义参见1961年的《公民义务条例》。

（3）在本部分中，授予任何法院的任何权限该法院和其他法院都可以无差别地行使。

4.（1）1940年和1960年的《矿产资源发展法案》，适用于与本法案第2条涉及权利相关的矿产（在这些法案涉及的范围内）时，因为他们适用于本国的矿物。

（2）1960年的《石油和其他矿产资源发展法案》，适用于与本法案第2

条涉及权利相关的石油矿藏（在1960年法案涉及范围内），因为它适用于本国石油。

5.（1）未经运输和能源部长同意，不得在指定区域内建造、变更和改进任何建筑设施，也不得移动任何物体或材料。

（2）运输和能源部长可以根据本条考虑同意申请的条件，要求对方提供其认为必要的计划和细节；在收到相关申请时，可以要求对方陈述申请理由，并可以在一定的时间内，以一定的方式提出和公开反对意见，并告知当事人；如果他认为合适，在授予许可之前，他可以指定一人提出质询，关于提出质询的公告必须依照本法案的规定公布。

（3）如果运输和能源部长认为他所许可的行为会对航海造成阻碍或构成危险，他既可以撤销许可也可以在他认为合适的情况下授予许可。

（4）运输和能源部长处理关于本部分的质询所产生的一切费用，除非在财政部长批准的情况下由工商部长另行规定（这时费用应当根据此规定从国会提供的资金中拨付），否则由提出相关质询的人支付，费用由财政部长确定，并且运输和能源部长与质询人形成简单合同债权，可以通过任一有管辖权的法院追回费用。

（5）根据本部分提出质询的人，在认为合适的情况下，可以要求质询产生的相关费用由质询涉及的其他人支付。如果费用由这些人支付则需要征税，税费由高等法院的税务主管确定和征收，确定和征收的税款构成简单合同债权，可以通过任一有管辖权的法院追回。

（6）如果未经运输和能源部长许可，建造建筑、移动物体或材料，被该部长认定为阻碍或危害航海，该部长可通知当事人在限定时间内（限定时间应在通知中明确，不得少于30天）拆除建筑。该部长亦可在认为必要时，执行他所制定的其他规定，或在十分紧迫的情况下自行拆除建筑或执行其他规定。

（7）如果在本条第（6）款规定的通知时间内，被通知人未能完成通知要求，运输和能源部长可以自行拆除建筑或者执行通知中提及的规定。

（8）当运输和能源部长根据本条第（6）款和第（7）款的规定，根据第（6）款的通知要求，拆除建筑或执行通知中包含的规定时，该部长与被通知人形成简单合同债权，可以通过任一有管辖权的法院追回费用。

（9）触犯第（1）款的规定或违反运输和能源部长基于本部分的许可将构成犯罪，并将承担如下法律责任：

（a）判处100英镑以下的罚款的简易处罚；

（b）在法院认为合适的情况下提出处以相应数额罚款的起诉。

6.（1）部长可以为了保护指定区域内的设施，在与运输和能源部长以及农业和渔业部长商议后，依照规定中列出的例外情形，禁止船舶在未经其允许的情况下进入规定中列举的指定区域中的部分地区。

（2）如果船舶违反本部分规定，进入了指定区域中的部分地区，船主和船长将构成违法。除非有合理理由证明规定中的禁止令不为船长所知晓。

（3）违反本条规定的人将承担如下法律责任：

（a）判处100英镑以下的罚款的简易处罚，或判处3个月以内的监禁，或同时判处罚款和监禁；

（b）在法院认为合适的情况下提出处以相应数额罚款的起诉，或判处12个月以下监禁或同时判处罚款和监禁。

（4）部长可以按规定就本条以及本条下属部分修改和废止相关规定。

7.（1）如果1956年《原油污染法案》中规定的原油或者原油含量超过万分之一的混合物被排放或者泄漏至海洋中，

（a）通过油管，或者

（b）来自船舶，由勘探海床和底土以及开发其自然资源的行为引起，油管的所有者，或者实施以上行为的人将被认定违法，除非他能够证明排放行为是他人在未经其允许（包括明示和暗示）的情况下实施，或者在泄漏的情况下，其已经做好合理防护避免泄漏，在发现泄漏后采取了一切合理的措施来阻止和减少泄漏。

（2）违反本条规定的人将承担如下法律责任：

（a）判处不超过100英镑的罚款的简易处罚，

（b）在法院认为合适的情况下提出处以相应数额罚款的起诉。

8.（1）1885年的《海底电报法案》第三部分以及该法案附表所列《公约》第四条和第七条第一段可适用于一切公海内的海底电缆和管道，上述第三部分应作如下理解：

（a）适用于电话和电报交流，

（b）关于管道和电缆的部分，从"to which the Convention"到第（1）款的结尾被删除。

（2）1885年的《海底电报法案》第四部分和第十三部分废止。

9. 根据1926年和1956年的《无线电法案》以及据此作出的其他规定（如果规定在本法案之后制定，则遵循新规定），指定区域内的设施以及距该设施500米范围内的水域都应视作位于我国境内。

10. 社会福利部部长可以按规定制定如下条款：

（1）根据1952年至1967年的《社会福利法案》的立法精神，规定中描述的本法案第2条第（1）款中提到的与资源开发相关或者与勘探海床和底土相关的就业岗位尽管不是国内就业岗位，仍应被认定为可保险的就业岗位。

（2）根据上述法案的立法精神，所有此类就业岗位均属于可保险的（工伤）就业岗位。

（3）可以在上述法案适用于相关个人时制定改进性的条款。

11. 社会福利部部长可以按规定制定如下条款：

（1）根据1942年和1963年的《社会保险法案》的立法精神，规定中描述的本法案第10条提到的与资源开发相关或者与勘探海床和底土相关的就业岗位尽管不是国内就业岗位，仍应被认定为可保险的就业岗位。

（2）可以在上述法案适用于相关个人时制定改进性的条款。

12.（1）当有人提出关于本法案的质询时，接收质询的通知应当在运输和能源部长的指示下发出。

（2）被指定的本法案的质询人可以进行以下任一或全部行为：

（a）在质询时召集证人前来出席；

（b）在质询时让证人在其面前宣誓（此人受命主持宣誓）；

（c）要求证人提供他们掌握的其所认为必要的材料以利于质询。

（3）出席关于本法案的质询的证人应当获得与高等法院证人相同的豁免权和特权。

（4）如果有人，

（a）在被要求作为证人出席关于本法案的质询时未能出席，或者

（b）作为证人出席，但拒绝宣誓，或者在被要求提供材料时拒绝提供

任何材料，或者拒绝回答任何问题，他将构成违法并承担如下法律责任——判处 50 英镑以下的罚款或 6 个月以下的监禁或者同时判处罚款和监禁。

13.（1）触犯本法的违法行为（包括触犯其他相关法律的行为）可以在国内任何地区受理。

（2）如果公司法人或非公司法人违法，并且违法行为被证明是由法人的董事、经理、秘书或类似官员或具有相应权限的人允许或纵容，那么该自然人和法人都将被认定违法并应承担相应的法律责任并处以相应处罚。

（3）爱尔兰国家警察局的人员在指定区域内享有在国内的全部权利、特权和保护。

14. 本法案的每条规定在制定后应立即提交国会，如果在 21 天内经国会通过，则该规定生效。

15. 部长和其他国家部长在执行本法案过程中产生的费用，经财政部长批准，由国会拨付。

16. 本法案为 1968 年大陆架法案。

大陆架（设施保护）（金赛尔天然气田）法令
（1977 年第 285 号法令）

我，工商部长德斯莫·奥马里，行使 1968 年《大陆架法案》（1968 年第 14 号）第 6 条第（1）款赋予的权利，在与运输和能源部长及农业部长商议后，为保护 1968 年大陆架（指定区域）法（1968 年第 182 号）所指定的区域中的设施，制定本法：

1. 本法为 1977 年《大陆架（设施保护）（金赛尔天然气田）法令》。

2. 本法自 1977 年 9 月 19 日起实施。

3. 根据本法第 4 条，未经部长批准，严禁船舶进入本法表格中列出的区域。

4. 本法第 3 条不适用于：

（a）为 1970 年 5 月 7 日签署的石油租赁契约中，工商部长制定的第一

部分、财政部长制定的第二部分、爱尔兰马拉松石油有限公司制定的第三部分中确定的承租人提供服务的船舶，

（b）遇难船舶，拯救或者试图拯救生命和财产的船舶，或迫于压力和天气状况进入本法区域表中所列区域的船舶，或者

（c）属于或受雇于国家，用于国防或渔业保护的船舶。

区 域 表

由距离连接下述坐标的直线最近距离 500 米的点构成的线界分 1968 年《大陆架（指定区域）法》（1968 年 S.I. 第 182 号）中指定的区域：

序号	北纬	西经
（1）	51°22′14.98″	07°56′42.46″
（2）	51°21′38.87″	08°00′56.48″

1977 年 9 月 7 日由我盖章批准制定

工商部长　德斯莫·奥马里

备注：

本法划定了属于金塞尔天然气田的设施附近的安全区域，禁止船舶进入该区域，除非经过工商部长批准，或者满足本法第 4 条的规定。

大陆架（设施保护）（贝利卡登油田）法
（1991 年第 226 号法令）

我，能源部长罗伯特·莫里，行使 1968 年《大陆架法案》（1968 年第 14 号）第 6 条第（1）款以及 1983 年《工业和能源（部门名称以及大臣头衔更名）法》（1983 年第 385 号）赋予的权利，在与旅游和运输部长以及农业和食品

部长商议后，为保护 1989 年《大陆架（指定区域）法》（1989 年第 141 号）指定区域中的设施，制定本法：

1. 本法为 1991 年《大陆架（设施保护）（贝利卡登油田）法》。
2. 本法自 1991 年 9 月 1 日起实施。
3. 根据本法第 4 条，未经大臣批准，严禁船舶进入本法表格中列出的区域。
4. 本法第 3 条不适用于：

（a）为 1970 年 5 月 7 日签署的石油租赁契约中，工商部长制定的第一部分、财政部长制定的第二部分、爱尔兰马拉松石油有限公司制定的第三部分中确定的承租人提供服务的船舶，

（b）遇难船舶，拯救或者试图拯救生命和财产的船舶，或迫于压力和天气状况进入本法区域表中所列区域的船舶，或者

（c）属于或受雇于国家，用于国防或渔业保护的船舶。

区 域 表

由距离连接下述坐标的直线最近距离 500 米的点构成的线界分 1989 年《大陆架（指定区域）法》（1989 年第 141 号）中指定的区域：

北纬	西经
51°27′07.072″	08°07′28.766″

1991 年 8 月 14 日由我盖章批准制定
能源部长　罗伯特·莫里

备注：

本法划定了属于贝利卡登油田的近海设施附近的安全区域，禁止船舶进入该区域。除非经过能源部长批准，或者满足本法第 4 条的规定。

大陆架（指定区域）法
（1993年第92号法令）

政府行使1968年《大陆架法案》（1968年第14号）第2条赋予的权利制定本法：

1. 本法为1993年《大陆架（指定区域）法》。
2. 本法下表中第一段所列出的指定区域为领海以外旨在勘探这些海床和底土以及开发其自然资源的国家权利得以行使的区域。
3. 1989年《大陆架（指定区域）法》（1989第141号）特此废止。

坐 标 表

1. 被以下曲线所界分的区域：

（1）直线（经线、纬线或测地线的平行线）连接按以下顺序给出的各坐标点，即：

1号点为领海向海界限与53°46′N线的交点

序号	北纬	西经
2	53°46′	05°22′
3	53°45.8′	05°22′
4	53°45.8′	05°19.33′
5	53°44.4′	05°19.33′
6	53°44.4′	05°17.85′
7	53°42.14′	05°17.85′
8	53°42.14′	05°16.34′
9	53°39′	05°16.34′
10	53°39′	05°17′
11	53°32′	05°17′
12	53°32′	05°19′
13	53°26′	05°19′

续表

序号	北纬	西经
14	53°26′	05°20′
15	53°09′	05°20′
16	53°09′	05°19′
17	52°59′	05°19′
18	52°59′	05°22.5′
19	52°52′	05°22.5′
20	52°52′	05°24.5′
21	52°44′	05°24.5′
22	52°44′	05°28′
23	52°32′	05°28′
24	52°32′	05°22.8′
25	52°24′	05°22.8′
26	52°24′	05°35′
27	52°16′	05°35′
28	52°16′	05°39′
29	52°12′	05°39′
30	52°12′	05°42′
31	52°08′	05°42′
32	52°08′	05°46′
33	52°04′	05°46′
34	52°04′	05°50′
35	52°00′	05°50′
36	52°00′	05°54′
37	51°58′	05°54′
38	51°58′	05°57′
39	51°54′	05°57′
40	51°54′	06°00′

续表

序号	北纬	西经
41	51°50′	06°00′
42	51°50′	06°06′
43	51°40′	06°06′
44	51°40′	06°18′
45	51°30′	06°18′
46	51°30′	06°33′
47	51°20′	06°33′
48	51°20′	06°42′
49	51°10′	06°42′
50	51°10′	06°48′
51	51°00′	06°48′
52	51°00′	07°03′
53	50°50′	07°03′
54	50°50′	07°12′
55	50°40′	07°12′
56	50°40′	07°36′
57	50°30′	07°36′
58	50°30′	08°00′
59	50°20′	08°00′
60	50°20′	08°12′
61	50°10′	08°12′
62	50°10′	08°24′
63	50°00′	08°24′
64	50°00′	08°36′
65	49°50′	08°36′
66	49°50′	08°45′
67	49°40′	08°45′

续表

序号	北纬	西经
68	49°40′	08°45′
69	49°30′	08°54′
70	49°30′	09°03′
71	49°20′	09°03′
72	49°20′	09°12′
73	49°10′	09°12′
74	49°10′	09°17′
75	49°00′	09°17′
76	49°00′	09°24′
77	48°50′	09°24′
78	48°50′	09°36′
79	48°30′	09°36′
80	48°30′	09°48′
81	48°20′	09°48′
82	48°20′	10°00′
83	48°10′	10°00′
84	48°10′	10°24′
85	48°00′	10°24′
86	48°00′	10°38′
87	47°50′	10°38′
88	47°50′	10°46′
89	47°40′	10°46′
90	47°40′	10°59′
91	47°30′	10°59′
92	47°30′	11°12′
93	47°20′	11°12′
94	47°20′	11°25′

续表

序号	北纬	西经
95	47°10′	11°25′
96	47°10′	11°38′
97	47°00′	11°38′
98	47°00′	11°51′
99	46°50′	11°51′
100	46°50′	12°04′
101	49°20′	13°36′
102	49°50′	13°36′
103	49°50′	13°48′
104	50°00′	13°48′
105	50°00′	14°00′
106	50°10′	14°00′
107	50°10′	14°12′
108	50°20′	14°12′
109	50°20′	14°24′
110	50°30′	14°24′
111	50°30′	14°36′
112	50°50′	14°36′
113	50°50′	15°00′
114	51°00′	15°00′
115	51°00′	15°24′
121	57°22′	23°57.4′
122	57°22′	21°32′
123	57°14′	21°32′
124	57°14′	19°30′
125	57°05.5′	19°30′
126	57°05.5′	17°24′

续表

序号	北纬	西经
127	56°56′	17°24′
128	56°56′	15°36′
129	56°49′	15°36′
130	56°49′	14°00′
131	56°42′	14°00′
132	56°42′	12°12′
133	56°32.5′	12°12′
134	56°32.5′	10°30′
135	56°21.5′	10°30′
136	56°21.5′	09°07′
137	56°10′	09°07′
138	56°10′	08°39.5′
139	56°05′	08°39.5′
140	56°05′	08°13′
141	56°00′	08°13′
142	56°00′	07°23′
143	55°55′	07°23′
144	55°55′	07°15′
145	55°50′	07°15′
146	55°50′	07°08′
147	55°45′	07°08′
148	55°45′	07°02′
149	55°40′	07°02′
150	55°40′	06°57′
151	55°35′	06°57′
152	55°35′	06°51′
153	55°30′	06°51′

续表

序号	北纬	西经
154	55°30′	06°48′
155	55°28′	06°48′
156	55°28′	06°45′

157 号点为领海外部界限与 6°48′N 线的交点，以及

（2）领海的向海分界线从本表第 1 段第（1）部分 157 号点向西、向南、向东、向北至本表第 1 段第（1）部分 1 号点。

2.（1）根据本表第 1 段第（1）部分，从 2 号点至 156 号点都应当有经纬度坐标的交点。

（2）本表第 1 段第（1）部分 1 号点至 157 号点的坐标是根据 1984 年世界测地系统（WGS 84）的数据确定的。

1993 年 3 月 30 日政府盖章批准制定

爱尔兰总理　艾尔伯特·雷诺茨

备注

在本法列出的指定区域中，可以行使关于大陆架海床和底土自然资源的国家权利。

大陆架（设施保护）（康尼马拉油田）法
（1997 年第 267 号法令）

我，运输、能源和交通部长埃莫特·斯塔格，行使经 1995 年《能源（杂项供应）法案》（1995 年第 35 号）修改的 1968 年《大陆架法案》（1968 年第 14 号）第 6 条第（1）款，经 1993 年《旅游、运输和交通（部门管理和部长职能变更）法》（1993 年第 17 号）修改的 1993 年《旅游和贸易（部

管理和部长职能变更）法》（1993 年第 422 号），以及 1996 年《运输、能源和交通（部长职能授权）法》（1996 年第 395 号）赋予的权利，在与海事部长商议后，为保护 1993 年《大陆架（指定区域）法》指定区域中的设施，制定本法：

1.（1）本法为 1997 年《大陆架（设施保护）（康尼马拉油田）法》。

（2）本法自 1997 年 7 月 1 日起实施。

2. 本法中的"部长"指运输、能源和交通部长。

3. 根据本法第 4 条，未经部长批准，严禁船舶进入本法区域表中列出的区域。

4. 本法第 3 条不适用于：

（1）为 1995 年 1 月 17 日部长与阿兰服务有限公司制定的承诺租赁契约中列出的工作项目提供服务的船舶；

（2）遇难船舶，拯救或者试图拯救生命和财产的船舶，或迫于压力和天气状况进入本法区域表中所列区域的船舶，或者

（3）属于或受雇于国家，用于国防或渔业保护的船舶。

区 域 表

1. 以下区域

（1）由距设施最近距离为 500 米的点构成的虚线（指定线）界分的 1993 年《大陆架（指定区域）法》（1993 年第 92 号）指定的区域，该设施某些部分位于指定点，指定点的坐标为：

53°03′15.75″N，12°34′26.36″W

（2）由距设施最近距离为 500 米的点构成的虚线（指定线）界分的前述法律指定的区域，该设施某些部分距以下坐标点不超过 50 米：

53°04′06.96″N，12°33′01.84″W，以及

（3）前述法律指定的下列区域：

（a）由一条平行虚线（"平行线"）界分，这条虚线上的每一点与同本段（1）中的设施的一根管道相接的本段（2）中的设施的所在点与指定点的连线相距 100 米，以及

（b）由平行线间的指定线界分。

2.前述经纬坐标取自 1950 年欧洲经纬度数据（ED 50）。

1997 年 6 月 20 日由我——运输、能源和交通部长埃莫特·斯塔格制定。
备注：
本法划定了属于康尼马拉油田的近海设施附近的安全区域，禁止船舶进入该区域，除非经过运输、能源和交通部长批准，或者满足本法第 4 条的规定。

大陆架（设施保护）（康尼马拉油田）（修订）法
（1997 年第 317 号法令）

我,运输、能源和交通部长马里·欧若克行使 1968 年《大陆架法案》(1968 年第 14 号），经 1993 年《旅游、运输和交通（部门名称和部长头衔变动）法》（1993 年第 17 号）修改的 1993 年《旅游和贸易（部门管理和大臣职能变更）法》（1993 年第 422 号）赋予我的权利,为保护 1993 年《大陆架(指定区域)法》(1993 年第 92 号）指定区域中的设施制定本法：

1. 本法为《1997 年大陆架（设施保护）（康尼马拉油田）（修订）法》。
2. 1997 年(设施保护)(康尼马拉油田)法(1997 年第 267 号)特此修改。
其区域表第一段（b）段中的"53°04′06.96″N，12°33′01.84″W"修改为"53°03′59.39″N，12°33′15.30″W"。

> 1997 年 7 月 10 日由我盖章批准制定
> 运输、能源和交通部长　马里·欧若克

备注：
本法修改了 1997 年《(设施保护)（康尼马拉油田）法》。该法划定了属于康尼马拉油田的近海设施附近的安全区域，禁止船舶进入该区域，除非经过运输、能源和交通部长批准，或者满足该法第 4 条的规定。

大陆架（科里布北部，18/20-2）法
（1998年第226号法令）

我,海事和自然资源部长米歇尔·伍兹,行使经1995年《能源（杂项供应）法案》（1995年第35号）修改的1968年《大陆架法案》（1968年第14号）第6条第（1）款,1997年《石油和近海探索（部门管理和部长职能变更）法》（1997年第429号）赋予的权利,为保护1993年《大陆架（指定区域）法》指定区域中的设施,制定本法：

1.（1）本法为1998年《大陆架（科里布北部，18/20-2）法》。

（2）本法自1998年6月18日起实施。

2. 本法中的"部长"指海事和自然资源部长。

3. 根据本法第4条,未经部长允许,严禁船舶进入本法区域表中列出的区域,不得接近距离本法区域表第一段列出的坐标不足50米的设施。

4. 本法第3条不适用于——

（1）为1994年3月15日制定的《边境开发许可》3/94中的科里布北部，18/20-2钻探项目提供服务的船舶；

（2）遇难船舶,拯救或者试图拯救生命和财产的船舶,或迫于压力和天气状况进入本法区域表中所列区域的船舶,或者

（3）属于或受雇于国家,用于国防或渔业保护的船舶。

区 域 表

1. 被一条虚线界分的1993年《大陆架（指定区域）法》（1993年第92号）中指定的区域,虚线上的每一点距离设施所在点的最近距离为500米。设施的某些部分距离以下坐标不足50米：

54°20′23.413″N, 11°03′20.711″W

2. 前述经纬坐标取自1950年欧洲经纬数据（ED 50）。

1998年6月26日由我制定

海事和自然资源部长　米歇尔·伍兹

备注：

本法划定了属于科里布北部，18/20-2 的设施附近的安全区域，禁止船舶进入该区域。除非经过海事和自然资源部长批准，或者满足本法第 4 条的规定。

专属经济区：坐标一览（参见 WGS 84[*]）

序号	北纬	西经
1	55°24.951′	6°44.101′
2	55°30.451′	6°42.101′
3	55°35.451′	6°41.601′
4	55°37.951′	6°40.601′
5	55°39.951′	6°43.101′
6	55°47.951′	6°54.602′
7	55°50.451′	6°58.602′
8	55°54.952′	7°04.602′
9	55°57.952′	7°12.603′
10	56°07.951′	7°44.604′
11	56°23.951′	8°34.106′
12	56°34.951′	9°00.107′
13	56°37.951′	9°18.107′
14	57°14.921′	12°59.843′
15	57°10.912′	13°05.641′
16	57°06.820′	13°11.228′

[*] 本地理坐标清单列示的点划定了爱尔兰专属经济区的外部界限。根据《联合国海洋法公约》第 75(2) 条，经 2006 年 8 月 25 日声明，本清单由爱尔兰常驻联合国代表团提交联合国，由联合国秘书长保留。

续表

序号	北纬	西经
17	57°04.032′	13°18.894′
18	57°01.134′	13°26.411′
19	56°58.126′	13°33.772′
20	56°55.011′	13°40.972′
21	56°51.791′	13°48.006′
22	56°48.469′	13°54.870′
23	56°45.048′	14°01.560′
24	56°41.530′	14°08.070′
25	56°37.917′	14°14.398′
26	56°34.213′	14°20.539′
27	56°30.420′	14°26.489′
28	56°26.541′	14°32.245′
29	56°22.579′	14°37.804′
30	56°18.537′	14°43.163′
31	56°14.418′	14°48.319′
32	56°10.225′	14°53.268′
33	56°05.960′	14°58.010′
34	56°01.628′	15°02.541′
35	55°57.230′	15°6.860′
36	55°52.873′	15°11.691′
37	55°48.445′	15°16.303′
38	55°43.948′	15°20.695′
39	55°39.388′	15°24.864′
40	55°34.765′	15°28.808′
41	55°30.086′	15°32.526′

续表

序号	北纬	西经
42	55°25.351′	15°36.018′
43	55°20.566′	15°39.280′
44	55°15.733′	15°42.313′
45	55°10.857′	15°45.116′
46	55°05.939′	15°47.688′
47	55°00.985′	15°50.029′
48	54°55.997′	15°52.139′
49	54°50.979′	15°54.017′
50	54°45.934′	15°55.663′
51	54°40.866′	15°57.079′
52	54°35.779′	15°58.264′
53	54°30.675′	15°59.220′
54	54°25.559′	15°59.946′
55	54°20.433′	16°00.444′
56	54°15.302′	16°00.715′
57	54°10.168′	16°00.760′
58	54°05.035′	16°00.581′
59	53°59.906′	16°00.179′
60	53°54.785′	15°59.555′
61	53°49.675′	15°58.712′
62	53°44.579′	15°57.651′
63	53°39.500′	15°56.375′
64	53°34.443′	15°54.885′
65	53°29.728′	15°54.406′
66	53°25.021′	15°53.T44′

续表

序号	北纬	西经
67	53°20.325′	15°52.898′
68	53°15.641′	15°51.870′
69	53°10.973′	15°50.662′
70	53°06.170′	15°53.045′
71	53°01.331′	15°55.218′
72	52°56.460′	15°57.182′
73	52°51.561′	15°58.936′
74	52°46.636′	16°00.480′
75	52°41.689′	16°01.815′
76	52°36.722′	16°02.941′
77	52°31.740′	16°03.857′
78	52°26.746′	16°04.566′
79	52°21.742′	16°05.067′
80	52°16.732′	16°05.362′
81	52°11.718′	16°05.451′
82	52°06.705′	16°05.335′
83	52°01.577′	16°05.144′
84	51°56.453′	16°04.741′
85	51°51.337′	16°04.127′
86	51°46.232′	16°03.305′
87	51°41.142′	16°02.275′
88	51°36.070′	16°01.039′
89	51°31.018′	15°59.600′
90	51°25.991′	15°57.959′
91	51°20.992′	15°56.119′

续表

序号	北纬	西经
92	51°16.023′	15°54.082′
93	51°11.087′	15°51.849′
94	51°06.188′	15°49.425′
95	51°01.329′	15°46.810′
96	50°56.513′	15°44.008′
97	50°51.742′	15°41.021′
98	50°47.020′	15°37.852′
99	50°42.350′	15°34.504′
100	50°37.639′	15°31.633′
101	50°32.974′	15°28.586′
102	50°28.358′	15°25.366′
103	50°23.794′	15°21.974′
104	50°19.285′	15°18.414′
105	50°14.832′	15°14.689′
106	50°10.439′	15°10.801′
107	50°06.108′	15°06.753′
108	50°01.841′	15°02.550′
109	49°57.641′	14°58.192′
110	49°53.511′	14°53.685′
111	49°49.452′	14°49.030′
112	49°45.468′	14°44.231′
113	49°41.559′	14°39.291′
114	49°3T.730′	14°34.214′
115	49°33.980′	14°29.003′
116	49°30.313′	14°23.662′

续表

序号	北纬	西经
117	49°26.731′	14°18.193′
118	49°23.120′	14°13.153′
119	49°19.586′	14°07.992′
120	49°16.131′	14°02.713′
121	49°12.757′	13°57.319′
122	49°09.467′	13°51.813′
123	49°06.261′	13°46.198′
124	49°03.141′	13°40.477′
125	49°00.108′	13°34.654′
126	48°57.166′	13°28.732′
127	48°54.314′	13°22.713′
128	48°51.554′	13°16.603′
129	48°48.888′	13°10.403′
130	48°46.317′	13°04.117′
131	48°43.842′	12°57.748′
132	48°41.465′	12°51.300′
133	48°39.186′	12°44.776′
134	48°37.069′	12°38.584′
135	48°35.042′	12°32.327′
136	48°33.105′	12°26.010′
137	48°31.260′	12°19.635′
138	48°29.507′	12°13.205′
139	48°27.847′	12°06.723′
140	48°25.694′	11°59.717′
141	48°23.653′	11°52.639′

续表

序号	北纬	西经
142	48°21.727′	11°45.494′
143	48°19.916′	11°38.287′
144	48°18.222′	11°31.019′
145	48°16.644′	11°23.697′
146	48°15.185′	11°16.324′
147	48°13.844′	11°08.903′
148	48°12.623′	11°01.440′
149	48°11.523′	10°53.937′
150	48°10.543′	10°46.400′
151	48°09.684′	10°38.832′
152	48°08.948′	10°31.237′
153	48°08.333′	10°23.620′
154	48°07.549′	10°16.085′
155	48°06.886′	10°08.526′
156	48°06.343′	10°00.946′
157	48°05.922′	9°53.351′
158	48°16.436′	9°43.590′
159	48°49.937′	9°18.090′
160	49°33.939′	8°38.591′
161	49°52.939′	8°20.591′
162	50°01.940′	8°11.091′
163	50°10.940′	8°00.091′
164	50°19.441′	7°48.591′
165	50°38.942′	7°23.091′
166	50°45.442′	7°15.091′

续表

序号	北纬	西经
167	50°57.942′	6°53.091′
168	51°02.943′	6°42.091′
169	51°04.443′	6°35.591′
170	51°18.943′	6°27.091′
171	51°20.943′	6°25.091′
172	51°38.444′	6°08.092′
173	51°53.945′	5°55.592′
174	52°06.445′	5°47.592′
175	52°18.446′	5°37.092′
176	52°28.946′	5°23.092′
177	52°33.946′	5°25.593′
178	52°38.947′	5°26.093′
179	52°45.447′	5°25.093′
180	52°48.447′	5°24.593′
181	52°57.947′	5°21.093′
182	53°08.448′	5°17.594′
183	53°14.948′	5°19.594′
184	53°20.448′	5°18.594′
185	53°31.948′	5°19.095′
186	53°44.449′	5°14.595′
187	53°46.449′	5°32.595′
188	53°47.448′	5°41.096′
189	53°49.948′	5°51.096′
190	53°50.948′	5°52.596′

海上管辖权（专属经济区边界）法令
（2014年第86号法令）

根据2006年《海洋渔业和海上管辖权法案》（2006年第8号）第八十七部分第（3）款所授予的权利，政府发布包括如下内容的法令：

1.(1) 本法令可被援引为2014年《海上管辖权（专属经济区边界）法令》。

（2）本法令于2014年3月31日起生效。

2. 爱尔兰在爱尔兰海和凯尔特海专属经济区的边界线是由一系列连接如下各点的测地线组成，这些点由全球测地系统（WGS 84）确定，顺序如下：

序号	北纬	西经
1	53°52′.22106	5°49′.53816
2	53°46′.00	5°22′.00
3	53°45′.80	5°22′.00
4	53°45′.80	5°19′.33
5	53°44′.40	5°19′.33
6	53°44′.40	5°17′.85
7	53°42′.14	5°17′.85
8	53°42′.14	5°16′.34
9	53°39′.00	5°16′.34
10	53°39′.00	5°17′.00
11	53°32′.00	5°17′.00
12	53°32′.00	5°19′.00
13	53°26′.00	5°19′.00
14	53°26′.00	5°20′.00
15	53°09′.00	5°20′.00
16	53°09′.00	5°19′.00
17	52°59′.00	5°19′.00

续表

序号	北纬	西经
18	52°59′.00	5°22′.50
19	52°52′.00	5°22′.50
20	52°52′.00	5°24′.50
21	52°44′.00	5°24′.50
22	52°44′.00	5°28′.00
23	52°32′.00	5°28′.00
24	52°32′.00	5°22′.80
25	52°24′.00	5°22′.80
26	52°24′.00	5°35′.00
27	52°16′.00	5°35′.00
28	52°16′.00	5°39′.00
29	52°12′.00	5°39′.00
30	52°12′.00	5°42′.00
31	52°08′.00	5°42′.00
32	52°08′.00	5°46′.00
33	52°04′.00	5°46′.00
34	52°04′.00	5°50′.00
35	52°00′.00	5°50′.00
36	52°00′.00	5°54′.00
37	51°58′.00	5°54′.00
38	51°58′.00	5°57′.00
39	51°54′.00	5°57′.00
40	51°54′.00	6°00′.00
41	51°50′.00	6°00′.00
42	51°50′.00	6°06′.00

续表

序号	北纬	西经
43	51°40′.00	6°06′.00
44	51°40′.00	6°18′.00
45	51°30′.00	6°18′.00
46	51°30′.00	6°33′.00
47	51°20′.00	6°33′.00
48	51°20′.00	6°42′.00
49	51°10′.00	6°42′.00
50	51°10′.00	6°48′.00
51	51°00′.00	6°48′.00
52	51°00′.00	7°03′.00
53	50°50′.00	7°03′.00
54	50°50′.00	7°12′.00
55	50°40′.00	7°12′.00
56	50°40′.00	7°36′.00
57	50°30′.00	7°36′.00
58	50°30′.00	8°00′.00
59	50°20′.00	8°00′.00
60	50°20′.00	8°12′.00
61	50°10′.00	8°12′.00
62	50°10′.00	8°24′.00
63	50°00′.00	8°24′.00
64	50°00′.00000	8°32′.02264
65	49°50′.00000	8°32′.02264
66	49°50′.00000	8°36′.00000
67	49°40′.00000	8°36′.00000

续表

序号	北纬	西经
68	49°40′.00000	8°45′.00000
69	49°30′.00000	8°45′.00000
70	49°30′.00000	9°03′.00000
71	49°20′.00000	9°03′.00000
72	49°20′.00000	9°12′.00000
73	49°10′.00000	9°12′.00000
74	49°10′.00000	9°17′.00000
75	49°00′.00000	9°17′.00000
76	49°00′.00000	9°24′.00000
77	48°50′.00000	9°24′.00000
78	48°50′.00000	9°24′.53688
79	48°30′.00000	9°24′.53688
80	48°30′.00000	9°48′.00000
81	48°20′.00000	9°48′.00000
82	48°20′.00000	9°55′.00241
83	48°10′.81127	9°55′.00241
84	48°10′.81127	10°48′.56229

3. 爱尔兰在东北大西洋专属经济区的边界线是由一系列连接如下各点的测地线组成，这些点由全球测地系统（WGS 84）确定，顺序如下：

序号	北纬	西经
85	55°24′.89173	6°44′.64809
86	55°28′.00	6°45′.00
87	55°28′.00	6°48′.00

续表

序号	北纬	西经
88	55°30′.00	6°48′.00
89	55°30′.00	6°51′.00
90	55°35′.00	6°51′.00
91	55°35′.00	6°57′.00
92	55°40′.00	6°57′.00
93	55°40′.00	7°02′.00
94	55°45′.00	7°02′.00
95	55°45′.00	7°08′.00
96	55°50′.00	7°08′.00
97	55°50′.00	7°15′.00
98	55°55′.00	7°15′.00
99	55°55′.00	7°23′.00
100	56°00′.00	7°23′.00
101	56°00′.00	8°13′.00
102	56°05′.00	8°13′.00
103	56°05′.00	8°39′.50
104	56°10′.00	8°39′.50
105	56°10′.00	9°07′.00
106	56°21′.50	9°07′.00
107	56°21′.50	10°30′.00
108	56°32′.50	10°30′.00
109	56°32′.50	12°12′.00
110	56°42′.00	12°12′.00
111	56°42′.00	14°00′.00

续表

序号	北纬	西经
112	56°40′.00000	14°00′.00000
113	56°40′.00000	14°10′.00000
114	56°34′.63126	14°10′.00000
115	56°34′.63126	14°19′.86168

4. 如 2006 年《海洋渔业和海上管辖权法案》第 87 部分第（2）款所作的规定，本法令中第 2 条确定的第 84 个参考序号与第 3 条确定的第 115 个参考序号之间的专属经济区的外部边界是一条其每一点同基线最近点的距离等于 200 海里的线。

5. 1976 年《海上管辖权（专属渔业区范围）法令》（1976 年第 320 号）被废止。

2014 年 2 月 11 日

总理　ENDA KENNY

图书在版编目（CIP）数据

世界海洋法译丛. 欧洲卷. Ⅰ/张海文, 张桂红, 黄影主编. —青岛：青岛出版社, 2017.12
ISBN 978-7-5552-6260-2

Ⅰ.①世… Ⅱ.①张…②张…③黄… Ⅲ.①海洋法－欧洲 Ⅳ.① D993.5

中国版本图书馆 CIP 数据核字（2017）第 314179 号

书　　名	世界海洋法译丛·欧洲卷Ⅰ
主　　编	张海文　张桂红　黄　影
出 版 人	孟鸣飞
出版发行	青岛出版社（青岛市海尔路182号，266061）
本社网址	http://www.qdpub.com
责任编辑	周静静
特约审读	陈奕彤
封面设计	张　晓
照　　排	青岛双星华信印刷有限公司
印　　刷	青岛国彩印刷有限公司
出版日期	2017年12月第1版　2017年12月第1次印刷
开　　本	16开（710mm×1000mm）
印　　张	22.5
字　　数	360千
书　　号	ISBN 978-7-5552-6260-2
定　　价	180.00 元

编校印装质量、盗版监督服务电话　4006532017　0532-68068638

あ